中国特色哲学社会科学
"三大体系"研究丛书

主编 权 衡 王德忠

中国特色产业政策研究

干春晖 刘 亮 等◎著

格致出版社 上海人民出版社

丛书编委会

主　任:

权　衡　王德忠

副主任:

朱国宏　王　振　干春晖

编　委:（按姓氏笔画顺序）

王　健　成素梅　刘　杰　杜文俊　李　骏　李宏利　李　健　沈开艳
沈桂龙　张雪魁　周冯琦　周海旺　郑崇选　姚建龙　赵蓓文　晏可佳
郭长刚　黄凯锋

本书由上海社会科学院智库建设基金会资助研究出版

总　序

发挥国家高端智库优势　推动"三大体系"建设

2016 年 5 月 17 日，习近平总书记在哲学社会科学工作座谈会上发表重要讲话，从坚持和发展中国特色社会主义必须高度重视哲学社会科学，坚持马克思主义在我国哲学社会科学领域的指导地位，加快构建中国特色哲学社会科学以及加强和改善党对哲学社会科学工作的领导四个方面，全面系统阐释和深刻回答了进入新时代，坚持和发展中国特色社会主义为什么要构建当代中国哲学社会科学体系，怎样构建具有中国特色、中国风格、中国气派的哲学社会科学等一系列重大理论和实践问题。这是一篇体现马克思主义立场观点和方法、闪耀着真理之光的讲话，是新时代繁荣和发展中国特色哲学社会科学的纲领性文件。为响应习近平总书记关于构建中国特色哲学社会科学、推动"三大体系"建设讲话精神，上海社会科学院组织专家学者深入学习习近平总书记讲话精神，开展我国哲学社会科学学科体系、学术体系、话语体系"三大体系"研究阐释工作。

科学把握中国特色哲学社会科学"三大体系"建设的重大意义

习近平总书记在讲话中明确指出，哲学社会科学是人们认识世界、改造世界的重要工具，是推动历史发展和社会进步的重要力量，其发展水平反映了一个民族的思维能力、精神品格、文明素质，体现了一个国家的综合国力和国际竞争力。习近平总书记还强调，一个没有发达的自然科学的国家不可能走在世界前列，一个没有繁荣的哲学社会科学的国家也不可能走在世界前列。新形势下，我国哲学社会科学地位更加重要、任务更加繁重，要按照立足中国、借鉴国外，挖掘历史、把握当代，关怀人类、面向未来的思路，着力构建中国特色哲学社会科学，不断推进学科体系、学术体系、话语体系建设和创新。我们认为，为实现以上目标，必须科学理解和把握中国特色哲学社会科学与"三大体系"建设的重要内涵。

构建彰显中国自主知识体系的哲学社会科学。当前，世界正处于百年未有之大变局，我国正处于实现中华民族伟大复兴的关键时期。习近平总书记强调："面对快速变化的世界和中国，如果墨守成规、思想僵化，没有理论创新的勇气，不能科学回答中国之问、世界之问、人民之问、时代之问，不仅党和国家事业无法继续前进，马克思主义也会失去生命力、说服力。"进入新时代，我们要坚持以习近平新时代中国特色社会主义思想为指导，坚持把马克思主义基本原理同中国具体实际相结合、同中华优秀传统文化相结合，正本清源、守正创新，立足中国实践，形成中国理论，在回答中国之问、世界之问、人民之问、时代之问中，构建彰显中国自主知识体系的哲学社会科学。

聚焦"三大体系"是构建中国特色哲学社会科学的重要内容和方向。坚持和发展中国特色社会主义，需要加快构建中国特色哲学社会科学。构建中国特色哲学社会科学，要坚持马克思主义理论的指导地位，立足于中国发展实践，学习借鉴国外哲学社会科学积极成果，更好形成学科建设、学术研究与社会实践发展紧密结合、融为一体的新局面，为加快构建具有中国特色哲学社会科学学科体系、学术体系、话语体系注入新动力和活力。

形成"三大体系"有机统一、相互支撑、共同发展的学科发展新路径。在推动学科体系、学术体系、话语体系建设中，要坚持学科体系是基础、学术体系是核心，话语体系是表述，三者是一个有机统一、不可分割、相互支撑、共同发展的整体。要进一步夯实和健全我国哲学社会科学发展的学科体系和学术体系，把马克思主义理论学科做大做强，把基础学科做扎实，把优势学科巩固好，把新兴学科、冷门学科、特色学科、交叉学科等发展好。要推动习近平新时代中国特色社会主义思想系统化、学理化研究，把党的创新理论成果与"三大体系"建设融会贯通，深入挖掘新思想蕴含其中的哲理、道理和学理。要聚焦新时代中国改革开放和创新发展实践，突出问题导向，加快理论提炼和总结概括，构建中国自主知识体系的学科体系、学术体系和话语体系。

要加快提升中国国际传播能力建设，深化国际传播理论体系建设和实践创新发展，讲好中国故事，传播好中国声音，向世界展示真实、立体、全面的中国。

在国家高端智库工作中推动"三大体系"建设

为深入贯彻落实习近平总书记关于加快构建中国特色哲学社会科学的重要讲话精神和上海市委关于推动上海哲学社会科学大发展大繁荣的战略工作部署，近年来，上海社会科学院立足作为综合性人文社会科学研究机构的学科特色优势和国家高端智库优势，持续推动党的创新理论系统化、学理化研究，持续深化我国和上海发展的重大理论和现实问题研究。

我们注重发挥学科综合优势和国家高端智库优势，不断推动学科发展和智库建设，加快推动中国特色哲学社会科学建设。特别是2023年以来，结合主题教育和大调研活动，进一步发挥国家高端智库优势，加快推动中国特色哲学社会科学学科体系、学术体系、话语体系研究和建设。

一是面对复杂的国际国内环境，必须加快构建中国特色哲学社会科学体系。当前，我国正处于复杂的国际国内发展环境下，解决意识形态巩固的问题、各种思想交锋的问题、经济社会发展的问题、深层次矛盾和风险挑战的问题及全面从严治党的问题，都迫切需要哲学社会科学更好发挥作用。当今中国正日益走向世界舞台中央，中国的思想学术和文化也必须跟上来，不能落后，也不能缺席。这就必须依赖于中国特色哲学社会科学提供有力支撑。

二是建设中国特色哲学社会科学要正确理解学科体系、学术体系、话语体系三者之间关系。哲学社会科学体系是学科体系、学术体系和话语体系的有机统一，其中学科体系是基础、学术体系是核心，话语体系则是表达呈现。近年来，上海社会科学院坚持学科发展与智库建设"双轮驱动"战略，努力推进建设一流的"智库型学府、学府型智库"，坚持和发展马克思主义，立足中国国情与中国优秀传统文化，积极吸收国外哲学社会科学的有益资源，服务中国实践、构建中国理论，努力将党的创新理论成果和重要思想、重要主张等转化为知识话语、研究范式、学术理论，建构中国自主知识体系，融通国内外的新概念、新范畴、新表述，形成更大国际传播力和影响力。

三是发挥国家高端智库优势和实施大调研，把"三大体系"建设与中国实践、中国经验、中国理论的提炼总结相结合。当前中国哲学社会科学体系的构建，必须持续从我国经济社会发展的实践中挖掘新材料、发现新问题、总结新经验，要加强对改革开放和现代化建设的观点总结和理论提炼，这是中国特色哲学社会科学发展的着力点。上海社会科学院在近些年的理论研究和学科建设中，努力发挥国家高端智库的优势，广泛推动社会调研活动，注重从我国改革发展实践中挖掘新材料、发现新问题、提出新观点、构建新理论，注重对习近平新时代中国特色社会主义思想的系统化研究和学理化阐释，形成我国哲学社会科学的特色和优势，在学界推动建设具有领先水平和较强影响力的学科体系、学术体系和话语体系。

四是努力构建系统性和专业性相统一的学科体系、学术体系和话语体系。在"三大体系"建设中，必须重视系统性和专业性相统一。其中，系统性从理论逻辑、历史逻辑及实践逻辑三大逻辑把握。理论逻辑是在顶层设计中坚持和发展马克思主义基本原理，深化拓展马克思主义理论研究和党的创新理论成果的研究阐释；历史逻辑体现在必须更好地传承中华优秀传统文化和思想体系，提出并展现体现中国立场、中国智慧、中国价值的理念、主张和方案；实践逻辑是要求立足于实际发展并解决实际问题。从三大逻辑出发，我院坚持以马克思主义为指导，聚焦十八大以来党的创新理论成果和经济社会发展现实问题，注重学科前沿和学科交叉等研究方法，努力构建中国特色的学科、学术和话语体系。在专业性方面，上海社会科学院设有17个研究所，学科门类齐全，传统学科基础好，新兴学科布局早，特色学科发展快，拥有一批学科建设的领军人才，在谋划和推进构建中国特色哲学社会科学方面，也具备较为扎实的基础。

五是在"三大体系"建设中培育更多高水平哲学社会科学人才。推动哲学社会科学大发展大繁荣，关键要素还是人才。中国特色哲学社会科学事业是党和人民的重要事业，构建中国特色哲学社会科学是一项极为繁重的系统科学工程，需要广大哲学社会科学工作者在坚持党的领导、坚持和发展马克思主义的基础上，不断开拓学术研究、倡导先进思想、引领社会风尚。作为"智库型学府、学府型智库"，上海社会科学院在大调研基础上，积极稳妥推进科研管理体制机制改革和优化，加快建立和完善符合新时代哲学社会科学发展规律、体现上海社会科学院优势特色、有利于出高质量成果和高水平人才的科研管理体制机制。

以学科发展与智库建设"双轮驱动"推动"三大体系"建设

上海社会科学院创建于 1958 年，是新中国最早建立的社会科学院，也是上海唯一的综合性人文和社会科学研究机构。成立 65 年来，上海社会科学院为我国哲学社会科学的繁荣发展作出了积极贡献。

党的十八大以来，在上海市委和市委宣传部的领导下，上海社会科学院守正创新、勇毅前行，加强哲学社会科学大发展，在理论创新研究、服务决策咨询、人才队伍建设、引导主流舆论等方面取得了丰硕成果。

2023 年，上海社会科学院认真开展主题教育工作，组织专家学者深入学习党的二十大报告提出的一系列新思想、新观点、新论断，深入研究阐释习近平总书记关于加快构建中国特色哲学社会科学的重要讲话精神，进一步聚焦党的创新理论，注重基础研究与应用研究融合发展、相互促进，注重系统化研究、学理化阐释和学术化表达，全院以构建中国特色哲学社会科学自主知识体系为聚焦点，以中国实践为出发点，以理论创新为着力点，在全国率先开展哲学社会科学"三大体系"建设。院党委举全院之力、聚全院之智，17 个研究所齐上阵，全面、完整、系统开展有组织研究；我们也邀请部分全国和上海知名专家一起参与研究，撰写完成了中国特色哲学社会科学"三大体系"研究丛书。这是当前对推动我国哲学社会科学"三大体系"建设和研究做的一次有益探索，以期为促进我国哲学社会科学繁荣发展作出自己的贡献。

衷心希望我院科研工作者在建设社会主义现代化国家新征程中，牢记嘱托、砥砺前行，为不断开创我国哲学社会科学大发展大繁荣的崭新局面作出更大贡献。

上海社会科学院党委书记、研究员　权　衡

上海社会科学院院长、研究员　王德忠

2023 年 8 月

目 录

第五章 中国产业政策体系的主要内容

第六章 中国产业政策实践的理论探索（上）

第七章 中国产业政策实践的理论探索（下）

第八章 中国产业政策的经验总结与新时代战略取向

参考文献

后记

导论　理解中国特色社会主义产业政策的三重逻辑

　　长期以来，产业政策长期被各国所采用，并在各国经济发展过程中起到重要作用（林毅夫等，2018），并且近年来其重要性正大大提升（Juhász et al.，2023）。这在中国也表现得特别明显，改革开放以来，中国经济的高速发展同样离不开产业政策的支持，产业政策释放的微观经济活力，在促进产业发展和转型升级过程中起到重要作用（江飞涛，2021），是"中国经济管理和政府积极作为的重要抓手"（赵婷、陈钊，2020），是创造中国"人类历史上令人印象最为深刻的增长加速记录"（Rodrik，2007）的重要手段。

　　但这些事实仍然没有消除一部分学者下意识地反对产业政策（Juhász et al.，2023），一方面是因为不是所有国家的产业政策都能成功，要实现工业化还需要设计和实施合理且符合本国国情（Yulek，2018），另一方面则是因为产业政策的"是否"（政府是否应该实施产业政策？）和"如何"（产业政策应该如何实施？）的内在理论和逻辑上的争论。在面对中国经验时，一方面，研究者们认识到中国产业政策与IMF、世界银行等国际组织为非洲和拉美国家开具的"政策处方"存在很大差异，其显示出"特立独行"的明显特征，他们认为"既然中国能做到，其他国家（指其他贫穷区域如撒哈拉以南非洲地区）理论上也能做到"；另一方面，他们还是对中国产业政策的未来提出担忧，认为中国可能面临"生产的活力"是否充足和"严峻的制度性挑战"，担心"中国经济是否最终会增长到其脆弱的制度基础之外，从而使得增长出现停滞"（Rodrik，2007）。

　　随着各国产业政策重要性大大提升和各国政府越来越多地采取自觉的产业政策（Juhász et al.，2023），中国的故事将占据越来越突出的地位，学习中国经验、研究中国政策、"仿效中国的思维模式"（Rodrik，2007）成为共识。这既包括中国产业政策的普遍性特征，也体现出中国产业政策中所独有的中国特色——这将是本书尽力实现的写作目标。围绕这一目标，我们将从理论、实践和时代三个视角分别探讨中国的产业政策，从而为读者们展示出一个更加全面的中国产业政策全景图。

中国特色社会主义产业政策的理论逻辑

关于产业政策的争论涉及产业政策的概念、经济学上的理论基础和产业政策实施效果的评价等诸多方面。在理论基础方面，其主要集中在市场与政府关系问题、政策与产业发展及国家竞争与产业安全三个主要方面。

一、产业政策理论研究中市场与政府"失灵"问题的论证及内在逻辑

关于产业政策理论的传统研究往往集中在导致市场失灵的外部性、协调（或聚集）失败和公共投入品提供这三个方面。其中外部性往往表现为在一种经济行为产生经济效益的同时会在社会其他地方产生效益，但得不到补偿，如研发或在生产者之间通过实践学习的溢出效应（Hausmann and Rodrik，2003）。协调（或聚集）失败表现为生产者的盈利能力取决于其他生产者承担的经济成本，以及上下游产品间的相互补偿（Okuno-Fujiwara，1988；Rodrik，1996；等等）。公共投入则意味着私有产品依赖于公共产品的提供，如法律和秩序、适当的规章制度、教育和基础设施（Hausmann and Rodrik，2006）。

基于上述关于市场失灵所对应的产业政策（如对外部性的补贴、对协调失败的政府协调和对公共产品的投资等）也存在一些理论上的缺陷，这表现为信息缺失（即政府很难获得充分信息）和政策获得（即产业政策更容易被有政治影响力的企业获得）（Juhász et al.，2023）。政策部门是否有能力从各个行业中挑选出需要重点发展的先进技术、工艺和产品进行扶持颇受争议，甚至成为一项政府部门根本不可能完成的工作（江飞涛、李晓萍，2010）。并且，有研究发现产业技术政策支持下的大型企业在后期显现出"后劲不足"甚至濒临破产等弊端（Nakayana et al.，1999）。

正是由于市场和政府之间都存在明显的缺陷和失灵等问题，因此中国的产业政策所体现出的明显"兼顾"特征广受关注。

一方面，中国越来越重视市场，"释放基于市场的激励措施在中国转变过程中发挥了至关重要的作用"（Rodrik，2007）。党的十一届六中全会提出"计划经济为主，市

场调节为辅"，十二大提出"有计划的商品经济"，十三届三中全会提出"计划经济与市场调节相结合"，十四大明确"使市场在国家宏观调控下对资源配置起基础性作用"，十六大提出"在更大程度上发挥市场在资源配置中的基础性作用"，十八大提出"在更大程度更广范围发挥市场在资源配置中的基础性作用"，到十八届三中全会进一步提出"市场在资源配置中起决定性作用"，都体现出尊重市场规律、"注重发挥市场机制的作用"的趋势（江飞涛、李晓萍，2018）。

另一方面，中国的政策"并非只是大爆炸的《华盛顿共识》的改革"，而是"一种渐进的或更加务实的版本"，这是一种根据中国具体的背景和过程寻找解决方案和鼓励试验的过程（Rodrik，2007）。在这个过程中，政府并不是完全退出，而是由"计划为主"逐渐向"更好发挥政府作用""最大限度减少政府对市场资源的直接配置和对微观经济活动的直接干预"的"有为政府"转型。

二、产业政策理论研究中国家与产业发展问题的内在逻辑

政府实施产业政策的着眼点在于产业政策对产业发展的促进作用，这方面的理论既与幼稚产业有关，也与产业发展的创新战略有关。前者最早可以追溯到汉密尔顿在 1791 年《关于制造业的报告》中提出的保护美国幼稚工业的思想和 1841 年德国经济学家李斯特建立的幼稚产业保护理论体系；而在实践中，一般认为美国、日本、韩国和德国等国家都是通过幼稚产业扶持政策实现工业化的（覃成林、李超，2013；Baldwin，1969；Corden，1984；等等）。此外，产业政策与新兴产业的发展也有密切联系，由于产业技术开发中具有明显的外溢性、多重风险（芮明杰，2012）和经验积累性（干春晖，2015），其外部规模经济和获得成本可能很高，因此，在技术创新和产业升级过程中，必须要有"第一个吃螃蟹的企业家"，而服务好这些企业家，需要一个"有为政府"来协调不同的企业从而克服困难，或是由政府自己直接提供相应的服务（林毅夫，2017），政府在技术开发、产业技术引进、产业技术扩散转移、技术保护竞争等方面的竞争就显得尤其重要（Juhász et al.，2023）。但另一方面，关于产业政策的反对声音也一直存在，如美国和非洲的进口补贴政策是令人失望的，甚至有研究者认为"如果没有产业政策，东亚国家可能会做得更好，或者这些产业政策是不能泛化

的特例"。因此，研究者认为产业政策的职责应该是补充和改善市场机制的不足，防止出现狭义的"市场失灵"，产业政策趋向于教育（人力资本外部性）、卫生政策（道德风险、逆向选择）、社会保险和安全网（不完全风险市场、行为因素）、基础设施政策（自然垄断）和稳定政策（凯恩斯主义所认为的"刚性"）（江飞涛、李晓萍，2016），即从"选择性产业政策"，转变为"功能性、普惠性创新政策"（Saxenian，1996）。

中国的产业政策也带有明显的转型特征，从最初的由计划管理与选择性产业政策混合，转变为以选择性产业政策为主体、以功能性政策为辅助的产业政策体系，自党的十八大以来，中国的产业政策开始重视功能性产业政策与创新政策的运用。当前，中国应转为实施以功能性政策为主体的产业政策体系，重在完善市场机制、维护公平竞争、促进创新、推动产业绿色与包容性发展（江飞涛、李晓萍，2018）。1985年，国务院发展研究中心组织了专门针对中国产业政策的专题研究，并提出"用产业政策推进发展与改革""实现第一、二、三次产业之间关联方式的根本转换"的思路，同时将"发展高技术产业""赶超发达国家的产业结构水平"作为产业发展的远期目标。随后《国务院关于当前产业政策要点的决定》（1989年3月）、《90年代国家产业政策纲要》（1994年），以及《汽车工业产业政策》（1994年）、《当前国家重点鼓励发展的产业、产品和技术目录》（1998年版、2000年修订）、《外商投资产业指导目录》（1995年本、1997年本）等一系列产业政策先后出台，这些产业政策都体现出明显的选择性特征。

从党的十八大开始，中国的产业政策就发生了转变，一方面引入功能性产业政策，另一方面越来越注重产业创新政策的推进，如《国家创新驱动发展战略纲要》等。这些政策上的变化与中国市场经济体制的确立和不断完善有着密切关系；也与中国政府坚持市场主导地位，更多地转向通过完善市场制度、改善营商环境、维护公平竞争、支持产业技术的创新与扩散、建立系统有效的公共服务体系等方面推行功能性产业政策，以弥补选择性产业政策的不足密切相关。

三、产业政策理论研究中国家竞争与产业安全问题的内在逻辑

产业政策在国家层面的研究是逐渐从赶超战略逐渐向国家安全战略演变的过程。赶超战略的理论最早可以追溯到筱原三代平（1957）提出的动态比较费用假说，即日

本经济之所以落后于欧美国家是由于日本产业结构的后进性，因此，需要实施赶超战略以优化产业结构从而实现趋同。该理论随着日本的成功而被许多发展中国家效仿，并成为落后国家追赶发达国家的经典理论（金明善，2001；并木信义，1990；等等）。此外，通过有秩序地扩大对外开放、制定和实施出口导向型产业政策，政府可以有效地促进本国产业参与国际分工，从而充分利用后发优势，在技术和管理领域较快地接近国际先进水平，实现非均衡增长，从而实现经济的超常规发展，缩短追赶先进国家所需的时间（刘吉发，2004）。

随着近年来国际产业领域的竞争日趋激烈，产业政策对国家产业链安全问题的考虑日益凸显。这既包括在 Lane（2022）的研究中提出的要考虑国家安全效益的问题，如重化工和中工业在不断变化的军事安全环境中的武器制造能力问题；也包括在一旦受到贸易保护法封锁的情况下，减少对外国供应来源（如稀土或半导体输入）的依赖（Rodrik and Sabel，2022），以及保护和保持本土产业的长期盈利能力（Juhász，2018）。此外，社会凝聚力及减少犯罪等社会稳定问题也是产业政策需要关注的范畴（Rodrik and Sabel，2022）。

作为世界上运用产业政策较多、较频繁的国家，中国在产业政策方面紧紧围绕促进中国发展和竞争力、加快现代产业体系的形成，以及国际产业分工地位和价值链的双提升展开。例如，为了加快产业结构与发达国家的趋同，中国加快实施产业结构调整的相关政策，颁布《当前国家重点鼓励发展的产业、产品和技术目录》《促进产业结构调整暂行规定》《产业结构调整指导目录》，而鼓励产业发展的产业政策更多，例如，颁布《当前优先发展的高技术产业化重点领域指南》（1999年版、2001年版）等。此外，中国还通过供给侧结构性改革，建设和完善现代化产业体系，从而进一步提升产业结构，稳步推进新型工业化进程，形成技术含量高的现代化产业链和产业集群。此外，从国家竞争力提升和国家安全的视角出发，中国在2010年发布《国务院关于加快培育和发展战略性新兴产业的决定》，并在2012年发布《"十二五"国家战略性新兴产业发展规划》，明确提出七大战略性新兴产业及相关政策措施。同时，为强化产业安全，先后围绕制造业发展和互联网安全问题，中国也相继出台一系列产业政策。

中国特色社会主义产业政策的历史逻辑

一、中国传统文化中产业政策思想与实践逻辑

产业政策作为政府影响经济发展的重要手段，自古以来就发挥着重要作用。以农业为基础的古代中国，颁布了许多关于农业的产业政策，如商鞅变法的奖励耕织、曹魏的屯田制等，涵盖生产工具、水利设施等多个方面，极大地推动了农业的发展。这些案例不仅是中国早期产业政策实践的佐证，更是中国产业政策思想的萌芽，这些政策体现出"重农轻商"的思想导向，对后续各个朝代的产业政策产生深远影响。

近代以来，为支持本国产业发展，清朝政府采用"官办""官商合办"和"官督商办"等方式凝聚各方力量，通过洋务运动创办近代军事工厂，并配套建立民用工业，民族资本主义工商业也在这一时期快速发展，为近代中国工业的发展奠定基础。官商合作是近代中国经济发展模式发生重大变化后产业政策的新形式。

新民主主义革命时期，中国共产党也在革命根据地围绕农业进行了土地革命，实行地主减租减息、农民交租交息政策，同时对工商业进行分类分策，这些政策提高了人们的积极性，推动了经济发展。总的来说，产业政策是服务于经济发展需要的，不同的经济情况需要不同的产业政策。

新中国成立后，中国产业政策的探索也在不断推进。毛泽东在《论十大关系》中根据中国情况对农业、轻工业和重工业的关系进行了分析，又进一步提出"在优先发展重工业的基础上，实行发展工业与发展农业同时并举"的论断，同时强调"农业是国民经济发展的基础"，这是中国现代产业政策思想的诞生之处。总体来看，改革开放前中国的产业政策更偏重于计划经济的"计划"，而非市场经济中实行的产业政策（李晓华，2010），主要表现为逆比较优势的赶超战略，政府直接决定扶持的重点产业和重点企业，与现代意义上的产业政策体系有一定的差别（李雯轩，2021）。

改革开放后，受东亚模式的影响，中国开始由计划经济体制向社会主义市场经济体制转变，由于日韩等国的产业政策模式与当时中国"有计划的商品经济""国家调节市场，市场引导企业"的总体改革思路相接近，产业政策逐渐从经济计划中独立出来，成为推动改革开放初期中国经济体制改革的重要模式。1986 年，《我国国民经济和社会

发展的第七个五年计划》第一次出现"产业政策"一词；1989年，国务院颁发中国第一个全面系统地阐述产业政策体系的文件——《关于当前产业政策要点的决定》；1994年，国务院审议通过的《90年代国家产业政策纲要》是改革开放后第一个全面系统进行产业规划实践的文件。从此，产业政策成为20世纪80年代以来，中国经济管理与经济调控中的重要工具（江飞涛、李晓萍，2018）。尽管第一部产业政策是粗线条的，但它跳出了计划管理的传统模式，不仅开创了用国家政策指导计划安排和引导全社会经济活动的形式，而且开辟了综合运用各种经济杠杆的新道路。产业政策成为计划经济与市场调节的结合部分，改变和充实了中国经济管理格局。

二、西方与东亚国家产业政策对中国的影响及其内在逻辑

新中国成立初期，中国现代化工业零基础，同时面临不稳定的国际形势，工业发展迫在眉睫。苏联优先发展重工业的产业发展战略使其实力大增，加上相同的经济体制，中国在借鉴苏联经验的基础上开始向优先发展重工业的工业化发展模式迈进，并且在20世纪60年代实现了重工业的快速增长。虽然该产业战略导致不合理的产业结构，但为中国工业的发展奠定了重要基础，并且为国家安全防卫提供了重要保障。

改革开放后，中国的体制机制和制度政策都在经历突破性变革，"东亚奇迹"吸引了全世界的目光，其中日韩的市场配置资源与政府干预相结合模式为"摸着石头过河"的中国提供了参考，由于其符合渐进式改革的步调，成为中国学习和借鉴的重点。政策制定者深入研究政府、市场和企业的关系及边界问题，并出台了具有代表性的产业政策指导性文件，成为初步引入市场经济体制的重要政策举措，突破了原有的计划经济模式，激发了经济主体的活力，促进了商品经济的发展。资源配置方式的改变意味着政府在经济发展中的角色发生变化，其影响经济发展的方式需要进行调整，现代产业政策成为协调政府、市场之间关系的重要工具。

在社会主义市场经济体制确立之后，中国初步形成以选择性产业政策为主体的产业政策体系，由产业结构政策、产业技术政策、产业布局政策和行政专项政策构成。此外，在该纲领的战略思路引领下，中国初步制定外商投资目录及钢铁、汽车等重点发展的细分产业政策，并提出要重视企业规模和技术进步等问题，为推动经济快速发

展奠定了基础。产业政策引导经济发展方向，市场机制把控资源配置效率，两者配合创造了"中国奇迹"。中国加入 WTO 加快了对外开放的步伐，选择性产业政策体系得到进一步强化，此时一些政府强行干预带来的问题也逐渐暴露出来，如产能过剩、环境污染等，中国产业结构面临转型升级。为此，中国产业政策明确提出十大振兴产业，同时培育和扶植战略新兴产业。

传统的粗放型经济发展模式不再可行，中国进入经济新常态，调结构、稳增长、抓质量成为这一时期产业政策的重点。党的十八大以来，中国产业政策更加重视创新驱动发展，坚定推动由制造业大国向制造业强国转变。然而国际形势风云骤变，中美贸易摩擦升级，逆全球化思潮愈演愈烈，新冠病毒疫情等加大了不确定性。外有大国竞争和国际贸易遇阻，内有人口老龄化趋势加强、缺少新动力等，这是一个新的产业政策探索期，没有发达国家经验可以借鉴，而是需要探索出一套适合新格局下自立自强的发展道路。2020 年以来，中国出台数字经济发展的相关政策措施，加快布局数字基础设施建设，加快推进产业数字化与数字产业化这两个"存量"和"增量"的产业发展目标，以全面赋能未来经济社会发展。此外，突出竞争政策的主要地位，加强对垄断等非竞争市场力量和产能过剩的治理。政府还要进一步加强对原始创新积累、科研成果转化等领域的建设，突破"卡脖子"技术，实现科技自立自强。

总结对比美欧日韩的产业政策发现，产业政策的制定依托于产业的发展时期，不同时期产业政策的重点不同。此外，发达国家的经验告诉我们，要做好产业政策的设计、检测与评估，注重政府与市场的合作，重视政策的连续性、体系性、协调性，加快向功能性产业政策转变。

三、产业政策"中国化"与中国产业政策的探索

产业政策作为促进经济增长、推进工业化进程、改善产业结构的重要抓手，在全球多数国家和地区得到广泛运用（孙早、席建成，2015），在中国经济发展中的地位举足轻重（周亚虹等，2015）。通常，政策制定需要经过以下程序：政策启动、政策起草、政策评议与修订、审议与批准。中国产业政策体系由产业结构政策、产业组织政策、产业技术政策和产业布局政策组成，常用的产业政策工具有产业指导目录、市场

准入负面清单、土地政策、财政补贴、税收优惠、政府采购、产业投资基金等。

从整体来看，中国产业政策呈现出央地非一致性、区域竞争性等特征，要深入了解背后原因，必须从制度背景讲起。在中国，中央政府和地方政府都有产业政策的制定与实施权限，这也导致产业政策内容具有多层次性特征（江静、张冰瑶，2022），主要包括报告、规划、行动方案、意见、办法等形式。由于政治集权、经济分权等因素，地方政府与中央政府的产业发展目标存在一定差异。中央政府更关注全局发展与长远利益，致力于提升国际竞争力；而地方政府则更追求当地发展和短期利益，致力于提升区域产业竞争力。所以，不同层级政府之间集权与分权的协调和平衡将会影响产业政策的有效性（席建成、韩雍，2019）。

此外，产业政策的实施效果也受地方政府与企业之间关系的影响。企业是地方政府获取税收、促进地方经济发展的微观主体，而地方政府可通过财税政策、组织等方式对企业生产进行干预。地方政策在实施产业政策的过程中需要企业的配合，企业发展也离不开地方政府的支持。政企之间这种互相依赖的关系为中国经济的飞速发展奠定了微观基础（孙早、席建成，2015）。产业政策的实施效果通常会因参与主体的不同而出现差异，这会导致同时发生正向激励与负向激励的现象。因此，需要针对中央与地方、地方与企业的利益进行协调，并注重市场机制与政府干预。

在产业政策的理论发展和实践探索中，中国进行了多方位努力。在理论方面，第一，正确处理政府与市场的关系。要创造条件让市场在资源配置中起决定性作用，构建有效市场，更好服务市场主体，同时要建设有为政府，加强宏观治理和有效监管。第二，构建选择性、功能性产业政策矩阵。选择性产业政策开辟了通过直接干预和影响资源配置进行国民经济管理的新模式，是推动计划经济体制向市场经济机制转型的重要工具，但随着经济的不断发展，要加强宏观调控，重视发展功能性产业政策。第三，注重国家发展、产业发展。通过管理发展方向、供给侧改革、构建现代化产业体系调整优化产业结构；通过"专精特新"小巨人培育和发展战略性新兴产业；通过创新驱动、中国制造、"互联网＋"、数字经济提升国际竞争力。在实践方面，第一，产业结构政策沿着解决结构失衡问题、推动基础产业发展与培育支柱产业、提升传统产业与发展技术密集型产业、建立现代产业新体系方向进行调整。第二，产业布局政策从服务于国家战略到市场机制发挥作用，中国产业布局经历了东部率先发展、区域协调发展、"走出去"三个阶段。第三，产业技术政策从支持传统技术改造和引进、加强高新技术开发和成果转化、加强自主创新和前沿技术开发到科技自立自强。第四，产业组织政策从计划经济时期的统筹发展五种经济成分、促进部门分工和专业化协作，到市场经济时期的社会主义市场竞争、扶持中小企业发展、反不正当竞争，再到全面深化改革以来的全面优化政府和市场的关系、建立公平竞争审查制度、鼓励创新创业和为小微企业减负降费。上述理论和实践的探索为后续中国产业政策的制定与实施提供了坚实基础。

新中国成立以来，中国出台了一系列发展经济和优化产业的产业政策，在推动产业发展、实现产业赶超上取得了较好效果，但在执行过程中也出现了一定的市场扭曲。而且，近年来全球产业竞争叠加安全导向，其目标需要兼顾安全与发展，中国产业政策需要通过转型来应对。总结中国产业政策的经验发现，要注重产业政策的动态调整与全生命周期管理，注重产业政策中的政企互动、产业政策与竞争政策并重，供给侧与需求侧需协同发力。未来需要面对的挑战有产业安全问题、立法与政策不协调、政策之间协调性不足、利益主体的利益不一致、评估机制不健全等。解决思路有转变产业政策目标、完善产业链政策、优化调整产业政策工具体系、强化竞争政策基础地位、明晰各方责权利边界、加强政策协调、健全产业政策评价体系等。

中国特色社会主义产业政策的时代逻辑

虽然产业政策在中国的成功有其独特特征，其他国家不能完全照搬中国的具体改革举措，如价格双轨制、家庭联产承包责任制、经济特区等（Rodrik，2007），但中国的实践具有普遍意义，中国为全球产业政策的实施提供了当代经验，例如，贸易和出口政策的重要性，如何加强和适应邻国的发展并适应不断变化的全球贸易等；正因为如此，中国产业政策的思维是可以仿效的（Rodrik，2007），甚至在重要方面，东亚（包括中国）的产业政策也预示着未来的政策发展（Juhász et al.，2023）。

一、中国特色产业政策的经验具有全球意义

中国产业政策的成功表明，在产业政策实施过程中，以下几个方面的影响可能是

至关重要的。

一是所有成功的产业政策都是因地制宜的。如果在产业政策的制定和执行过程中，没有对其实施背景及可能导致其成功（或失败）的原因进行充分了解和分析，而是直接照搬或拒绝，可能会给政策实施对象带来灾难性后果。因此，根据背景和对象特征对政策作适当变化（甚至实施完全不同的政策），有可能取得更好的效果（Rodrik，2007）。此外，产业政策可能是一个产业体系，公司和企业家、产业工人和企业管理者，以及产业金融共同构成一个国家的"产业层"，国家要基于"产业层"来制定和实施相应的产业政策，这是国家能力的体现，是产业政策得以成功的关键（Yulek，2018）。因此，在政策实施过程中要考虑具体约束条件，如轻重缓急、先后次序、选择性和目标专注性等，不能"过分强调最佳做法的'蓝图'而牺牲实地试验"（Rodrik，2007），常言道"细节决定成败"，细节不同，"经济奇迹"也不相同（Juhász et al.，2023）。

二是产业政策需要根据宏微观形势变化和主体需求进行动态调整。成功的产业政策往往特定于产业的具体发展阶段和现实需求，并非放之四海皆准，产业在不同时期面临的约束性条件也不尽相同，因此，需要政府在政策执行过程中及时根据政策落实情况调整支持方式以减少企业的机会主义行为。特别是由于相比于政府决策部门，企业经营者直接面临市场竞争，对产业发展当前面临的问题和政策需求更为了解，因此，政府与企业之间的互动非常重要，在产业政策制定过程中，政府需要将独立于私人利益集团的自主权与社会的"嵌入性"结合起来，为"每年的目标和政策的反复商讨"提供合适的渠道，才能够避免国家"既缺乏情报来源，也缺乏依赖分散的私人执行者的能力"（Evans，1995），通过加强与相关企业的座谈和沟通，出台更加符合产业发展实际的政策举措，用以解决产业发展初期自生能力不足的问题（王勇，2011）。

三是政府主导的产业政策与市场激励的竞争政策并重。现代产业政策的一个重要特征就是，注重具体的约束条件和提高生产力的公共投入，而不是补贴（Juhász et al.，2023）。前期中国产业政策的一个重要特征是对微观经济进行直接干预，为此，早期的产业政策倾向于采用补贴等方式支持个别企业（特别是龙头企业）发展，以期发挥示范引领作用。这种方式的缺陷在于，可能在增加部分企业竞争优势的同时，形成垄断进而不利于产业长期发展。特别是由于政府掌握了政策资源，许多企业倾向于通过寻租方式获得政府补贴，这加剧了腐败现象。企业经营者将精力投入政治关系建立和寻租上，相应地减少了产品研发、成本缩减的动力。在位的大企业获得了大量补贴支持，但缺乏技术升级动机。并且产业政策主要由中央政府和部委出台、地方政府落实，而地方政府更倾向于补贴本地企业而对外地企业存在政策歧视（Aghion et al.，2015）。因此，后期中国产业政策越来越多地转向更具竞争性或者能够激励企业间竞争的政策，事实上，纵观中国产业政策的成功案例，产业政策能否使得目标产业具备市场竞争活力，在很大程度上取决于是否在支持特定产业的同时充分尊重市场竞争的作用（中金公司研究部，2023）。在具体的支持对象和手段上，则在由直接针对特定生产端向非特定生产端的普惠性政策转变的同时，向供给侧与需求侧协同发力转变，通过调整优化、创造社会需求来引导和促进产业发展，如针对太阳能光伏需求的"金太阳示范工程"、对新能源汽车的补贴等都是较为成功的需求激励政策典范。

二、中国特色社会主义产业政策的新时代特征

近年来，随着技术进步和产业革命发展，中国的产业政策也在发生一系列积极的趋势性变化，在以下几个方面表现得非常明显。

一是产业政策对象由制造业向服务业转变。近年来，由于新经济的需要，产业政策也发生了变化。此前，在许多政府部门中，制造业都占据中心地位，因此，产业政策围绕本地供应链和促进先进制造业发展制定。但随着数字化、绿色转型，产业政策所赋予的目标不可避免地发生一系列新的变化，产业政策的经济基础（外部因素、协调、专门的公共投入）没有发生变化，但应用于制造业的产品发展方面的传统产业政策是否也适用于零售、酒店、教育、医疗保健或长期护理等行业？目前在这些领域并没有好的经验和证据（Rodrik，2022）。为了刺激当地经济发展，需要在供应链中加入节能减排的内容，这使得绿色投资的成本更高。此外，一些国家为了应对在高新技术方面的竞争特别是来自中国的竞争，出台了一系列对资本和技能高度密集的先进半导体制造业的对外限制和对内补贴政策。消费的多重目标性使得产业政策需要多重手段——这是未来产业政策需要考虑的一个重要问题（Juhász et al.，2023）。

二是应对产业安全和不确定性的产业政策需求。目前，中国产业发展面临来自国内

国际的双重威胁。一方面，中国产业的产业链自主可控程度不高，安全性稳定性不强，产业发展容易受到国内外经济发展环境的冲击，并且其抗风险能力不强。另一方面，随着大国博弈进入新阶段，地缘政治风险加剧，贸易保护主义抬头，欧美等发达国家对中国高技术领域进行打压限制（陈长宁，2022），使得中国在一些关键技术领域面临严峻的"卡脖子"局面。这就要求中国的产业政策发展和安全并举，要从传统单点政策向产业链政策转型，产业链政策能够整合上下游，重在提升产业链整体的稳定与安全。

三是产业政策趋于体系化、制度化。启动经济增长和维持经济增长在某种程度上是两码事。前者一般只需要一些有限且打破常规的改革，对一国经济的制度能力并无过高要求，但后者面临的挑战很多，在许多方面都存在困难，因为这要求在一个相对较长的时间内建立起一个健全的制度基础，以赋予经济抗御各种冲击的能力，并保持生产活力（Rodrik，2007）。中国的产业政策也是如此，但中国经济发展到一定阶段后，需要由传统产业政策向现代产业政策过渡，由选择性产业政策向功能性产业政策转型，使竞争政策处于优先地位，重视发挥体系建设和制度建设在市场机制方面的重要作用。为此，2015年《中共中央国务院关于推进价格机制改革的若干意见》提出"逐步确立竞争政策的基础性地位"，2016年6月，国务院发布《关于在市场体系建设中建立公平竞争审查制度的意见》，首次要求建立公平竞争审查制度、规范政府行为。习近平总书记在党的二十大报告中指出，要"完善产权保护、市场准入、公平竞争、社会信用等市场经济基础制度"。产权保护、市场准入、公平竞争、社会信用等是社会主义市场经济的基础制度，是社会主义市场经济体制有效运行的基本保障。只有建立健全并完善市场经济基础制度，才能确保充分发挥市场在资源配置中的决定性作用，更好发挥政府作用。这个体系不仅需要协调大中小型企业之间的关系，而且包括央地之间、地方之间、供求之间等的协调关系。

三、中国特色产业政策的发展趋势与内在逻辑

产业政策需要适应不断变化的环境，因而产业政策的方式和内容是动态的；因此，要理解中国的产业政策也需要把握中国产业政策的未来发展趋势，这主要体现在以下几个方面。

一是产业政策的出发点将转向发展与安全并举。发展是安全的基础，安全是发展的前提，产业政策是统筹发展和安全的重要结合点。2022年中央经济工作会议提出"产业政策要发展和安全并举"，这是有效应对复杂多变的国内国际环境、实现产业良性发展的现实要求。因此，产业政策目标应当及时调整。从传统上注重发展与效率的原则向统筹发展、效率与安全转变，高度重视产业政策对保障国家产业安全的重要作用（任继球，2022）。同时，从安全性、系统性、全面性的视角出发，健全产业政策评价体系，建立长效的第三方评估机制。

二是产业政策的目标将由产业政策转向产业链政策，转向重点产业链优化升级。未来产业链的目标将注重强化产业"节点"政策，加强产业链补短板与锻长板"齐头并进"。为此，在重点前沿产业领域中，针对不同的发展壁垒要给予企业靶向性政策支持。在创新体制机制上，加大对未来产业的支持，掌握产业链未来发展主动权；同时，以备份机制增强产业链韧性。在此基础上，强化产业"链接"政策，鼓励产业链上下游合作与协同。出台产业类的链接政策，发挥链主企业的引领带动作用，加大对产业链供应链平台的支持力度，并加大对供应链金融的"共赢链"能级，形成供应链优化升级共同体。

三是对标国际通行规则，加强产业政策工具体系的制度化和协调。为适应新的全球化变革的需要，中国的产业政策在未来会发生一系列新的变化，如改变传统的财政直接补贴方式，转为更隐蔽、更符合国际通行惯例和规则的支持手段（盛朝迅，2022）。欧美国家在WTO框架下推行的国际产业补贴新规要求扩大禁止性补贴范围，强化补贴执行透明度，这就需要中国弱化补贴企业的国有地位而重视其商业形象重塑，改变补贴方式和对象。同时，需要加强与国际组织的合作，参与国际规则的制定和改革，了解和适应国际通行规则，并在国内政策制定过程中融入国际最佳实践（王雅，2020）。此外，在内部也需要进一步加强产业政策和竞争政策协同，强化竞争政策基础地位，央地之间、地方之间责权利边界及政策协调将成为未来关注的重点方向。

本书研究的主要目的、结构框架与主要内容

一、本书研究的主要目的

中国产业政策，一方面，曾经对日韩产业政策有较多的借鉴和学习；但另一方面，

又有自身的特征和遵循。正如经济学家张五常所譬喻的，"中国经济就好像一个奇怪的跳高运动员，尽管姿势看起来很怪异，但更怪异的是他却能屡创新高"；因此，需要对中国特色产业政策进行专门研究。基于此，本书力图在借鉴国内外产业政策理论研究成果的基础上，对中国发展过程中的产业政策展开研究，并通过对中国产业政策的实践总结提炼出具有普遍意义的产业政策理论，使其形成中国特色产业政策理论研究框架和体系。

二、本书研究的结构框架

本书主要从两条主线展开对产业政策的研究：一条是对国内外关于产业政策的相关理论研究成果进行梳理；另一条则是对中国产业政策实施的过程、成果及相关经验进行全面系统的总结，并加以提炼从而上升到理论高度，以形成中国特色产业政策理论研究的系统性成果。按照以上思路，全书的结构如图 0-1 所示。

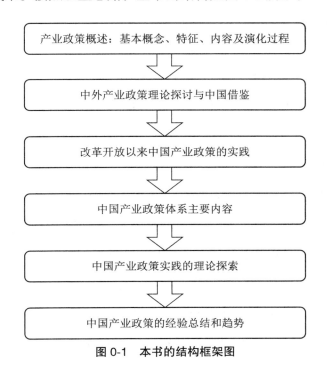

图 0-1　本书的结构框架图

资料来源：作者绘制。

三、本书研究的主要内容

按照上述研究的结构框架，本书在具体内容上共分为八章，其中第一章是综述部分，第二章、第三章主要是对国际产业政策相关理论及实践经验的系统总结，以及对中国的借鉴进行的分析研究，第四章至第八章是对中国产业政策实践过程进行的系统梳理和理论提升。

第一章在将中外产业政策的定义与特征进行对比研究的基础上，分析产业政策的目标、要素构成、历史演化过程，同时对当前国内外产业政策研究中的三个重点问题，即市场与政府关系问题、产业政策与国家发展问题、产业政策与产业发展问题中存在的主要争论进行系统梳理，从而为全书后续章节的研究奠定基础。

第二章和第三章对国内外产业政策的重点理论进行研究。对选择性产业政策和功能性产业政策、产业结构和产业布局问题、产业技术政策与产业组织变革之间的关系问题、产业政策与产业和国家现代化的问题，以及全球化视角的产业政策问题进行全面梳理，并在此基础上总结出可供中国借鉴的经验。

第四章系统地梳理1949年以来中国的产业政策实施情况，本章将中国的产业政策划分为五个阶段：产业政策萌芽时期、初步尝试时期、市场经济体制下中国产业政策实践时期、调整与强化时期、转型与新发展格局时期，并对不同阶段产业经济的主要举措和特征进行分析。

第五章对中国的产业政策体系进行系统全面的梳理和分析。本章分别从产业结构、产业组织、产业技术和产业布局等四个方面分析中国产业政策的构成，总结中国主要产业政策工具的情况，同时对中国产业政策的制定过程与组织机制进行分析。

第六章和第七章分别从中国特色产业政策理论的视角进行分析。其中，第六章研究中国产业政策实施过程中如何处理好市场与政府关系的问题，并在此基础上阐述中国在产业政策理论研究中的创新成果：有效市场和有为政府。此外，本章还对中国产业政策实施过程中选择性与功能性产业政策的理论、中国产业政策与国家发展、产业发展问题的理论进行探索。第七章则对中国的产业结构与产业布局、产业技术与产业组织、全球化背景下的调整理论进行阐释。

　　第八章进一步结合中国产业政策实施的典型案例，梳理和总结产业政策的相关经验；随后从全球产业政策的最新特点出发，梳理新时代中国产业政策可能面临的问题与挑战；最后提出未来中国产业政策调整的方向与思路。

第一章　产业政策概述

长期以来，关于产业政策的存废问题在国内外一直存在争论，但在具体的产业发展实践和各国工业化的过程中，产业政策却被各国广泛采用。从 16—17 世纪英国追赶荷兰、19 世纪中叶以后美国、德国、法国追赶英国，到二战后日本、亚洲"四小龙"等成功迈入高收入国家行列，都离不开产业政策在促进经济发展过程中的重要作用（林毅夫等，2018）。自改革开放以来，中国在从计划经济管理体制向市场经济体制转型的过程中，受"东亚模式"产业政策的影响，于 20 世纪 80 年代开始全面推行产业政策。随后，中国的产业政策成为中国经济管理和政府积极作为的重要抓手（赵婷、陈钊，2020），并在释放微观经济活力、促进产业发展和转型升级的过程中发挥重要作用（江飞涛，2021）。

在对产业政策进行研究的过程中，学者们在产业政策的概念、理论基础和实施效果的评价等方面都存在分歧和争议，为此，本章力图通过厘清产业政策的概念和特征，以及分析产业政策的目标、构成、历史演化过程和产业政策研究目前存在的争论，为全书后续章节的研究奠定基础。

第一节　产业政策的定义、特征、目标与要素构成

一、产业政策的定义与特征

（一）产业政策的定义

目前，学者们对产业政策并没有明确且一致的定义。总体来看，国内外将产业政策分为狭义和广义两种类型。[①]

---

① 黄汉权（2017）将产业政策分为狭义、广义和中性三种类型；其中，中性的产业政策是介于广义和狭义之间的产业政策，由于这一分类在具体实践中比较难操作，因此本书接受两种类型的分类方法。

　　狭义的产业政策是指影响产业间资源和要素再配置的经济政策，即选择性产业政策（江飞涛、李晓萍，2018）。这方面政策比较典型的有：小宫隆太郎等（1988）认为产业政策就是政府资源在产业间和同一产业的不同企业间分配而采取的政策。Reich（1982）认为产业政策是要让资源在衰退行业中平稳流动，同时确保资源流向有前途的行业。Noland 和 Pack（2003）也认为产业政策是政府为行业结构的加速增长提供的更大前景。江小涓（1996）也有类似的观点，认为产业政策是政府为了实现某种经济和社会目标而制定的有特定产业指向的政策总和。此外，张维迎（2016）对产业政策也有类似的定义，他认为产业政策是政府"对私人产品生产领域进行的选择性干预和歧视性对待"，其目的是"经济发展或其他目的"；这些手段包括市场准入限制、投资规模控制、信贷资金配给、税收优惠和财政补贴、进出口关税和非关税壁垒、土地价格优惠等。

　　但目前更多的研究是从更宏观的视角定义产业政策的，即将政府与产业相关的一切政策的总和都称为产业政策（江飞涛、李晓萍，2018）。OECD（1975）把所有促进产业增长和效率提升的政策都称为产业政策，下河边淳和管家茂（1982）认为，产业政策是国家或政府通过干预、服务、金融等手段，对产业进行保护、扶植和调整，以促进或者弱化某个产业或企业的生产、营业和交易活动，从而实现某种经济和社会目的的政策总和；因此，这些政策不只局限于制造业，而是涵盖农业和服务业（Rodrik，2004）；加速增长是一个目标，但不是唯一的目标，其目标还包括帮助衰退的行业（如钢铁、纺织和服装）、抵消外部性（如太阳能和风能）和提升新兴技术（如半导体、通信）的领导地位等，产业政策工具包括信贷宽松、直接和间接补贴、税收优惠、关税和非关税壁垒（Hufbauer and Jung，2021）。国内学者如周林等（1987）、杨伟民（1993）、王慧炯等（1990）、刘鹤和杨伟民（1999）都有类似的观点，认为"产业政策是许多国家实现工业化过程中所推行的一整套重要政策的总称"，国家（地区）政府通过"协调财政、金融、税收、外贸、外汇、技术、人才等政策的制定和实施，形成产业政策体系"，它们不仅可以用配套的政策协调各项宏观经济控制手段，为实现资源最优配置服务，而且可以通过其促进产业关联和组织的作用来搞活企业并推动劳动生产率提高（刘鹤、杨伟民，1999）。林毅夫（2017）也持类似的观点，他将全部有意识地促进某种产业发展的政策措施称为产业政策，包括关税和贸易保护政策，税收优惠，土地、信贷等补贴，工业园、出口加工区，研发中的科研补助，经营特许权，政府采购，强制规定等。

此外，根据产业政策的类型，还有横向的产业政策与纵向的产业政策之分，前者是指不针对特定产业实施的产业政策，后者是指针对特定产业实施的产业政策。如果按照产业政策的实施方式和调整对象区分，可以将其分为选择性产业政策和功能性产业政策，前者是指政府针对微观主体以挑选赢家为主要目的的产业政策；后者则是以市场为主导，以完善市场制度、补充市场不足为特征的（江飞涛等，2021）。

（二）产业政策的特征

虽然学者们对产业政策的研究范畴有不同的认识，但对产业政策的其中一些共同特征还是存在共识的，这些特征主要体现在以下几个方面。

一是特定方向的指示性。无论是狭义还是广义的产业政策，都存在一些方向性的指导作用，即着眼于特定的资源配置优化和产业效率的。例如，有些产业政策会列出一个国家或地区重点支持的产业、鼓励发展的产业、不鼓励发展或者限制性发展的产业清单，或者会指明具有发展前途的产业类型、调整的产业类型或衰退的产业类型等，在表明政府长期性资源配置的意图（杨伟民，1993）的同时，也为微观经济主体提供决策参考。

二是形式的多样性。一方面，体现为政策目标的多样性，包括多层次、多方面的内容，如产业增长、就业、技术创新、产业安全、衰退产业的退出等；另一方面，也体现为政策类型的多样性，如针对特定产业的选择性产业政策、政府研发补贴或直接的研发投入、直接的产业投资、财政补贴、税收优惠、金融支持、价格支持等。其在表现形式上也表现为战略规划、产业政策、指导意见、行动计划、产业目录等多种形式（黄汉权等，2017）。

三是时代性。产业政策需要体现发展的阶段性要求（刘鹤、杨伟民，1999），具有明显的时代性特征；因此，产业政策的内容必须符合时代特征，适应时代发展的需要，并与不同历史时期产业发展的实际需要相适应。为此，产业政策既需要注意实施的时间节点，也需要考虑退出的时间节点，并且需要随着时代的发展而演变（刘吉发，2004）。

四是国家或地区的区域性。产业政策的一个明显特征就是它往往与国家或地区的经济发展、产业安全和自身利益密切相关，产业政策的一个重要目标就是迅速提高一国产业的国际竞争力，从而使之免受国外竞争威胁。大量事实证明：产业政策是维护民族利益的工具，不存在与民族经济利益相脱节的产业政策（刘吉发，2004）。因此，对于处于国际竞争劣势的发展中国家而言，其更要重视产业政策在维护民族利益和产业安全方面的作用。

五是对市场的弥补性。学者们研究产业政策的一个重要依据就是"市场失灵"问题。在工业化过程中，市场在促进投资方面存在广泛的外部性和失灵问题，需要政府提供信息交流以协调具有外部性的产业（Okuno-Fujiwara，1988）；因此，产业政策的核心功能在于弥补市场的功能缺陷和纠正市场失灵，而不是排斥和取代市场功能（刘吉发，2004）。

二、产业政策的目标

从前文所述的产业政策的定义和特征出发，我们认为产业政策至少有以下几个目标。

一是弥补市场失灵造成的经济发展过程中的缺陷，提高资源配置效率。虽然市场在资源配置过程中具有明显的优势，但市场机制不是万能的，特别是对于存在公共物品的企业和部门，以及不完全竞争市场、垄断竞争市场和具有外部性的市场而言，市场机制难以发挥作用，也难以对上述领域实现有效配置。此外，市场机制在资源配置过程中存在短期和滞后的问题，也可能存在与国家长期战略不一致的情况，这可能导致市场运行偏离国家的长期战略目标，从而影响国家长期战略目标的实现。产业政策能够建立宏观与微观主体之间的联系，"填补计划真空和催育市场"，并且通过促进产业关联和组织来搞活企业并推动劳动生产率提高（国务院发展研究中心专题课题组，1987）。

二是推动重点产业实现跨越式发展，加快产业转型升级。产业政策最早的成功往往出现在"追赶型"国家[①]，这是由于这一类型的国家需要在较短时间内形成具有竞争力的生产规模和技术体系，因此，不可能像发达国家那样通过市场进行自由调节，韩

[①] 林毅夫在《产业政策与国家发展——新结构经济学的视角》（载林毅夫等，2017）一文中提到，剑桥大学张夏准教授的《富国陷阱：发达国家为何踢开梯子》和斯宾塞和索洛的《增长报告》中，均提及成功的赶超型经济体都使用了产业政策。

国和日本的经验也表明，利用产业政策的手段，通过政府的集中强化，在对有可能的技术创新和产业升级的经济与社会回报作出甄别后，形成"后发优势"，从而"在短短二三十年的时间里就走完了老工业国用了一两百年才走完的历程"，进而避免陷入"低收入陷阱"或"中等收入陷阱"（林毅夫等，2017）。此外，政府也能够从全局的视角出发，通过各种经济、行政和法律等手段，将社会资源在各产业部门之间进行更高效的合理分配，进而更好地支撑未来主导产业或战略性支柱产业的成长壮大，以此加快产业的结构调整和转型升级。

三是增强本国产业的国际竞争力，维护产业安全。产业政策的目标是让本国产业更好地参与国际竞争，为此，既要利用好本国现有的比较优势，提升具有比较优势产业的生产力水平、技术创新能力和全球市场竞争力；又要通过对国内"幼稚产业"的保护、主导产业的扶持、战略性新兴产业的培育，不断创造新的比较优势产业，进而形成新的产业国际竞争力，开拓新的国际市场。此外，经济全球化的发展虽然为国家带来了新的发展机遇，但同时也让一国的经济和产业面临更大的压力和风险；为此，需要国家从产业链安全角度考虑产业政策的功能，尽可能地趋利避害，在顺应经济全球化趋势的同时，为本国民众谋求最大限度的福利。

三、产业政策的要素构成

产业政策一般由产业政策的主体、产业政策的客体和产业政策的运行环境三个要素构成。其中，产业政策的主体是指产业政策制定、执行、评估与监控过程中的行为主体；在中国，产业政策的主体一般是指产业政策运行过程中的立法机关、司法机关、行政机关和相关部门等。产业政策的客体是指产业政策发生作用的对象，包括产业政策的工具、产业关系、产业运行和产业发展等内容。产业政策的运行环境主要是指影响政策制定、实施和发挥效果的自然环境、社会环境和国际环境等，包括一个国家或地区的社会经济状况、体制和制度条件、国际政治和经济环境等。

在中国产业政策的主体中，人民代表大会具有重要作用，它既是产业政策制定及相关立法的主要机关，也是政策执行过程中的监控制约机构。[①] 中央人民政府及地方

---

① 中国越来越多的政策实施效果评估都是通过人民代表大会进行的。

各级人民政府的产业政策主体地位也是不可替代的，一方面，国务院和各级人民政府往往是产业政策的直接制定者或推动者[1]，例如，中国 1994 年颁发的《90 年代国家产业政策纲要》中就明确提出，"国家产业政策由国务院决定。国家计委是负责研究制定、协调国家产业政策的综合部门"，行政部门也是产业政策具体的执行部门和主导机构。此外，司法机关也可以通过司法审查权和法令解释权等对产业政策的落实产生影响。[2]

产业政策的客体包括各类产业政策工具，包括产业指导目录（如中国先后于 2005 年、2011 年、2013 年、2016 年、2019 年颁布的《产业结构调整指导目录》等）、市场准入的负面清单（如自 2016 年开始，中华人民共和国国家发展和改革委员会联合商务部先后于 2017 年、2018 年多次发布《市场准入负面清单草案》），随后又分别于 2020 年和 2022 年颁布了《市场准入负面清单》，以及发布了土地资源调控政策、财政补贴政策、税收优惠政策、政府采购政策、政府产业投资基金。同时，产业政策的客体还包括各类产业关系，如产业区域分工、集聚与布局政策、产业创新和技术改造政策、全球化产业政策等相关的产业政策工具。

政策环境中，一国的社会经济发展水平往往是其实施产业政策的基础和重要依据，一个国家或地区要想实施产业政策就必须从本国或本地区的实际情况和经济社会发展现实出发，不能超越或落后其基本现状。同时，产业政策也必须在特定的经济体制或制度下制定并实施，经济体制会影响产业政策的实施过程及政策效果。此外，产业政策也受国际经济、政治、科技、文化的发展趋势的影响。

第二节　中外产业政策思想与实践概述

一、产业政策的萌芽

产业政策的萌芽可以追溯到国家产生的初期，国家的出现为产业政策的制建和实施奠定了体制基础，虽然原始的农业文明没有针对特定产业的独立产业政策，但产业

---

[1]　地方人民政府可以通过推动人民代表大会立法的方式来推动产业政策出台。

[2]　中国共产党在中国的产业政策制定、执行、评估和监控中的主导作用也值得关注。中国共产党制定出具有综合指定性和根本性的总政策，把握着国家和社会生活的总发展方向，指导着其他各项政策的制定和实施（刘吉发，2004）。

政策的思想已经产生，产业政策的实践也已经开始。[①]

学者们认为，古埃及是最早实施产业政策的国家之一，古埃及为推动农业发展，制定了一系列统一管理全国水利系统的政策，如开凿新水渠、扩大耕地面积等。古巴比伦王国的《汉谟拉比法典》中也涉及了政府支持农业发展相关政策的内容。而古希腊、古罗马也有一系列支持手工业和商业发展的产业政策。[②] 在文艺复兴后，欧洲重商主义兴起，通过国家干预来促进本国生产和出口的观点被提出。例如，17 世纪英国重商主义者托马斯·孟、斯图尔特等人就提出："货币产生贸易，贸易增加货币。"[③] 为此，他们提出国家要振兴产业，不仅要有所许可，而且要采取行动，对产业进行保护。英国政府也推出一系列政策措施，例如，对本国的纺织工业实行保护政策，对北美殖民地只许其输入来自英国的制造品而不许其自行发展制造业，制定航海条例以保护本国的航运业，夺取荷兰的海上霸权，等等。

古代中国以农业为根本，针对农业发展的产业政策非常多，最早的如春秋末期越王勾践采取的休养生息政策，战国时期商鞅变法中采取的奖励耕织、废除井田制，汉朝的黄老政策，曹魏的屯田制，北魏的均田制等，都是典型的推动农业发展的政策。此外，兴修水利工程和治水，推广先进的生产工具、生产技术和优良的品种，奖励垦荒和组织大规模移民垦殖等政策，都是中国早期产业政策实践原型的佐证。

二、产业政策的发展

具有现代意义的产业政策实践随着工业革命而逐步产生，18 世纪开始的以蒸汽动力为标志的第一次工业革命和 19 世纪中叶开始的以电气化为标志的第二次工业革命推动了真正意义上的近代工业文明形成，各国推动本国产业发展的呼声也越来越高。

正如马克思在其《经济学手稿》中指出的那样："只要资本力量还薄弱，它本身就还要在以往的或随着资本的出现而正在消逝的生产方式中寻求拐杖。而一旦资本感到

[①] 参考了刘吉发主编的《产业政策学》（经济管理出版社 2004 年版）的观点。该书认为在国家出现后，政府就有意识地影响经济和产业发展，这是产业政策的萌芽；本书接受这一观点。

[②] 马克思曾对此有过论述，参见《马克思恩格斯选集》（第 4 卷），人民出版社 1975 年版，第 157 页。

[③] 托马斯·孟：《英国得自对外贸易的财富》，商务印书馆 1968 年版，第 14 页。

自己强大起来，它就抛开这根拐杖，按它自己的规律运动。"[①] 即自由经济的早期发展是需要国家进行一定干预的，也就是说需要产业政策的支持。

因此，早在1791年，美国第一任财政部长亚历山大·汉密尔顿就向国会提交了《关于制造业的报告》，提出制造业的重要性，并要求美国政府要出台使资本家增强信心、帮助他们克服各种障碍的政策。仅在1861—1890年，美国政府采取的政策措施就包括保护关税、赠予各铁路公司土地、颁布有关国有土地上自然资源保护和所有权的法律等。而在1929—1933年全球经济危机时，时任美国总统罗斯福为摆脱经济危机推出了一整套经济政策——"罗斯福新政"，这是资本主义国家通过政策手段大规模干预经济的开端。

而除美国之外，为了实现经济赶超，18世纪末的德国、法国、日本等国都在某种程度上采取过保护和扶植本国弱小落后产业的产业政策。19世纪，德国经济学家李斯特明确提出保护本国产业的幼稚产业保护理论。此外，明治维新后的日本也提出了"殖产兴业、富国强兵"政策，并制定了将农林、水产、畜牧、矿产、工业、商业、贸易、交通及银行金融等产业改造成近代化经济部门的政策目标。

中国近代的产业政策始于洋务运动。自19世纪六七十年代开始，中国民族资本主义工业开始兴起，并得到短暂且迅速的发展，其中轻工业如纺织和食品产业发展最快。

之后，中国共产党在革命根据地也开展了一系列经济建设，从中国共产党在井冈山建立第一个革命根据地开始，其就围绕农业发展进行了土地革命，通过将土地分给农民，大大激发了农民的积极性、解放了农村生产力，使农业生产得到快速发展。在工商业方面，中国共产党主要采取三种形式，即社会主义性质的公营工商业、半社会主义性质的合作社工商业及私营工商业，同时大力发展合作社，将个体工商业者组织起来进行生产。

三、产业政策的完善与成熟

真正意义上系统化产业政策体系的出现是在二战之后，随着凯恩斯主义经济理论

---

① 《马克思恩格斯全集》(第46卷)，下册，人民出版社1980年版，第160页。

在西方的盛行，基于政府有限干预的思想在二战后对西欧和日本等国的国民经济恢复和发展起到重要作用。同时，一些刚独立的发展中国家也面临尽快发展经济，缩小与发达国家经济差距的问题；一些刚成立的社会主义国家也希望通过经济建设来确立其制度优势；产业政策应运而生。例如，西欧六国 [1] 在 1957 年建立了"欧共体"，并推出包括国家援助、促进资本和劳动力流动和建立共同市场等一系列支持产业发展的产业政策。韩国在 1950 年发布了《稳定经济的十五项原则》，把日用消费品的生产作为其产业政策的重点。阿根廷围绕 1958 年出台的《促进产业法》制定了一系列专门法律和法令，还为此成立了国家产业促进委员会。苏联和东欧社会主义国家围绕战后经济的恢复和发展制定了各种经济发展计划，并提出优先发展重工业的产业政策发展路径，以加快本国产业结构调整和建立独立完整的现代工业体系。[2]

这一阶段产业政策措施最成熟、效果最明显的首推日本。[3] 第二次世界大战后，日本政府在以往的产业政策基础上，根据战后日本经济社会发展的不同时期特点，陆续推出一系列新的政策。在日本的经济复兴时期，日本围绕经济稳定和恢复，重点向煤炭和钢铁两个基础产业部门进行倾斜，确立了"贸易立国"国策，并明确把电力、船舶、煤炭和钢铁作为四大战略性产业，以此推动经济复苏发展。20 世纪 50 年代中后期，日本的政策重点逐渐从基础"瓶颈"产业转向"支柱"产业和"出口先导"产业转变。20 世纪 60 年代以后，日本进入高速增长时期，日本产业政策出现明显调整，表现为开始为适应贸易自由化和资本自由化而建立产业新秩序的政策，推出产业规划以明确产业发展目标和序列，调整设备投资政策和相关专业生产体制及政策，推出战略产业支持计划，等等；由此日本产业政策最终成型。20 世纪 70 年代则是日本产业政策的调整

[1] 欧共体的前身可以追溯至 1951 年法国、联邦德国、意大利、荷兰、比利时和卢森堡六国依据《欧洲煤钢联营条约》成立的煤钢共同市场，1957 年 3 月 25 日，六国在罗马签订了"建立欧洲经济共同体条约"和"建立欧洲原子能共同体条约"（统称"罗马条约"），并于 1958 年 1 月 1 日生效，这是真正意义上欧共体的开端。随后英国、爱尔兰、丹麦、希腊、西班牙、葡萄牙、奥地利、瑞典、芬兰和挪威等国陆续加入。1991 年，欧共体国家首脑会议通过《欧洲同盟条约》（即《马约》），2009 年 12 月，《里斯本条约》废止欧洲共同体，由欧盟取代。
[2] 上述内容参考了刘吉发主编的《产业政策学》（经济管理出版社 2004 年版）中的部分内容。
[3] 对于日本经济发展是否源自其产业政策的支持目前的研究仍然存在争论，如迈克尔·波特等（2002）用详实资料证明日本最成功的 20 个产业基本没有产业政策的作用，即使有也微乎其微，而最失败的 7 个产业则与产业政策有关。任云（2006）也认为"日本产业政策整体上是失败的"。但目前大部分研究还是认为日本政府实施的产业政策是日本实现"东亚奇迹"的重要举措之一。

期，这一时期日本主要集中在解决增长中的质量和"外部不经济"问题，以及由国际贸易摩擦带来的政策调整、石油和能源危机带来的产业政策冲击等问题。20世纪80年代以后，日本经济政策开始转向刺激国内需求、提高社会福利和鼓励创新等方面（小宫隆太郎等，1988）。

中国的现代产业政策思想最早可以体现在毛泽东在1956年4月25日中共中央政治局扩大会议上作出的《论十大关系》报告中，他在该报告中提出要"正确处理农业、重工业和轻工业的关系，要用多发展一些农业、轻工业的办法来发展重工业"，在此基础上，在1957年2月他又提出要"在优先发展重工业的基础上，实行发展工业与发展农业同时并举"，后又将农业定位为"是国民经济发展的基础"。[①] 此外，在《论十大关系》中他还讨论了沿海工业和内地工业的关系即如何平衡工业发展布局的问题，强调了内地也要大力发展工业，以及要通过充分利用和发展沿海的工业基地来支持内地工业发展的思路。总体而言，中国改革开放前的产业政策更偏重于计划经济中的"计划"，而非市场经济中实行的产业政策（李晓华，2010）；其主要表现为逆比较优势的赶超战略，政府直接决定扶持的重点产业和重点企业，与现代意义上的产业政策体系有一定的差别（李雯轩，2021）。

改革开放后，受东亚模式的影响，中国经济体制开始从计划经济体制向社会主义市场经济体制转变。这一时期，产业政策逐渐从经济计划中独立出来，成为推动改革开放初期中国经济体制由计划经济体制向市场经济体制改革的重要模式。重要里程碑例如，1986年《中华人民共和国国民经济和社会发展第七个五年计划》（1986—1990年）第一次列出专门的"产业政策"内容，这是"产业政策"一词正式出现在官方文件中。1989年3月国务院颁发的《国务院关于当前产业政策要点的决定》是中国第一个全面系统地阐述了产业政策体系的文件。[②]1994年国务院审议通过的《90年代国家

---

① 这部分内容在李雯轩的《新中国成立70年产业政策的研究综述》中有较为深入的讨论，在此不再赘述。

② 根据薛亮（1992）的研究，《国务院关于当前产业政策要点的决定》的特点是按照生产、基础建设、技术改革、进出口贸易领域分别排列了国家重点支持、限制或停止的产业、产品发展序列，确定了产业结构调整方向，并提出保障性的政策举措。虽然它只是初步且粗略的产业政策，但在中国产业发展中是开创性的。

产业政策纲要》(以下简称《纲要》)是改革开放后第一个全面系统的产业规划实践,开启了中国产业政策规划的先河。至此,产业政策广泛存在于 20 世纪 80 年代以来中国经济管理与调控的重要工具中(江飞涛、李晓萍,2018)。

四、产业政策的未来趋势

目前,全球发展格局正发生一系列根本性变化,大国博弈、大国冲突、大国竞争进入关键时期,再叠加逆全球化思潮、新冠病毒疫情和地缘政治全面恶化等因素,全球产业政策也出现了一系列新的变化(刘元春,2023)。其总体上呈现以下趋势。

(一)产业政策呈现新的综合性特征

由于对未来产业发展方向上缺乏明确把握,因此,西方国家制定的产业战略呈现出综合性特征,这些产业政策往往通过识别引领产业变革的关键技术,重点发展信息、生物、材料、能源等新技术。例如,欧盟发布《欧洲新产业战略》《欧洲芯片法案》和《工业 5.0:迈向可持续、以人为本、富有韧性的欧洲工业》战略,[①] 法国发布《使法国成为突破性技术经济体》报告,日本发布《产业技术愿景 2020》,德国和法国共同发布《德法共同产业政策宣言》以强化和协调双方的政策干预立场,等等。美国通过的《2021 年美国创新与竞争法案》也集成了产业、科技、安全、外交、教育等多方面内容。

事实上,中国也越来越重视产业体系的建设。党的十九大报告就提出建设加快现代化经济体系建设的思路,2022 年的二十大报告明确提出"建设现代化产业体系"。并且,在 2023 年的二十届中央财经委员会第一次会议对其进行了部署和落实,明确了"五个坚持"和与之相应的"五个误区"的思路,即坚持以实体经济为重,防止脱实向虚;坚持稳中求进、循序渐进,不能贪大求洋;坚持三次产业融合发展,避免割裂对立;坚持推动传统产业转型升级,不能当成"低端产业"简单退出;坚持开放合作,不能闭门造车,体现出明显的系统性和整体性的政策思路。

---

① 为应对全球芯片市场上的竞争,欧盟于 2023 年 4 月通过《芯片法案》,批准 81 亿欧元(约合 87 亿美元)公共资金支持芯片研发项目。

表 1-1　2020 年以来主要发达国家的综合性产业发展战略

国家 / 区域	战略文件名	发布时间	关键技术内容
美国	《2021 年美国创新与竞争法案》	2021 年 6 月	涉及《芯片和开放式无线电接入网（O-RAN）5G 紧急拨款》《无尽前沿法案》《2021 年战略竞争法案》《国家安全与政府事务委员会的规定》和国家安全问题的风险规避等方面
欧盟	《欧洲新产业战略》	2020 年 3 月	机器人技术、微电子技术、高性能计算和数据云基础设施、区块链、量子技术、光子学、工业生物技术、生物医学、纳米技术、制药、先进材料及技术
欧盟	《工业 5.0：迈向可持续、以人为本、富有韧性的欧洲工业》战略	2021 年 1 月	个性化人机交互、生物灵感技术和智能材料、数字孪生与模拟、数据传输、存储和分析技术、人工智能、能源效率、可再生能源、能源存储和自主技术
欧盟	《欧洲芯片法案》	2023 年 4 月	涵盖材料、工具、芯片设计和制造过程中的微电子和通信技术，56 家企业将承担 68 个项目，涉及传感器、高性能处理器、微处理器等领域，旨在通过创新微电子及通信解决方案、开发高能效的电子系统和制造方法，推动数字化和绿色化转型，促进 5G、6G、自动驾驶、人工智能和量子计算等技术发展
日本	《产业技术愿景 2020》	2020 年 5 月	优先发展支撑超智能社会的物联网、数字技术等关键技术，包括支持物联网的机器人技术、传感器技术、网真和远程操控技术、脑机接口技术、机器翻译技术、后工业时代的新型存储技术、量子计算技术等下一代超级计算机技术
法国	《使法国成为突破性技术经济体》	2020 年 2 月	优先支持氢能、量子技术、网络安全、精准农业与农机设备、可持续食品、生物控制、数字健康、生物治疗与创新治疗用生物制品、工业脱碳、新一代可持续复合材料等十大产业，同时关注可回收材料、可持续燃料等 12 个新兴市场

资料来源：在陈晓怡等（2022）研究的基础上进行部分补充得到。

（二）产业政策重点朝数字、低碳等方向发展

在数字信息方面，例如，围绕芯片产业的研发，美国提出了将提供约 527 亿美元的资金补贴和税收等优惠政策。2023 年 4 月，欧盟《欧洲芯片法案》达成协议，该法案涉及补贴达到 430 亿欧元，目标是要发展欧洲自己的芯片工业制造基地，以实现其 2030 年欧盟半导体制造市场占全球的份额从 10% 提升到至少 20% 的目标。此外，欧盟还发布了《塑造欧洲数字未来》战略文件，法国投入近 20 亿欧元支持中小企业和

政府公共服务数字化升级，拉美地区国家通过《2022 年拉丁美洲和加勒比地区数字议程》，日本、韩国、俄罗斯都发布了与人工智能、大数据和先进半导体等产业相关的专项战略。在低碳发展方面，英国发布了《绿色工业革命十点计划》、丹麦发布了《绿色研究、技术和创新投资战略》等相关战略规划用以支持绿色产业发展。美国、德国、法国、英国等以国家战略的方式支持氢能产业发展。法国、韩国、英国和丹麦针对新的清洁能源汽车产业提出了一系列规划。

这种产业发展方向上的趋势在中国表现得也非常明显，数字、健康、低碳目前也是中国产业未来发展的重点方向。例如，自 2015 年中国提出"国家大数据战略"以来，在国家层面就先后出台了《"十四五"数字经济发展规划》《数字中国建设整体布局规划》等重大国家支持政策。在健康领域，中国 2019 年就出台了《"健康中国 2030"规划纲要》，鼓励和大力发展大健康产业。在低碳方面，中国也发布了《2030 年前碳达峰行动方案》等文件。

（三）从大国博弈和产业安全视角布局产业政策

技术革命使新的产业业态层出不穷，也导致在技术突破过程中大国之间的博弈成为关注焦点，这就意味着技术发展和产业政策必须与产业链、供应链的安全相融合，安全成为一个基础性和前提性的概念。这不仅需要"以安全为核心，静态布置相关的产业链、供应链，还必须从大国竞争力、大国对抗力的角度来理解产业链、供应链、创新链的同步布局"（刘元春，2023）。为此，各国的产业政策越来越注重维护产业链、供应链的安全可控。例如，美国拜登政府签发"购买美国货"行政令以审查美国供应链的脆弱性问题，并提出所谓的"友岸外包"理念，推动理念相似的国家组成联盟，以保卫其关键供应链技术链领域的全球安全。欧盟也发布了《关键原材料弹性：找出一条更安全和更可持续供应的路径》，提出要建立欧盟工业生态系统的弹性价值链，减少对燃料电池、风能、稀土、机器人原材料、3D 打印等主要关键原材料的依赖，并且要求保障欧盟的原材料、生物医药、半导体等战略性产业的技术自主和供应安全（陈晓怡等，2022）。

近年来，中外贸易关系变化也越来越体现出把维护产业安全作为重中之重的重要性和必要性。因此，中国产业政策在重视发展的同时，也越来越需要重视强化战略性领域顶层设计，增强产业政策协同性，特别是要保证产业体系内关键环节上的自主可控、安全可靠。应将产业安全作为制定产业政策和实施产业政策的重要考虑因素。

（四）产业政策的内容向功能性产业政策转变

在鼓励创新方面，针对研发层面，西方国家积极建立各种跨机构的新型研究所，贯通研发到生产的新型机构和汇聚产学研各类主体的创新集群、网络及园区等。在资金投入方面，西方国家也越来越重视多元化资金的投入，例如，欧盟为推动创新，采取了新兴技术研发、加速器计划和专项股权基金的组合式资助措施。英国鼓励养老基金投资新兴高科技企业。德国通过建立"未来基金"为初创企业提供风险投资。法国则通过政府公共投资、企业投资、国有银行投资、免税等形式支持数字健康技术等未来产业关键技术发展。美国实施为半导体制造公司提供税收优惠和企业补助金的组合政策。

一直以来，中国都高度重视科技创新对产业发展的重要作用。改革开放后，邓小平就提出"科学技术是第一生产力"的理论，随后历届党和国家领导人都高度重视科学技术的发展，特别是党的十八大，更进一步地提出要把科技创新摆在国家发展全局的核心位置，并大刀阔斧地实施创新驱动发展战略，深化科技体制改革，建设国家创新体系，实施国家科技专项，突破重大技术瓶颈。在党的二十大报告中，"实现高水平科技自立自强，进入创新型国家前列"目标的提出让科技创新的目标进一步地明确，并且明确提出教育、科技、人才是全面建设社会主义现代化国家的基础性、战略性支撑。必须坚持科技是第一生产力、人才是第一资源、创新是第一动力，围绕科技创新的各类政策日益丰富和完善。

第三节　国内外关于产业政策的争论

产业政策诞生至今都充满争论，一方面，一些产业政策早期的倡导者如汉密尔顿、李斯特、格申克龙等分别从不同角度强调，产业政策无论是对于发达国家还是发展中国家在经济和产业发展过程中都具有重要作用；另一方面，产业政策的批评者们对产业政策的质疑也一直存在。在中国，虽然20世纪80年代中期之后，中国从日本、韩国引入并实施了产业政策，其在国民经济和社会发展过程中被广泛接受；但围绕"要不要实施产业政策"的争论仍然存在，2016 年张维迎和林毅夫两位学者的争论更是引起学术界的广泛关注。为此，我们有必要对这些争论进行系统性梳理，从而为中国特色的产业政策研究作铺垫。

一、关于市场失灵和政府失灵问题的争论

市场失灵理论是实施产业政策的一个重要基础理论依据，基于此，产业政策被认为是针对在资源分配过程中出现的市场失灵问题所采取的干预政策（小宫隆太郎，1988），正如 Hausman 和 Rodrik（2003）所解释的，市场失灵存在两种类型，即协调失灵和技术外溢，由于存在上述两种市场失灵，市场无法对资源进行有效配置，这就对政府采取产业政策产生了需求。此外，Pack 和 Westphal（1986）认为企业在投资过程中也存在外部性（即一家企业的投资收益取决于其他投资者是否投资）（Rodrik，1996），以及信息交流和协调成本问题（Okuno-Fujiwara，1988）等，这些都需要政府通过执行产业政策引导市场主体采取一致行动来解决。此外，技术外溢也是导致市场失灵的另一个原因，Hausman 和 Rodrik（2003）特别强调企业在探索生产某种新产品或者新的生产过程中会出现知识外溢问题，这种知识外溢很可能带来其他进入者的模仿，从而导致最先进入企业收益降低——市场化创新激励不足；为此，需要采用功能性产业政策来促进科学技术的研究和开发。

但是，市场失灵作为产业政策的依据也受到了质疑。批评者主要从以下几个方面提出质疑。一是市场失灵原本就是制度问题，而并非市场本身的问题导致的。例如，Hobbs 等（1991）指出发展中国家的市场失灵就是政府干预的结果，市场失灵是由市场受到其赖以依存的制度体系的制约导致的（王廷惠，2005）；因此，市场失灵实质上是"制度失灵"。二是对政府能力的质疑，即政府是否比市场具有更强的信息获得能力和协调能力。世界银行（1991）就曾经提出上述问题，其认为政府面临着与其他经济参与者同样的激励和信息约束问题，而政府可能依然缺乏足够的信息和协调能力，特别是在难以避免寻租和腐败的情况下，因而政府也存在"政府失灵"问题。Krueger（1974）、张维迎（2016）都有类似的担忧。此外，林毅夫也对如何甄别应该享受优惠待遇的产业有一定的质疑，特别是在比较优势是静态且具有限制性的，而不是动态和

包容的情况下；但政府部门制定产业政策需要大量的产业技术、工艺和产品前景、经济性等信息辅助自己进行判断和预测。而且，一些学者也认为量化比较优势往往非常困难，这可能是一件不可能完成的工作（江飞涛、李晓萍，2010）；因此，Rodrik（2004）认为政府在解决协调失灵过程中必须要持谨慎的态度。此外，学者还认为，市场失灵并不是阻碍经济增长的主要因素（Krugman，1997）；因此，是否减弱了市场失灵的作用就会促进经济发展，仍有待进一步探索（江飞涛，2021）。

二、关于产业政策能否实现赶超战略的争论

学者们对产业政策的认识，更直接地来自对"日本奇迹"的认识，来自第二次世界大战后日本通过产业政策积极干预经济和产业发展所取得的举世瞩目的成就（Johnson，1982；沃格尔，1985；Pack and Westphal，1986；Amsden，1989）。而这种赶超战略则最早可以追溯至筱原三代平（1957）提出的动态比较费用理论，在该理论中，日本产业结构的后进性是导致日本经济落后于发达国家的主要原因；为此，需要采取适当的产业政策以优化日本的产业结构。金明善和车维汉（2001）也认为，这种以发达国家为目标、由政府主导的建立在后发优势基础之上的赶超战略，能够实现经济的高速发展和质量的全面提升。赶超战略的成功由于在日本，以及被称为亚洲"四小龙"的中国台湾、韩国、新加坡和中国香港的实践而受到普遍重视。林毅夫（2017）在引用张夏准和斯宾塞、索洛的研究成果时，也明确指出"尚未见不用产业政策而成功追赶发达国家的发展中国家，也尚未见不使用产业政策而能继续保持领先的发达国家"；并且他还指出，不仅成功追赶的经济体使用了产业政策，而且发达国家如美国针对新技术、新产业仍然在继续使用产业政策。

但赶超战略也同样受到学者们的质疑，这主要基于以下两个方面的原因。一是日韩产业政策的转型。事实上，日韩等国的产业政策发生了明显变化，即日本政府自1960 年以来逐渐丧失了进行各种干预的权限，其自 1970 年以来转为采取"最大限度地利用市场机制"的产业政策模式（小宫隆太郎，1988）；韩国政府 1985 年颁布《产业发展法》，确立了市场机制在产业发展中的主导地位，大大减少了政府对产业发展的各种直接干预（江飞涛、李晓萍，2018）。但是 1991 年以后，日本经济一直处于停滞

或低速增长状态，日本支柱产业失去了往日的"奇迹"。韩国等东亚经济体受亚洲金融危机的影响进行了政策调整，这些现象都让人们开始对赶超战略进行反思，特别是赶超战略产生的负面影响也引起了学者们的关注，如 Terk（2014）就发现赶超战略可能导致经济成本越来越高。二是赶超型经济体是否真正实现了赶超是值得商榷的。赶超战略主要是通过出口补贴，技术引进、模仿和吸收等方式进行的，由于存在技术收敛问题，导致被扶植产业在核心技术和产品竞争力上未必真正超过了成熟经济体的相关产业。这种短期增长行为并不具备长期可持续增长的特征，往往会出现赶超乏力现象，反而会不利于经济的长期稳定增长（江飞涛等，2021）。

三、关于产业政策实施效果的争论

对产业政策实施效果的研究也存在两种完全不同的结论。

一种是对产业政策实施效果的肯定。一些学者在研究日本高速经济增长过程中，认为其中一个非常重要的原因就是产业政策（Johnson，1982）。因为产业政策的实施能够鼓励企业间的竞争，提升市场信息传播的效率并激励企业家的创新精神，并因此提高劳动生产率。Wade（1990）在研究中国台湾地区产业政策的影响、Aghion 等（2015）在研究中国产业政策对企业生产率的影响、宋凌云等（2013）在研究中国省份五年规划的重点产业政策对产业生产效率的影响时都得出了类似结论。此外，Nunn 和 Drefler（2010）研究发现，针对技术密集型产业的关税保护政策能够对长期经济增长产生正向影响。产业集群政策对产业平均劳动生产率的提高也能够起到促进作用（Ciccone，2002）。而在对中国风力发电行业和"863 计划"支持的四个高新技术产业（高端服务器、语音识别、风力涡轮机和太阳能电池板）（Zhi and Suttmeier，2014）研究时，学者们发现产业政策在促进产业创新中具有积极作用。林毅夫等（2018）研究发现，国家级经济开发区对企业全要素生产率的积极影响是通过经济开发区更好的政策环境（更低税收）推动的，并且经济开发区存在正向溢出效应。洪俊杰和张宸妍（2020）研究发现，适度的产业政策支持能够提高对外直接投资的劳动生产率，并且能够提高社会福利。陈艳莹等（2022）研究发现，中国的资本市场能够与绿色产业政策形成有效联动，共同促进传统制造业的绿色转型，并且能够倒逼竞争对手绿色转型。

但是，对产业政策实施效果的质疑也非常多。一方面，一些学者在对某些国家产业政策的研究中并没有发现产业政策的正向效果。例如，Kruger 和 Tuncer（1982）在对土耳其 20 世纪 60 年代的贸易保护政策研究中，发现这些政策并未起到保护"幼稚产业"的作用。更多的是在对日本产业政策典型事实的研究中（例如，Beason and Weinstein，1996；迈克尔·波特，2002），学者们并没有发现其产业政策与产业增长率之间的正向关系。Blonigen（2016）在对 1995—2000 年 22 个国家钢铁行业的研究中发现，产业政策反而使该产业的出口竞争力下降。另一方面，在对产业组织政策的研究中，学者发现扶持本土大型企业的政策虽然短期内能够促进经济增长，但存在明显的"后劲不足"弊端，反而是没有受到产业政策扶植的产业竞争优势明显（例如，Herrigel，1997；Crafts，2012；小宫隆太郎等，1988）。对产业技术政策方面的研究也有类似结论，Goto 和 Odagiri（1997）、Nakayama 等（1999）在对日本技术研发政策的研究中发现，鼓励技术研发的政策虽然产生了少数成功案例，但大多数企业是以失败告终的。

四、目前国内外关于产业政策争论的几点共识

虽然学者们在产业政策研究方面仍然存在较大分歧，但随着产业政策研究的深入，学者们至少在以下几个层面上达成了共识。

（一）关于产业政策必要性的讨论

目前学者们都认识到，即使选择性产业政策在实施过程中存在较为严重的缺陷，但是在促进产业创新发展、结构演进与竞争力提升方面，政府仍应扮演重要角色并采取积极行动（江飞涛等，2021），正如林毅夫（2017）所言："尚未见不用产业政策而成功追赶发达国家的发展中国家，也尚未见不使用产业政策而能继续保持领先的发达国家。因此，不能因为大多数产业政策是失败的，就反对所有的产业政策。如果这样做，就是把婴儿跟洗澡水一起倒掉。"因此，产业政策是否有效不是讨论的焦点，需要讨论的应该是产业政策什么时候有效，以及如何、在哪里使其奏效，其主要任务是尽量减少产业政策失败的概率，增加其成功的概率（杨瑞龙、侯方宇，2019；江飞涛等，2021）。所以，产业政策不应该是对市场的替代，而应该是对市场的补充，是在充分发挥市场主体活力的前提下，通过政府的一些产业政策措施如研发投入、人才政策、基

础设施投资等为产业和企业的发展提供更有利的知识、资源、物质、技术等（大野健一，2015）。

（二）选择性产业政策向功能性产业政策的转变

学者们也认识到选择性产业政策的弊端，因此，他们认为政府应该将"选择性产业政策"，转变为"功能性、普惠性创新政策"，通过营造鼓励创新和产业发展的社会经济环境，形成有效激励机制以对市场进行补充，从而为产业发展提供基础性制度环境（Saxenian，1996）。功能性产业政策的实践者和倡导者比较代表性的有，1990 年 10 月，欧洲共同体委员会发布了第一份产业政策通报。此后的二十多年里，欧盟一直坚持"市场导向""横向性""服从竞争政策"等原则，避免采取纵向、干预市场的选择性产业政策。进入 21 世纪，欧盟委员会倡导"矩阵式"产业政策，即横向政策在不同行业实施时，应根据不同行业的特征进行调整，政策工具方面仍是采取功能性政策工具。第二次世界大战后的德国、美国、英国，20 世纪 60 年代以后的日本，以及 1985 年以后的韩国，实施的主要是功能性产业政策（江飞涛、李晓萍，2018）。

（三）产业政策实施效果受多种因素的影响

一是产业政策对不同产业的实施效果不同。Mao 等（2017）研究发现，产业政策对技术变革快速的新兴行业的实施效果明显，但对成熟产业的实施效果不明显。例如，余壮雄等（2021）研究表明，政府对特定行业的支持虽然有助于企业的更新换代，进而激发市场活力，但也需要兼顾企业更新换代和外贸的可持续发展。宋凌云和王贤彬（2013）研究发现，地方政府的重点产业政策确实能够显著提高当地的产业生产率，但产业政策实施效果存在产业类型上的差异，因此在不同产业之间存在资源重置效应。余长林等（2021）通过研究数字经济政策发现，不同的产业政策对创新的效果不太相同，其中政府补贴和行业准入制度对专利申请和专利发明的影响显著，但税收优惠、信用贷款对技术创新的影响不明显，并且产业政策存在行业异质性。

二是产业政策受制度环境的影响。孙早和席建成（2015）发现产业政策与区域市场化程度有关，他们研究发现中国产业政策的实施效果既与央地关系有关，又受制于地区的经济发展水平和市场化进程；欠发达地区产业政策的实施效果与预期目标的偏离更大，而市场化程度的提高能够优化地方产业政策实施效果。又如，蒋冠宏（2022）

也发现，政府补贴能够促进企业产出增长和总体生产率提高，但这是以挤出其他地区的效应为代价实现的。

三是产业政策存在区域差异。侯方宇和杨瑞龙（2018）研究发现，地方政府的产业政策是否有效受政商关系的影响，而中央政府产业政策的有效性则取决于其政策对应的产业前景。韩永辉等（2017）也发现，产业政策对结构优化升级的推进作用还取决于地方政府能力。赵婷和陈钊（2020）发现遵循地区潜在比较优势的产业政策会使所扶持的产业更快地发展或更可能培育出显性比较优势，但这一规律表现出明显的区域差异，并只存在于中国的东部地区，这是因为东部地区有更高的市场化程度和政府效率。

四是不同产业政策的效果存在差异。余明桂等（2016）发现不同的补贴方式带来的政策效果不太相同，产业政策能显著提高被鼓励企业特别是民营企业的技术创新水平，但路径上主要是通过市场竞争机制实现的，纯粹的政府补贴、信贷和税收机制效果不明显。黄先海等（2015）还发现这种以竞争兼容方式对创新施行的补贴存在一个有效竞争阈值，该阈值过高可能会导致企业"为补贴而生产"并面临产能过剩的风险。贺俊（2022）通过研究产业政策在中国移动通信产业实现赶超的事实发现，政府对产业竞争的支持战略能够推动新兴技术产业实现赶超，但前提是其不能严重破坏市场机制。孙伟增等（2018）发现了产业政策实施过程中的制度性差异；他们发现开发区转型升级确实存在显著的促进消费作用，但受户籍制度、流动人口购房限制及社会和谐度等的影响。叶光亮等（2022）发现竞争政策和功能性产业政策有利于提升市场竞争效率，能弥补市场失灵的影响；但选择性产业政策会降低市场竞争效率，并且会导致市场竞争和分配效率两者之间相互制肘。林晨等（2023）认为产业政策要与市场化改革相配合，使"下游市场化改革＋上游产业政策"效果更明显。

第二章　国内外产业政策研究的理论借鉴（上）

由于产业政策在国家和产业发展中的重要作用，研究者们对产业政策进行了长期大量的研究，除前述从产业政策必要性问题出发展开的政府与市场关系问题、产业政策与国家发展及产业发展问题、产业政策效果问题等的研究之外，研究者们还从产业政策自身的特征出发，研究产业政策的功能（选择性产业政策和功能性产业政策）、产业政策的产业结构和产业布局、产业政策推动的产业组织变革及产业现代化、全球化政策等问题。基于此，本章将试图通过梳理当前国内外在以上方面的研究成果，为我们的中国产业政策研究奠定理论基础。

第一节　选择性产业政策与功能性产业政策理论及中国的借鉴

不同国家在不同发展阶段采取产业政策时，往往会根据自身的经济条件和战略目标，使用不同的政策工具，有些产业政策强调政府在产业选择中的主导地位，由政府选定主导产业，干预经济运行，配置市场资源，扶持选定产业，这一类产业政策被称为选择性产业政策；另一类产业政策则强调市场占据主导地位，政府不干预市场或选择主导产业，而通过协调强化市场机能，拓展市场作用范围，并在公共领域补充市场的不足，为产业创造良好的竞争和创新环境，扶持产业发展，这一类政策被称为功能性产业政策。

一、选择性产业政策与功能性产业政策的基本概念与特征
（一）选择性产业政策和功能性产业政策的基本概念

早在 1791 年，为了应对英国新商品的冲击，美国《关于制造业的报告》就提出了政府通过关税、进出口控制、创新激励等手段，保护本国幼稚工业的基本命题。该命

题经由德国经济学家李斯特等的后续完善，形成了落后国家如何应对国际产业竞争的理论，这一理论提倡国家实施保护性贸易和税收政策，保护本国幼稚产业。该理论与后来的选择性产业政策在理论主张上有颇多交集，共同影响了 19 世纪的美国和德国，以及 20 世纪的日本。自 20 世纪 50 年代起，随着日本大量使用政府干预经济的产业政策，并取得显著的经济成功，政府主导的产业政策第一次在世界范围内受到学术界、政界和实业界的重视。学者们通过对 20 世纪 50 年代至 20 世纪 70 年代日本产业政策的观察总结，凝练出选择性产业政策的基本概念。

在 20 世纪 50 年代开始的战后经济重建中，日本大量使用选择性产业政策。当时日本采取的产业政策，主要包括产业结构政策和产业组织政策，其中产业结构政策占主导地位，其核心内容是"运用财政、金融、外贸等政策工具和行政指导手段，有选择地促进某种产业或者某些产业的生产、投资、研发、现代化和产业改组，而抑制其他产业的同类活动"（小宫隆太郎，1988）。这种"有保有压，选择产业"的产业政策被后人称为"选择性的产业政策"，选择性产业政策的基本概念由此产生。

1970 年，日本通产省在 OECD 大会上作名为"日本的产业政策"演讲，标志着日本产业政策正式进入全球视野。当时的市场主义者和新古典经济学家，对于日本经济复苏与日本政府使用的选择性产业政策间的直接关系提出质疑，认为政府对微观经济的直接干预，通过"选择胜出者"或"保护失败者"，破坏了市场机制运行，扭曲了价格信号，最终导致资源匹配效率降低。而 1973 年爆发的第一次石油危机，也对日本经济提出新的问题和要求，由此日本学术界和政界对选择性产业政策的作用进行重新思考，部分日本经济学家对此前日本高速增长和产业政策的关系进行重新论证。其中较为著名的研究成果来自以东京大学教授小宫隆太郎为代表的，一批受过现代经济学教育的经济学家，他们通过对日本 20 世纪 50 年代和 60 年代的高速增长与产业政策间的具体关系进行研究，在 1988 年推出了名为"日本的产业政策"的研究报告。这份报告从理论基础和政策效果的角度，对日本 20 世纪 50 年代到 60 年代实施的选择性产业政策作出进一步的分析和反思，其中日本学者鹤田俊的观点颇有代表性，他认为"20 世纪 60 年代实现调整增长、产业结构高度化、出口竞争能力增强等成果，与其说是政策奏效，不如说更多依靠了价格机制的顺利运行、企业的自主选择与企业的适应能力"

（小宫隆太郎，1988）。

自 20 世纪 70 年代中后期，日本政府开始尝试减少补助金、低息贷款等干预市场的产业政策，转向以共享信息、诱导民间企业为中心的产业政策模式，这一模式也被一些日本学者称为"软性功能政策"（吴敬琏，2017）。受到这一时期日本产业政策工具和实践效果的启发，并通过对全球经济体后续经济发展的观察和分析，学者们总结出一套与选择性产业政策在实施方法和调整对象方面有所不同的理论，指出为了促进产业发展和结构演进、提高企业创新能力和国际竞争力，政府确实需要采取积极行动；但是落实到具体做法和调整目标上，政府不应主导、干预和代替市场，而应通过完善市场制度、改善营商环境、维护公平竞争，支持产业技术的创新与扩散，并为之建立系统有效的公共服务体系，帮助劳动者提升技能以适应产业发展的需求。这种理念主张构成了功能性产业政策的基础概念。

（二）选择性产业政策和功能性产业政策的特征

对产业政策的研究中，根据研究方向和观察重点的不同，产生了几种不同的划分方法。按照小宫隆太郎的产业政策分类，产业政策可以分为与产业资源分配有关的政策和与产业组织有关的政策。根据产业政策是否指向特定产业，产业政策可以分为不指向特定产业的横向产业政策和指向特定产业的纵向产业政策。由于横向产业政策同样强调为非特定产业提供发展所需的良好整体环境，部分研究者也将横向产业政策称为功能性产业政策，将纵向产业政策对应选择性产业政策。但是在通常意义上，功能性产业政策概念与选择性产业政策概念对应，强调的是两者实施方式和调整对象的不同，而非政策是否指向特定产业。选择性产业政策强调政府的主导地位，提倡政府通过产业政策对市场进行预判、干预和代替；功能性产业政策强调市场的主导地位，政府的产业政策旨在为市场提供良好的环境、制度和功能上的补足，确保市场能充分发挥自身机制作用。此外，由于缺乏对于政策实施主体、手段和目标的针对性描述，横向产业政策常常存在过于泛化产业政策范围的问题，因此将纵向产业政策和横向产业政策等同于选择性产业政策和功能性产业政策的做法没有普遍流传。

在产业政策理论研究和讨论中，选择性产业政策指向较为狭义的产业政策，其最为主要的表现形式有两类。一类是产业扶持政策，由政府对其认为有战略意义的产业提供政策性扶持，这种做法也被称为选择赢家或战略性产业政策。政府应用选择性产业政策的目标包括针对本国幼稚产业实施赶超策略，或针对优势产业实施领先政策。另一类是产业防御政策，针对停滞衰退产业实施防御性政策或应激性政策（李伟，2016：40）。在具体措施上，选择性产业政策包括政府为优化资源在指定产业间的配置效率，综合使用财政、货币、金融、税收、贸易、技术保护和创新激励、直接行政干预等政策工具，对指定产业的生产、投资、研究和产业改组等进行判断、干预甚至代替，并在有需要的情况下，对其他产业的同类型活动进行抑制。选择性产业政策强调政府通过上述政策工具，对市场经济活动进行一定的选择干预，保护处于幼稚期的新兴产业，支持本国产业升级，并提高其国际竞争力。这些做法与选择性产业政策的提出背景有一定的关系，由于在后发国家和后发产业的赶超过程中，往往伴随着资金、制度、金融等方面的体系性不足，而选择性产业政策由政府主导，能够起到总结模仿先进的产业演化经验、快速提高资源配置效率、弥补市场不足、推动产业结构升级和优化、缩短产业结构的演进过程、最终实现产业赶超目标的作用，因此选择性产业政策在后发产业中发挥的赶超作用格外受到重视。

与选择性产业政策相比，功能性产业政策更强调市场在推动产业创新发展与结构演变中的主导地位，认为政府的主要职责在于补充和改善市场机制的不足，防止出现狭义的市场失灵。在功能性产业政策的理论主张中，政府应当通过完善基础设施建设、弥补市场制度缺陷、保障商业竞争环境，提高劳动者技能、激励产业技术创新与扩散等手段，为市场机制的有效运行提供良好的制度环境；而不应对经济进行直接干预。与选定重点产业进行扶持的选择性产业政策相比，功能性产业政策重点关注产业在新经济环境下的整体创新能力，强调政府通过协调市场信息、技术、资本、人力资源等要素，分散企业创新风险，降低企业创新成本，提高企业创新能力。

选择性产业政策和功能性产业政策理念主张的区别，受到两者不同诞生背景的影响，功能性产业政策的提出伴随着经济全球化进程和大量新技术的涌现，世界范围内可供后发国家总结学习的先进产业经验相对减少，面对不确定的未来环境，政府代替市场进行决策的风险和成本不断增加。在这一背景下，市场与需求间的技术反馈效应增大，要求产业政策更加关注产业的创新能力及应对环境高速变化的能力，鉴于市场分散主体的决策投资行为对整体风险的降低，以及市场主体相比于政府更快速的反应和适应能力，功能性产业政策这种强调市场功能主导地位的理论自然应运而生。

二、选择性产业政策的主要工具和历史实践

选择性产业政策已被全球主要经济体广泛使用，其在各国战后经济重建，以及新型全球化格局下的产业转型升级和产业竞争中，发挥了重要作用。各国政府在使用选择性产业政策时，采用的主要工具包括投资补贴、信贷干预、利率优惠、公共银行贷款、战略贸易政策、生产限额限价、准入管制等。政府选择主导产业，并对具体的企业和产业进行保护和扶持时，通常会混合使用以上工具。

（一）欧洲的选择性产业政策工具和实践

1945 年以后，欧洲各国政府面临的共同问题是如何重建并振兴本国遭受重创的经济，为此各国政府都采取了一定形式的直接干预手段，用于推进企业发展，促进产业转型升级。英国工党自 1945 年起，对航空、核能、计算机、电力、煤炭、天然气、铁路和钢铁等重要产业，采取了企业国有化政策，以提高政府对市场的控制能力；并在 1975 年之前，针对未国有化的制造业制定了一系列匹配的产业政策，例如，针对当时英国的传统优势产业，制定并实施了国家资助精简计划，降低来自新兴的低劳动成本国家的冲击，减缓纺织业、造船业等产业的衰退速度（林毅夫等，2018：74）。二战后法国主要面临投资不足问题，其私有部门不足以为工业发展提供足够的资本，为此法国推进了煤炭、电力、天然气等产业的国有化进程，并对重点产业实施计划经济，确保国有银行资金按规划流入指定的重点产业。1958 年戴高乐提出国家领军企业概念，将资金投入飞机、导弹、原子弹等技术的研发，并采取公共采购、科研经费补贴、出口补贴、工业外交等方法支持军工产业发展。联邦德国相比于英法两国，实施选择性产业政策的力度要小很多，这与 1949 年联邦德国执政党上台后推行自由贸易的主张有关。即使如此，联邦德国政府为了稳定基础产业的成本和价格、防止产能过剩、减弱国际竞争局势的影响，为煤炭、钢铁、铁路和能源等产业直接提供了百亿级别的资金。意大利的选择性产业政策实施力度相比于前述国家要高出许多，1947 年意大利政府颁布重大决定，在确定自由开放的市场、推进贸易领域自由化进程、申请加入欧洲振兴

计划的前提下，强调政府干预的必要性，随后的 1951—1963 年，意大利政府在重点产业中推行企业国有化，进行政府直接投资，并为私营企业提供补贴和软贷款，实现了 5.8% 的年平均 GDP 增速。1964 年以后，意大利经济经历结构性动荡，其与其他欧洲国家转向功能性产业政策。与孵化新兴高科技企业的尝试不同，意大利政府加强了对经济的干预和计划，提供了 245 亿美元的社会投资和 385 亿美元的产业基金，并通过投资补贴对衰退产业中的私营企业进行救助和国有化；从结果来看，这些举措过于关注短期目标，导致资源配置效率不高，从而产生了持续的财政赤字。西班牙在 20 世纪 50 年代尝试效仿法国的计划经济体系，在国际贸易自由化的前提下，对国内产业发展进行预测后实施政府干预，受限于本国的人力资本和金融条件，没有取得预想的成效。西班牙政府随后在 1962—1973 年对银行系统进行改革，并由西班牙政府直接统筹税收减免和补贴，对特定产业，特别是出口制造企业实施激励，并鼓励大企业之间的兼并，以期通过选择性产业政策，提高本国产业的发展速度和国际竞争力。1957 年，法国、联邦德国、意大利、荷兰、比利时和卢森堡共同签订《建立欧洲经济共同体条约》，并在同年结成欧洲原子能共同体。随后在 1967 年，欧洲煤钢共同体、经济共同体和欧洲原子能共同体形成欧洲共同体，并提出在共同体高度协调欧洲各国产业发展的思想。

（二）美国的选择性产业政策工具和实践

虽然美国政府官员和学者不喜欢使用产业政策的概念和词汇，但是自 1791 年汉密尔顿的制造业发展计划开始，美国在事实上已开始使用产业政策保护幼稚产业，汉密尔顿的主张包括对特定产业进行政府补贴并给予保护性关税、设定进出口配额，鼓励先进技术进口，减免制造业投入的税收。在高新技术方面，19 世纪起美国政府就开始采用由国家安全相关的政府机构主导，构建政府—私营部门的创新模式，支持美国本土高新技术产业的创新与发展。例如，19 世纪美国海军和当时的本土钢铁企业进行紧密合作，以帮助本土企业获取欧洲更先进的钢铁制造技术，扶持本土企业加工制造高质量钢铁。一战前后的美国飞机和航天产业，以及雷达技术，同样由美国军方进行扶持，而在二战时期，美国政府与军队扶持的对象已经拓展到电子计算机、雷达、核技术、医药等产业。以 20 世纪 50 年代的半导体产业为例，美国政府直接资助这些产业的企业研发经费达总额的 25%，并以军事采购项目的形式持续扶持本土半导体产业发展，这些措施极大支持了硅谷企业的初期发展。比如，英特尔公司享受了美国政府的采购、研发支持和贸易保护，苹果公司的计算机、智能手机和平板项目则享受了美国政府的基础研发资助和国际贸易政策（Mazzucato，2013）。进入 21 世纪，美国政府也向特斯拉、苹果、英特尔等企业提供过风险投资和信用贷款，巩固这些企业的技术领先地位，从选择性产业政策的视角来看，这无疑是政府干扰市场、"挑选赢家"的行为。除了产业技术相关政策外，美国长达 100 多年的反垄断和并购重组历史也是其产业政策的重要组成部分。在 19 世纪末第一次并购浪潮期间，美国国会通过《谢尔曼法》，显示了美国政府对反垄断的执行标准和判断标准，并在随后成功应用于一些大公司的并购重组案例。随着经济全球化和自由主义的盛行，美国政府提出"可竞争理论"并放松对垄断的规制。但是反垄断政策依然是美国产业政策的重要组成部分，用于指导美国产业内企业的并购重组，推动产业结构演变。

（三）东亚的选择性产业政策工具和实践

东亚经济体在 20 世纪后半叶取得的经济成功，一直被认为是选择性产业政策成功的典范。以日本经济复苏为开端，韩国、新加坡、中国台湾、中国香港相继通过选择性产业政策实现产业和经济的高速发展。在这一过程中，东亚经济体使用的选择性产业政策具有以下共性：第一，将财政补贴给予政府选定的重要产业；第二，对未来有潜力的幼稚产业进行保护，保证其未来的国际竞争力；第三，对基础金融体系进行干预和改革，重视银行在这一过程中的基础作用；第四，利用政府力量组织国家层面的研究机构，制定工业化发展计划；第五，在渐进改革中建立合适的制度框架，并将其作为产业政策研究的基础。

在 20 世纪 50 年代初期，日本提出了产业结构合理化和企业合理化的产业政策主张。产业结构合理化的主要政策工具包括税收、政府向金融机构提供的财政投资融资服务、海运补贴、外汇配额、先进技术导入等。20 世纪 50—70 年代，日本使用战略性贸易政策，使用严格限制出口、对外直接投资、征收关税等方法，进一步扶持本土战略性产业和幼稚产业的发展。企业合理化的相关政策主要关注产业中的中小企业，通过税收优惠、外汇配额、先进技术导入和企业管理制度改进等手段，提升企业能力。这一时期，日本政府还尝试赋予部分企业一定形式的垄断权力来推动产业发展。例如，日本政府在 1950—1953 年允许部分日本企业拥有古巴糖的进口垄断权，并以 2—10 倍的价格在日本市场出售古巴糖，相应条件则是这些企业需要从事船舶制造和出口。1950—1960 年，日本政府对部分拥有行业垄断地位的企业开出最高达到其留存收益三成的免税政策，通过企业良好的内部储蓄和高增长率，保持企业的投资意愿和投资水平，推动日本经济发展。韩国政府也学习了类似的思想，推动大型企业集团的形成以促进出口。从结果来看，虽然这些集团在出口活动中获取的利润甚微，但是确实通过政府贷款和垄断性经营得到了快速发展。

20 世纪 50 年代，中国台湾当局根据台湾地区普通劳动力充足，但是自然资源、技术、资本、外汇储备等匮乏的特点，使用外汇管制、高关税、进口管制、进口代替等保护性贸易措施，限制整体进口，鼓励本地企业生产替代品以减少进口，并提供原材料方面的优惠措施和低利率的银行贷款。基于劳动密集型产业的发展，其在 20 世纪 60 年代实现了生产成本降低，并且配合出口退税、外销资金支持、建立高雄出口区、对出口商品实施五年免税，以及减轻海外投资所得税等政策，在国际市场出口方面取得明显进步。20 世纪 70—90 年代，劳动密集型产业开始失去优势，中国台湾当局转向资本密集型和知识密集型产业，通过设立科技工业园区，鼓励电子信息、生物科技等高科技产业发展，并采取低息资金、政府技术转让和合作开发等手段，吸引大量海外归来研究人员，催生出新竹科技园和一批高科技企业。20 世纪 90 年代以后，随着劳动密集型产业对经济的贡献进一步下降，中国台湾当局通过租税奖励和开发基金，进一步促进高技术、高附加值的资本密集型产业和知识密集型产业的发展。在这种连续的选择性产业政策的支持下，台湾地区的高科技企业获得了稳定且持续的发展。

三、功能性产业政策的理论主张与主要工具

作为强调市场主导地位的理论，功能性产业政策主张政府简政放权，取消对特定产品、技术、企业和产业的选择性扶持，尽量避免使用直接补贴、税收、贸易保护、行政手段等传统手段对市场进行干预，转而通过完善市场机能的方式，提高企业和产业的创新能力，保证产业结构顺利转型升级，实现经济发展。此外，功能性产业政策理论关注的重点还包括对市场竞争机制的解释和提倡，以及对知识传播和产业创新能

力的关注。

市场的竞争机制有促进知识外溢和技术进步的作用。哈耶克在 1978 年指出，在市场竞争中，受到自身利益的驱动，经济主体会积极主动地发现未被他人使用的经济知识。大量知识交流传播和学习使市场中产生试错、纠错的行为，推动新技术出现，竞争使分散主体和默示知识之间形成互动，并使它们获得关于技术、市场偏好等有价值的信息，也是激励创新、减缓价格竞争的有效工具，市场竞争机制会进行优胜劣汰的自然选择，将低效率的企业和产能清理出市场（江飞涛，2021：332）。同时，重视市场竞争并不意味着否定政府功能，如果将狭义的产业政策中的选择性产业政策正确析出，并关注竞争政策与功能性产业政策的重合部分，那么可以总结出一些关于两者关系的讨论。例如，Porsas 和 Borges（2009）认为，狭义的产业政策（选择性产业政策）与竞争政策在工业化早期阶段的矛盾较为激烈，随着工业化发展程度的提高，两者趋于互补。

知识作为形成后可以传播、发散、外溢的资产，具有外部性和部分公共物品特征。功能性产业政策理论认为，政府在市场中设立合理的激励机制，可以矫正技术创新活动中产生的外部性，控制知识和技术的外溢效应。例如，Hausman 和 Rodrik（2003）指出企业进行创新行为的过程中，由于创新企业需要独自承担创新过程的成本和创新失败的风险，以及创新成功后被其他企业模仿的风险，这会导致企业创新产生的效益小于社会效益，因而降低企业的创新意愿；此时，需要政府对创新进行激励。从社会角度来看，企业的创新活动都可能外溢，为其他企业和个人提供能够指导其未来创新活动的参考，因此先行企业进行的创新活动，和由此产生的信息外溢均是有利的，可以帮助后行企业和个人降低创新风险（Hausman and Rodrik，2003；林毅夫，2012；顾昕、张建君，2014）。Pack 和 Sagi（2006）主张政府补贴企业创造新知识的行为，延长企业发现新想法、新技术和新技术社会价值的时间周期，帮助企业观察新技术的市场价值并获得回报，提高企业面对不确定环境时的技术创新能力和自我纠错能力。总体来说，功能性产业政策主张应激励先行创新的企业，矫正创新过程中的外部性，从而提高产业整体的创新能力。

在具体的政策主张上，第一，功能性产业政策关注企业和产业的创新能力，强调政府应通过协调市场信息、技术、资本、人力资源等要素，分散创新风险，降低企业的创新成本，进而提升产业的整体创新能力。相比于企业内部的一体化创新或是大厂商间合作研发机制，新时期的功能性产业政策更强调由政府牵头建立合作式的风险共担和利益共享机制，旨在解决市场中创新信息的外部性问题，保证大中小型企业和政府研究机关的有效合作机制。例如，建立国家级共性技术合作平台，为企业提供市场供需信息收集、信息咨询、技术咨询等服务，并为企业提供寻求合作伙伴、受理与评估交易项目、专利保护咨询等多种服务，促进企业创新成果的转移与转化建设（江飞涛、李晓萍，2016）。对于基础性研究和具有较强外部性的应用性研究，政府也应当考虑提供资助支持（江飞涛、李晓萍，2010）。第二，功能性产业政策主张关注产业创新成果的保护，呼吁政府关注产业创新成果在网络时代传播方式的变化，完善与知识产权保护相关的法律体系，并制定执行机制。除了市场中的各类主体外，不少国家在选择性产业政策实施的过程中，对基础产业进行国有化改革，这一过程也需要注意对职务发明人的创新活动设立激励机制和保护性法律。第三，功能性产业政策主张重视人才的教育和培养。除了高等教育人才外，有高校教育经历与应用型技术交叉背景的复合型人才、工程技术人员和高技能产业工人等，也是功能性产业政策人才观的重要对象（江飞涛、李晓萍，2016）。第四，功能性产业政策强调对科技基础设施的建设，数据的传输和运算处理能力极大地影响了新型产业的竞争能力，因此政府应当加快工业互联网、物联网、云技术相关基建的进程，并为未来的新型超算中心、产业数据库等建立政府和企业共同承担、开发和利用的合作模式。第五，功能性产业政策应对新型产业中新的市场失灵现象进行监管。由于在新型产业中，市场需求与技术进步之间往往存在明显的正反馈，这放大了市场对新技术的激励，同时这些产业往往具备较强的网络外部性，率先占据需求规模的企业可以获得巨大的竞争优势，导致相关产业常常存在"赢家通吃"现象，包括数据和技术的垄断、挤出式的异常价格竞争等，对于这些政府要及时采取监管和应对措施。第六，在扩大市场力量的同时，经济生产能力的提高和需求端主导的生产模式，也对环境的承载能力提出新的挑战；功能性产业政策应当关注产业发展中的环境问题，建立与环境相关的税收、监管、激励机制，纠正市场中环境成本的外部性，从而保证经济发展中生态的可持续性。

四、国际经验对中国产业政策的启示

选择性产业政策的国际经验可以为中国如何选择、制定、实施和优化选择性产业政策提供参考。当下各国正在摆脱差异化理念和口号的限制，启用选择性产业政策工具来布局未来重点产业，这些新加入的选择性产业政策与各国以往的产业政策形成矩阵式立体结构，使得全球的产业竞争和发展格局进入高速变化的新时期，这也对中国选择性产业政策的下一步理论研究提出更高的要求。第一，需要旁征博引，研究者应参考全球范围内，从二战结束至今关于选择性产业政策的理论研究与现实案例，而非局限于东亚经济体的过往辉煌；第二，需要与时俱进，研究者应当时刻关注其他国家选择性产业政策的制定和实施现状，持续观察他国新型产业政策的实施效果，开展具有时效性和前瞻性的研究；第三，需要保持客观，研究者不应囿于自身的学术流派，执着于政府职能和市场机制的对立，或是选择性产业政策与功能性产业政策的对立，而应寻找能够发挥两者互补协同机能、共同推动中国经济和产业发展的新型产业政策。

而从各国功能性产业政策的实施经验可以看出，当各国的产业发展到一定阶段时，对产业和企业的研发、创新和科研成果转化能力的要求会持续升高。因此，功能性产业政策提倡为产业和企业创新提供良好的框架条件，其关注点包括维持竞争秩序、消除知识和技术的外部性、完善研发和转化的制度支持基础、提供配套的公共服务体系、提供培训教育提高劳动者技能等。总体来说，功能性产业政策提倡使用横向的产业政策和工具，为多个或整体产业提供良好的市场、竞争环境和创新环境，减少对特定产业和企业的干预。同时，国际经验也揭示出，在这一过程中，政府在构建产学研一体平台、维护竞争和市场秩序、提供公共服务体系和培训等方面，有着市场无法替代的重要作用。通过探讨这些经验教训，中国可以把握功能性产业政策的时代需求本质，超越产业政策存废或者政府市场对立的过时认知和讨论，加快构建实施符合中国国情和特色的产业政策，提高中国核心技术的自主创新能力，推动中国产业和经济发展。

第二节　产业结构与产业布局政策理论及中国的借鉴

产业结构和产业布局政策是产业政策的重要组成部分，是一国政府在遵循产业结构演进规律的基础上，通过产业引导推动产业结构内部不断向合理化和高级化发展而制定的一系列发展政策。政策的实质在于通过推动产业结构的合理发展和产业空间的合理布局，使得资源配置效率提升，形成产业集聚效应和规模效应，以此推动经济的高质量发展。

一、产业结构和产业布局政策的内涵与特征

产业结构主要是指不同产业部门，如第一产业、第二产业及第三产业的产值在整个国民经济中的占比，或不同产业部门的劳动力就业占比，以及产业之间的前后向关联或旁侧关联等关系的统称。产业结构的划分与不断变化是技术进步下社会分工的结果。产业结构包括产出结构、劳动力结构、资本结构、需求结构等。从最早的农业、手工业、商业划分发展到当下农业、工业、服务业，以及最新的数字经济、人工智能、大数据等新的产业业态，产业结构也从最初单纯的三次产业划分，不断向产业结构多元化的方向发展。因此，产业结构的划分与演进是产业部门内部从低级到高级不断变化的过程，这与经济发展的阶段有关。

产业布局一般指产业的空间分布情况；产业布局政策则是指一个国家或地区根据当地产业的发展现状和产业发展潜力，在充分考虑国内外产业发展趋势及区域产业态势的基础上，对本国或当地的产业发展定位、产业体系、产业结构、产业链、空间布局等作出科学计划的行为。在产业布局中需要考虑原料指向性、市场指向性、资金技术指向性等问题。

20 世纪 50 年代以来，随着产业内分工的不断深化，单纯的第一产业、第二产业、第三产业的简单划分已经面临诸多挑战，尤其是制造业和服务业相互融合的趋势不断凸显，以及新技术带来的新兴业态，导致无法用传统的产业结构去讲出某一产业属于一产、二产或三产；因为产业业态的特征更为复杂，其既表现出制造业形态，又呈现出服务业业态。结果便是，原有的三次产业划分可能面临诸多挑战，尤其是当新技术

发展赋能新产业更加成熟之后，未来需要对产业结构的划分标准进行重新研究和制定。尤其是，从全球视野来看，可能需要建立一套新的划分标准，以便进行统一的数据对比和分析。不过，因为技术和产业的融合程度不断加深，未来还可能出现新的产业，如何进行统一归类着实是一个挑战。

二、产业结构演化理论与产业结构政策

（一）产业结构演化理论

（1）配第—克拉克定理。

该定理着重通过劳动力在不同产业类型中的数量变化来研究产业结构的演变规律。其主要观点是，随着国民经济的发展和国民收入的不断提升，劳动力会从第一产业向第二产业转移，然后从第二产业向第三产业转移。该定理主要反映了长期历史维度下，劳动力在三次产业中的转移变化过程，反映了不同国家和地区产业结构的一般演进规律，因而具有较强的解释力。

（2）霍夫曼定律。

该定律主要对工业部门结构特征的演进规律进行开拓性研究，即将消费资料工业净产值与资本资料工业净产值之比称为霍夫曼系数，重点分析消费资料工业和资本资料工业的比例关系。其主要观点是随着工业化进程，霍夫曼系数是不断下降的。霍夫曼还根据霍夫曼系数的变化趋势，把工业化的过程分为四个阶段：在工业化第一阶段，消费资料工业的生产占据统治地位；在工业化第二阶段，虽然消费资料工业生产的规模仍远远大于资本资料工业的规模，但就其发展而言，资本资料工业开始加速；在工业化第三阶段，资本资料工业在规模上已与消费资料工业并驾齐驱；到工业化第四阶段，资本资料工业的规模就超过了消费资料工业的规模。

（3）产业结构合理化理论。

产业结构的合理化是产业结构优化的一个重要内容，也是产业结构高级化的基础，各国产业结构的演进历史告诉我们，缺乏合理化基础，是难以完成产业结构高级化演进的。那么，什么样的产业结构是合理的？判断合理化的标准又是什么？对于产业结构合理化的特征和外在表现，李京文和郑友敬的观点颇具代表性，他们认为，合理的

产业结构"首先应当满足以下要求：一是能满足有效需求（包括生活上的最终需求和生产上的中间需求），并与需求结构相适应；二是具有较为显著的结构效益；三是资源配置合理并得到有效利用，在出现资源供给不足或产品过量时，能通过进出口贸易进行补充调节；四是各产业间能相互补充、配套、协调发展；五是能吸收先进技术，有利于技术进步；六是在保证技术进步的前提下，吸收较多的就业人数；七是有利于保护自然资源和生态平衡"。[①]

关于判断产业结构合理化的标准，目前常见的主要从以下五个方面加以考察：与标准结构的差异、对市场需求结构的适应程度、产业间均衡的比例关系、对资源的合理使用和可持续发展。

（4）产业结构高级化理论。

产业结构高级化有诸多方面的表征，例如，按郭克莎的观点，产业结构高级化可表现为四个方面的内容：（1）产值结构高级化；（2）资产结构高级化；（3）技术结构高级化；（4）劳动力结构高级化。[②]尽管产业结构高级化有诸多方面的内容，但似乎在对产业结构高级化研究的国内外文献中，绝大多数是采用产值比例和劳动力比例来分析产业结构高级化的，并将其作为衡量高级化的指标。

（二）产业结构政策的主要内容

产业结构政策的制定、实施与调整，与其经济发展所处的阶段有着密切的关系。从工业化初期到后工业化时代，产业结构政策存在较大的差异。因此，按照国家或地区经济发展的阶段演进和发展的水平变化来综合透视产业结构政策制定与变迁，可以得出产业结构政策变化的总体规律。总体而言，产业结构政策大致经历了制造业优先政策（尤其是重工业）、服务业优先政策（尤其是高级生产性服务业）、制造业和服务业并重的政策演变规律。

（1）制造业（重工业）优先政策。

制造业优先政策是工业化发展初期表现出来的典型政策。从全球范围来看，第一次工业革命和第二次工业革命均推动发达资本主义国家成为全球的制造业生产中心，

---

① 李京文、郑友敬：《技术进步与产业结构——模型》，经济科学出版社1999年版，第221—222页。
② 参见郭克莎：《中国：改革中的经济增长与结构变动》，上海人民出版社1993年版。

如英国、德国、法国、美国等国家，在这一阶段都制定了制造业优先发展的产业政策，从全球获取生产资料用以进一步推动本国的制造业发展，使得这些国家成为全球的制造业生产中心。苏联的产业发展政策也是着重发展制造业，尤其是重点发展重工业，如钢铁、煤炭、石油、汽车及军工产业等，农业、轻工业则处于从属地位。新中国在早期发展中也推行了制造业优先的发展政策，重点发展重工业。1957年，中国的工业总产值超过原计划21%，比1952年增长128.5%。同期，1957年，中国的农业总产值完成原计划101%，比1952年增长25%；可见工业相比农业的发展速度要快很多，体现了这一时期中国优先发展重工业的特征。

综上所述，制造业是国民经济的基础，优先发展制造业是中国在工业化初期推动国民经济发展的核心举措，体现建立本国相对完善的现代化工业体系的发展要求。通过优先发展制造业，尤其是重工业对于发展中国家的经济增长意义重大。不过，这都是工业化初期制定的主要产业结构政策，与当时所处的国际形势、经济状态密切相关。在优先发展重工业的同时，也要在一定程度上兼顾农业、轻工业的发展需求，推动产业结构的合理发展。

（2）服务业优先政策。

服务业优先政策是进入工业化成熟期或工业化后期所采用的产业结构政策，其同样与一个国家或地区的经济发展水平有很大的关系。在完成工业化并建立完善的工业化体系之后，国民经济的发展会加速推进，同时也需要非常大的市场去消化工业产品。在这一时期，与生产密切相关的生产性服务业急需发展，需要金融、物流、商务服务、技术服务等与工业密切相关的产业来支持工业发展。同时，随着技术的不断进步和经济发展阶段的变化，工业对经济增长的贡献开始下降，而金融服务、商务服务、技术服务、物流服务、广告会计服务等服务业对经济增长的贡献越来越大。同时，随着工业化进程接近尾声，劳动力成本和生产要素成本大幅上涨，不利于制造业的进一步发展。

在此背景下，发达国家开始将产业发展的重点向服务业转移，尤其是高级生产性服务业，如金融、法律、会计、商务服务、信息服务等生产性服务业成为服务业发展的重点领域，这些产业通过提供服务来获得更多的经济回报。同时，利用全球化分工将生产制造转移到生产成本更低的地区，使得本国的制造业在国民经济中的占比下降得更快，而服务业在国民经济中的占比进一步提升。例如，美国、英国等发达国家的服务业占比达到 70% 以上。

随着中国现代化工业体系的不断完善和经济发展水平的不断提升，中国服务业在国民经济中的占比也在不断提升。国家也高度重视服务业发展，例如，2014 年出台的《关于加快发展生产性服务业促进产业结构调整升级的指导意见》，提出重点发展研发设计、第三方物流、融资租赁、信息技术服务、节能环保服务、检验检测认证、电子商务、商务咨询、服务外包、售后服务、人力资源服务和品牌建设等领域。

（3）制造业和服务业协调发展政策。

制造业和服务业协调发展是维护一个国家经济平稳有序的重要基础，制造业的发展离不开服务业的服务支撑，服务业的发展也离不开制造业的产品支撑。近年来，随着国际局势的风云变化，新冠疫情及逆全球化趋势的影响，发达国家和发展中国家都更加重视制造业和服务业的协调发展（付宗宝，2020）。其中，发达国家的主要逻辑在于，由于本国制造业占比的不断下降，制造业空心化比较严重；一旦全球联系被阻断，本国就无法满足国内工业产品的生产需求，因此纷纷出台一些支持制造业回流或近岸、友岸发展的政策，来构建稳定的区域生产体系。例如，美国、日本等国都出台了鼓励本国企业回流的发展政策。同时，为了进一步强化其在高端制造领域的控制权或主导权，这些国家也出台了一些发展先进制造业的重点扶持政策，如德国"工业 4.0"计划、美国工业互联网等。通过制造业回流和先进制造业扶持政策实现制造业和服务业的协调发展，进而降低对其他国家的依赖，维护本国的产业安全。然而，在全球化时代，国家间贸易往来及全球产业分工是不可逆的；发达国家采取的制造业和服务业协调发展政策，本质是维护自身在国际贸易中的主导权地位和把控产业价值链的高端环节，进而获得更多的高额利润。

在经历了现代化工业体系不断完善与壮大的基础上，中国服务业也得到较快发展，为了进一步推动国民经济的高质量发展，中国也制定一系列制造业和服务业协调发展的产业政策（陈佳贵、黄群慧，2005）。究其原因，在维护国民经济体系安全稳定的前提下，科技革命、产业变革、消费升级间的相互叠加导致制造业和服务业之间的互融互通变得更加重要，需要进一步引导两者之间协调发展。例如，2019 年国家发展和改革委员会等 15 个部门联合印发《关于推动先进制造业和现代服务业深度融合发展的实施意见》，通过鼓励创新、加强合作、以点带面，深化业务关联、链条延伸、技术渗透，探索新业态、新模式、新路径，推动先进制造业和现代服务业相融相长、耦合共生。同时，《"十四五"智能制造发展规划》等一系列推动制造业高质量发展的政策也相继出台，用以强化中国制造业的技术创新力和核心竞争力。

总体看来，制造业和服务业之间的协调发展是实现产业结构优化升级的重要途径。同时，两者之间的融合发展也顺应了技术升级趋势、产业发展趋势及消费升级趋势，将会是全球主要国家今后制定产业结构政策的重中之重。

三、产业布局理论与产业布局政策

（一）产业布局理论

（1）区位理论。

区位是产业布局理论的基础性概念，而相应的区位理论也就成为产业布局最基本的理论。区位理论被称为距离的经济学，没有运输成本也就不会有区位问题。区位理论确定了各种经济活动在何处进行的原则。首先提出区位理论的是德国经济学家约翰·海因里希·冯·杜能（1826），其在名著《孤立国》中首次提出农业区位理论，引入抽象演绎和数学推导的方法，通过计算各种农作物的地租曲线，绘制出最佳作物空间配置图，并系统阐释了农业布局的空间分异规律及其成因。而后，随着工业的发展及贸易增长所引发的工业区位的转移，Alfred Weber（1909）对工业区位进行了研究，提出了相应的工业区位理论，分析了运费成本、劳动力成本及集聚力对企业区位决策的影响。

Englander（1924）与 Predohl（1925）把区位理论作为价格理论的一个分支加以研究，Losch（1946）扩展了区位理论的范围，将贸易流量与运输网络中心地区的服务区位问题也纳入其中进行研究；Hoover（1937）考察了更复杂的运输费用结构、生产投入的替代物和规模经济。在一般空间区位理论中，Isard（1956）增加了运输和生产的其他投入品之间的替代关系。他还提出用垄断竞争替代完全竞争、关注空间演化等观点，对新经济地理区位理论的诞生产生了重要影响。新古典经济学认为，企业区位选择实际上是企业追求利润最大化目标的自发行为，不同地点、不同市场及技术条件，使企业面临成本与收益的取舍，从而也得出一个区位选择矩阵。

新经济地理区位论主要包括地理学界的"新经济地理学"和经济学界的"新经济地理学"，前者强调制度、文化、关系网络和历史演化等非经济要素对产业布局的影响，而后者主要强调内生集聚效应对产业区位的影响。Krugman（1991）基于数学模型描绘了产业分布的核心—边缘结构，分析了贸易成本对企业布局的影响。

（2）比较优势理论。

产业的空间布局会综合考虑地方的资源禀赋、交通区位、劳动力成本及营商环境等地方综合要素，即地方优势是地方多重比较和竞争优势在地方上的叠加。从资源禀赋来看，不同国家或地区的资源禀赋如资源、土地、劳动力等要素的差异，会导致国家或地区会生产其资源禀赋最有优势的产品，从而形成不同地区的产业集聚和生产的专业化分工。比较优势的存在会导致地区之间的专业化和不同类型产业在比较优势较好的地区集聚，从而推动布局按照地方比较优势进行布局。按照比较优势进行产业布局，企业生产成本较低，自生能力和竞争力强，创造的社会剩余多、积累量大、经济增长快，并且能在资源禀赋动态化过程中实现产业结构变迁（林毅夫等，1999）。从总体来看，比较优势理论强调不同地区劳动生产率、技术差异及资源禀赋的相对成本差异会影响地区产业布局的差异，其核心便是认为一个地方特有的相对优势是发展某种或某类产业的基础。

（3）专业化集聚理论。

专业化集聚理论最早可以追溯到 Marshall（1890）提出的产业区理论，其认为企业在特定地区的集聚主要是为了获得专业化的中间投入、熟练的技术劳动力、共享的基础设施和面对面的交流（Coe et al.，2019）。基于对这些要素的考虑，企业会形成相同类型产业的共聚或者不同类型企业的空间集中，为同类产业的专业化集聚形成提供了一定的解释。该理论后来形成 MAR 外部性模型，用以讨论集聚产生的外部性对产业集聚的影响。在产业区理论之后，德国的经济学家韦伯提出的产业区位理论，具体讨论了在要素成本最低的条件下，产业获得的地方集聚会考察地方的原材料分布、交通成本、市场状况、劳动力成本等要素（Coe et al.，2019）。通过将这些地方性要素进行综合权衡，选择一个最佳区位，然后再形成产业的空间集聚或空间分散。

（4）产业集群理论。

产业集群理论认为，地区内相互联系的关联企业、专业化供应商、服务商及相关的制度聚集在一起，通过产业之间的相互联系，强化产业集聚与专业化生产，进而提升企业效益和产业竞争力（Porter，2000）。产业集群作为产业演化过程中的一种地域现象，不仅普遍存在于经济发展水平不同的国家和地区，而且也存在于不同的产业类型中；因此，可以形成专业化的生产协作网络，获得其他组织难以比拟的竞争优势。产业经济活动的演变过程是路径依赖的，企业会选择进入在产业上具有相关性的地区，以获得大量潜在且有经验的企业家（Boschma and Frenken，2011）。通过不断进入和退出机制，某一类或几类产业在某个地区实现不断的强化和发展，形成专业化的企业集聚，进而推动产业集群的形成。在现有研究中，测量产业集群的方法主要有区位熵、因子分析、等级聚类、里昂惕夫逆矩阵、图谱分析等。

（二）产业布局政策的主要模式

（1）极核开发模式。

在前工业化阶段，产业布局主要以分散为主，地区差异较小。然而，随着生产技术的变革与技术水平的不断提升，生产力水平有了极大提高，此时的经济增长将可能在具有较好经济地理条件的区域开始。并且，由于聚集经济或因果循环的增强作用，该区域的经济增长逐步成为佩鲁所论述的推动性单元，使其成为区域发展中主导产业、产业联合体及地理上集中的产业增长极；即该区域在产业上成为产业组织的核心，在空间上成为支配经济活动空间分布及组合的中心。在这一阶段，产业布局主要受产业极及其对周边地区的极化作用与扩散作用的影响。一个增长极一旦形成，它就要吸收周边的生产要素来进一步扩大自身，并且联动周边的区域形成极化区域，进而成为地区产业发展的增长极。

当增长极的极化作用达到一定程度后或扩张得足够强大时，由于中心地区市场竞争、成本上涨等要素影响，产业会产生向周围地区的扩散作用，将生产要素扩散到周围地区，从而带动周围地区的增长，并逐步形成中心—外围的产业布局模式。区域经济的发展也主要依赖多个极核（中心）的带动作用，区域之间的经济联系相对较弱，在空间上表现为多种功能并不相同甚至相互独立的产业聚集区域（点）的结构模式。例如，中国很多城市都在建设产业开发区，这种发展模式便是极核开发模式的典型代表。究其原因，主要是通过划定地域范围，将主要的产业门类集中布局到产业开发区中，进而实现开发区内产业的集聚规模和集聚效应，最终形成本地产业发展的增长极以带动本地经济增长。

（2）点—轴开发模式。

点—轴开发模式是在极核开发模式上的进一步发展与拓展。极核功能的逐步显现，使得其与周边地区的极核或周围地点等产生大量的商品、信息、劳动力等物质流与信息流，进而形成并发展连接两者的线路，以及实现这些地区经济的快速增长，特别是沿交通线地区的经济增长；这样，极核开发模式的产业布局便逐渐被以极核为中心、沿线为依托的点—轴开发模式所取代，并且形成产业连绵带。中国著名经济地理学家陆大道在1984年提出"点—轴系统理论"，即以多个中心城市为节点，以交通干线为依托，核心城市与外围城市通过交通干线联系起来，进一步强化中心城市与外围城市之间的产业联系，提升产业发展规模。"点—轴系统理论"提出的"T"型沿海和沿江经济布局被纳入《全国国土规划纲要（2016—2030年）》，成为中国重要的区域发展战略，对当前中国经济地理格局产生了重要影响。

根据点—轴开发理论，区域开发轴线的选择不仅应具有比其他地域更好的自然资源基础、良好的地域资源组合优势和巨大的开发潜力，而且还应具有较好的发展基础和可能建立的便捷的交通干线等。重点发展轴线应以水陆交通干线为依托，并且与主要增长点在投入与产出方面存在紧密联系，从而实现产业布局与交通运输空间的最佳组合。例如，上海到昆山及苏州的电子产业带就具有明显的点—轴布局特征；当然，这一点与城市产业布局的特点密切相关。原因在于，城市产业布局逐步从中心地区向周边地区转移，进而带动周边地区的发展；并且许多城市的产业布局还是以市中心为核心、以交通干线为依托形成的中心地区与周边地区的产业布局线，进而形成一种多中心—外围的产业布局模式。

（3）网络开发模式。

网络开发模式，或者说多极化与多核心的产业布局模式，是在区域经济发展到高级阶段的表征。此时，区域核心之间的产业既存在垂直分工，同时也存在水平分工，进而形成相互影响相互依存的空间布局模式。随着点—轴经济的快速发展，区域经济之间的关联度逐步增强，并且在区域内逐步形成等级不同的核心与轴线，而这些核心与轴线的相互作用与相互影响，导致一定区域内点与点之间、轴线与轴线之间形成相对复杂的网络体系，从而推动产业布局的多中心趋势。网络开发模式的产业布局表现为集中与分散、垂直分工与水平分工相结合的优化结构，而这种模式一般只在经济较为发达的地区内产生。例如，长三角地区和珠三角地区是中国经济发展水平较高、产业集聚程度较高的区域，其内部主要城市之间的产业联系日益紧密，形成非常紧密的产业联系网络。其中，长三角地区形成"Z"型产业空间布局结构，即要集中在由南京、苏州、无锡、常州、上海、杭州、绍兴及宁波为连接节点的"Z"型发展轴线上（徐维祥等，2019），并且这些核心城市之间产业联系非常紧密，进一步推动长三角地区产业布局的网络化发展。总体看来，随着区域产业和经济的不断发展，多中心的网络开发模式将成为区域经济发展高级阶段的主要开发模式。

四、国际经验对中国产业结构与产业布局的借鉴

（一）把握产业结构演化的普遍规律

（1）高度加工化过程。

高度加工化主要是指在重工业化的过程中，工业结构表现出的以原材料工业为中心转向以加工装配工业为中心的发展趋势，其是对霍夫曼定律研究的深化。其认为随着工业化进程的推进，工业发展对原材料的依赖程度会不断下降，而对中间产品的利用水平在不断提升，最终会推动产品附加值不断提升，实现工业经济的粗放式增长向集约式增长的转变。

（2）经济服务化趋势。

经济服务化趋势是在 20 世纪 70 年代出现的现象；其主要是因为这一时期很多发达国家或地区的第一产业、第二产业在国民经济中的占比在不断下降，而第三产业则表现出显著的上升趋势，一些国家的第三产业占比已经超过 50%，这便是产业结构总体向服务业方向转变的主要特征。这一趋势主要与经济发展阶段有关，很多发达国家

或地区在经历新技术革命后，更加倾向于发展高技术产业、高端商务服务业、金融、保险等先进服务业，以便创造更多的经济效益。同时，随着发达国家或地区产业分工的不断细化，尤其是产品内分工的不断深化，以及劳动力成本的上升和老龄化趋势，等等；第二产业进一步向发展中国家转移，这又进一步推动第三产业在国民经济中的比例上升。最新的相关研究（江小涓，2018；2019）表明，随着信息技术的不断发展，服务贸易（服务全球化）成为必然趋势，并且目前已进入以服务经济为主的时代。

（3）制造业和服务业深度融合。

制造业与服务业融合是在近年来技术革命、产业变革和消费升级的条件下，企业之间通过创新合作、业务关联深化、产业链条延伸、技术渗透等途径，两业耦合共生出的新业态、新模式和新路径。得益于技术的不断进步，产业之间的融合趋势也在不断加深。一方面，制造业拓展自身的业务，由单纯的制造业务向研发、设计和市场营销、售后服务、数据服务等领域延伸。同时，一些功能健全的企业主体聚焦核心业务，将制造业务外包甚至剥离出去，而自身转型成了为制造业全行业服务的纯服务企业。另一方面，服务业作为制造业的中间投入，以咨询、设计、金融、物流和供应链、研发、云计算、系统整体解决方案等要素形式注入制造业，最大限度地降本增效并提升制造产品的价值。同时，电商、研发设计、文化旅游等服务业，充分发挥自身在大数据、技术、渠道、创意等方面的要素优势，通过委托制造、品牌授权等方式向制造环节拓展，即服务业向衍生制造方向发展。

（4）数字化赋能新趋势。

以互联网、人工智能、数字经济为代表的新经济提高了微观企业的生产效率，改善了资源配置效率，改变了传统的生产方式，为传统产业赋能；同时也催生了新的业态和模式，拓展了现有的产业体系。其主要表现在三个方面。其一，数字化赋能产业的发展集中体现在制造业领域，即以工业互联网为载体，帮助企业充分利用全球资源和要素，整合优化企业的产品和工艺设计、原材料供应、产品制造、市场营销与售后服务等主要产业链环节，提升资源配置效率。其二，数据成为一种发展要素，获得数据就是掌握发展要素。例如，企业可通过大数据来甄别、加工、处理和匹配准确反映供给和需求的数据，进而制定科学的生产计划。其三，数字经济、元宇宙等新兴产业业态的出现，对传统的三次产业结构造成冲击。

（二）遵循中国产业布局的空间差异

改革开放以来，中国的产业布局出现了明显的变化；因此，在产业政策制定过程中需要以此为基础，因地因时施策。

（1）劳动密集型产业空间分布呈东西差异较小、南北差异突出的特征。1990—2000年，东部地区劳动密集型产业的占比由59.13%上升至65.74%，上升了6.6个百分点。同期，中部、西部及东北地区的区位优势较不明显。但2000年以后，东部地区开始向其他地区转移较多的劳动密集型产业，特别是得益于西部大开发和东部振兴两大强有力的政策支持，2010—2020年东部地区的劳动密集型产业在全国的占比由58.19%下降至53.79%，同时中部地区成为承接东部沿海劳动密集型产业转移的重要地区，其占比上涨13个百分点，达到25.59%；而西部地区和东北地区的劳动密集型产业的占比下降明显，仅占全国劳动密集型产业比例的16.95%和3.67%。

与此同时，20世纪90年代以来南北差异已经开始凸显（见表2-1），1990年南方地区劳动密集型产业占全国的比例为60.4%，而北方地区所占比例仅为39.6%，随着沿海地区产业的持续发展，以及以安徽、湖北、四川、重庆等为代表的省市较多承接了沿海地区的产业转移，南方地区的劳动密集型产业在全国的占比进一步提升；加之，东北地区的产业普遍衰落，南北之间的差异更加明显。

（2）资源密集型产业的空间分布差异总体较小。由于缺乏资源基础优势，东部地

表2-1　1990—2020年不同地区劳动密集型产业工业总产值占全国比例变化（%）

	1990年	2000年	2010年	2020年
东北地区	9.95	6.30	8.96	3.67
东部地区	59.13	65.74	58.19	53.79
西部地区	13.76	11.06	20.14	16.95
中部地区	17.16	16.90	12.71	25.59
南方地区	60.40	59.58	55.63	71.80
北方地区	39.60	40.42	44.37	28.20

注：年份以十年为间隔。

资料来源：历年《中国工业统计年鉴》。

区的资源密集型产业在全国的占比并不高，1990 年其占比仅为 47.61%，低于劳动密集型产业和技术密集型产业在全国的占比，到 2010 年提升至 55.61%，增加了 8 个百分点。尽管东部地区不具有资源优势，但是其借助便利的交通区位，可以通过港口、河运及高速公路等发达的交通体系来解决原料不足问题。同期，中西部地区的资源密集型产业在全国资源密集型产业中的占比为 36%，并且在 1990—2010 年的 20 年中这一占比较为稳定，说明中西部地区的资源密集型产业在全国的发展地位较为稳定。

南北方地区存在一定差异，但是差距较小（见表 2-2）。1990—2020 年南北方地区之间虽然存在一定差异，但是两者之间的差距仅为 7—8 个百分点，30 年间两者的差距仅上升了 1 个百分点。1990 年南方地区的资源密集型产业在全国的占比为 53.48%，北方地区的资源密集型产业在全国的占比为 46.52%，两者之间相差 7 个百分点，这也说明北方地区很多省份具有资源和能源优势，使得北方地区的资源密集型产业在全国占据较大的比例；1990—2000 年南方地区的资源密集型产业在全国的占比略有上升，同期北方地区略有下降；2000—2010 年南方地区的资源密集型产业在全国的占比略有下降，同期北方地区略有上升；再到 2020 年，南北方地区出现此长彼消的趋势，南方地区的资源密集型产业在全国的占比为 54.24%，北方地区的资源密集型产业在全国的占比为 45.74%，两者之间的差距上升为 8.5 个百分点。

（3）中国资本和技术密集型产业的空间分布差异显著。东部地区的资本和技术密集型产业在全国占据核心地位，中西部地区的资本和技术密集型产业在全国的占比相

表 2-2　1990—2020 年不同地区资源密集型产业工业总产值占全国比例变化（%）

	1990 年	2000 年	2010 年	2020 年
东北地区	15.40	12.98	8.36	6.50
东部地区	47.61	52.40	55.61	53.76
西部地区	16.99	16.49	16.47	19.90
中部地区	20.00	18.13	19.56	19.84
南方地区	53.48	54.28	53.93	54.26
北方地区	46.52	45.72	46.07	45.74

注：年份以十年为间隔。
资料来源：历年《中国工业统计年鉴》。

对较低，处于劣势。但近年来随着西部大开发和产业转移的推进，中西部地区和东北地区的资本和技术密集型产业比例均呈现一定程度的上升，主要体现为中部地区的资本和技术密集型产业在全国的占比上升幅度较大（见表 2-3）。到 2020 年，东部沿海地区的资本和技术密集型产业在全国的占比由 71.8% 降至 66.21%；中西部地区的资本和技术密集型产业在全国的占比上升较多，中部和西部的资本和技术密集型产业在全国的占比分别上升至 17.76% 和 11.74%。1990—2020 年资本和技术密集型产业在全国的分布呈现出显著的南北差异，并且南北之间的产业分布差距在不断拉大。

表 2-3　1990—2020 年不同地区资本和技术密集型产业工业总产值占全国比例变化（%）

	1990 年	2000 年	2010 年	2020 年
东北地区	12.73	7.68	7.92	4.29
东部地区	57.11	74.39	71.8	66.21
西部地区	14.17	7.85	8.03	11.74
中部地区	15.99	10.08	12.25	17.76
南方地区	59.72	67.93	68.49	75.95
北方地区	40.28	32.07	31.51	24.05

注：年份以十年为间隔。
资料来源：历年《中国工业统计年鉴》。

第三章 国内外产业政策研究的理论借鉴（下）

第一节 产业技术政策与产业组织变革理论及中国的借鉴

技术的发明、使用和传承是人类生存模式的重要组成部分。技术在社会经济发展中起着关键作用，特别是当技术进步触发产业革命时，其将深刻改变人类社会的生产和生活方式。在国际竞争中，拥有领先技术和创新能力对国家而言至关重要。为了在国际分工中取得优势和增强竞争力，各国纷纷加大对产业技术的投入和应用，加快技术成果的转化速度。因此，产业技术政策是指各国政府旨在维持或提升本国的产业竞争力制定的一系列促进和引导产业技术创新、提高产业技术水平的政策措施。在具体实践中，产业技术政策包括产业技术开发扶植政策、产业技术引进吸收政策、产业技术扩散转移政策及产业技术保护竞争政策等。

一、产业技术政策的主要理论依据

实施产业技术政策的理论基础涵盖多个经济学和管理学理论。这些理论为政策制定者指导如何促进技术开发扶持、引进吸收、扩散转移及竞争保护提供重要参考。不同国家或地区根据自身情况，可能会侧重基于不同的理论来制定相应的政策措施。

（一）技术正外部性与知识外溢理论

外部性理论认为企业的创新和技术引进可能对整个产业或社会产生积极的外部效应。产业技术政策可以通过激励企业进行技术研发，从而产生积极的外部性效应。这与知识溢出理论相一致，该理论认为技术在一个企业得到应用后，可能扩散到整个产业的上下游部门，从而产生积极的经济效应。

通常情况下，技术发展带来显著的外部效应，同时技术创新本身伴随高昂的成本和风险。若其他企业能够无偿获取与新产品或工艺相关的技术，并模仿企业的创新，那么企业可能缺乏主动从事创新的动力，而从事研究与开发的企业将无法从其技术研发活动中获得相应的回报，这可能会使其失去技术研发的积极性。更为重要的是，技术相关的研发活动所产生的知识具备显著的溢出效应，如采用新工艺进行的过程创新有助于降低现有产品的生产成本，让社会在相同投入下生产更多产出；新产品的开发可以提升生产效率或满足新的消费需求。由此可见，研发投入和活动数量的不足可能会对社会福利造成损害，因此对技术的研发与创新进行激励是必须的（干春晖，2015）。

技术正外部性与知识溢出相关理论是各国政府都积极实施各种产业技术保护与竞争政策的理论依据，同时也是广大发展中国家实施技术引进吸收政策的理论基础。第一次工业革命能够在英国爆发，与英国的产业技术保护竞争政策有密切关系，早在1624年英国便颁布了《垄断法》，根据该法律，任何人都可以通过向英国王室支付一定的费用，获得一项为期14年的专利权，以此保护自己的发明或创新，这使得发明家和创新者有更多的动力去创造新技术和新产品。

（二）产业共性技术理论

产业共性技术理论由Tassey（1997）等学者提出。共性技术是指存在于多个产业中广泛应用的竞争前沿产品或工艺的概念、构成、过程，以及需要进一步研究的科学现象的总称，其内含潜在的跨领域机会，共性技术这一概念在1988年美国ATP（先进技术计划）上已被提出，Tassey（1997）等学者对其进行了理论化。产业共性技术理论进入中国后，得到国内学者的共鸣，他们进一步强调共性技术是对整个产业甚至多个产业及其企业均产生深刻影响的技术（项浙学、陈玉瑞，2003），以此区别于专用技术和关键技术的概念。

从共性技术的相关定义中可以发现，共性技术的关键在于其具有广阔的适用性，为多项其他技术提供基础。从这个角度看，共性技术比专用技术和关键技术具有更加明显的公共品属性。虽然共性技术获得了一些私人部门的投资，但常常不足以使其得到充分开发，并且不能在同一个时间框架中与全球性的技术生命周期相协调。这个政策含义是需要不同程度的政府支持来帮助消除产业共性技术在开发上的"市场失灵"和"组织失灵"（吴贵生、李纪珍，2003），从而使得总体技术能够领先并促进经济增长。

政府在共性技术供给与扩散当中应发挥独特作用。代表性产业技术政策工具是制定技术标准与技术合作联盟。政府通过制定技术标准，促进技术的标准化，提高技术的互操作性和应用效果。标准化的内在性质和实施时机能够影响经济效率，共性技术的标准化可以为该技术领域内的产品、服务或流程制定规范化的标准，以便各方面的生产者、销售者、采购者、使用者都可以在相同的标准下进行交流和合作，达到降低成本、提高效率、确保质量等技术应用效果。值得注意的是，标准化在提高技术生命周期每一阶段经济效率的同时，也抑制了对下一技术周期的创新投资，这延长了当前的技术生命周期。

鼓励技术合作和联盟是另一个重要工具。在全球化背景下，各国之间也在不断形成技术合作和联盟。政府通常会通过政策引导和资金支持鼓励企业在技术研发、产品设计、制造流程等方面进行技术合作和联盟，联盟的企业可以共同面对共性技术开发带来的挑战和风险，分享资源和知识，从而提高各自的创新能力和市场竞争力。

（三）国家创新体理论

各国政府清晰地意识到创新不是单一的企业行为，而是一个包含政府、企业、大学和研究机构等各种创新主体在内的复杂系统。在学术界，Freeman（1987）提出国家创新体系的理论，认为政府、企业、大学和研究院所等机构共同构成一个创新生态系统，建立有效的国家创新体系是各国产业技术政策的宏观目标，政府应该通过税收优惠、资金支持、成果奖励等方式来鼓励企业进行研发和技术创新。

纵观世界创新强国，可以发现它们均建立了较完善的国家创新体系。美国较早意识到政府、高校、企业和非营利机构共同创新的巨大潜力。1946年，时任美国总统艾森豪威尔签署了一份文件，强调军事与民用科学家、工程师、行业、大学等相关领域之间，要建立紧密的合约关系，以此扩张国家的安全系统。在此基础上，美国逐步建立起分工明确的国家创新体系。私营企业专注于对市场创新需求的捕捉，高校专注于基础研究，政府则监管国防和军工领域的安全。日本的国家创新体系则强调产（私人企业）、学（高校与研究院）与官（政府）的相互交流与密切合作，要求大学在开展基础研究的同时，应该为产业界提供合格的工程师。德国的国家创新体系强调高校需要独立进行研究，同时鼓励高校与非营利性私人研究机构和基金会展开合作，以此推动技术和知识流动与创新实现。

在国家创新体系中，政府的角色不再是简单的支持者或监管者，而是积极的推动者和协调者。政府需要制定相应的政策和法律规定来促进产业技术发展，更要提供资金和人才等创新要素，推动产业技术发展。

二、产业技术政策的主要内容

产业技术发展的规律性为一国针对性重点发展前瞻性技术，实现国家发展的跨越提供了可能。一些发达国家，或由于抓住了工业革命或技术革命的机会，成为现代化强国的佼佼者，如美国、英国、德国、法国等；或由于成功地实现了技术追赶，转型为现代化国家，如日本、韩国及新加坡等。其中一个非常重要的原因是，这些国家都在国家产业工业化或信息化进程中采取了一系列产业政策，而众多产业政策的最终落脚点都是保证本国产业在技术发展中处于有利地位，提升产业竞争力；例如，利用自由贸易和国际合作推动新技术的传播和应用，加大国家科技投资推动产业新技术的诞生与应用，建立并不断完善的专利制度保护技术创新者的权益，提供广泛的教育机会培养技术人才，等等。

美国、欧洲、日本及韩国等发达国家的成功，给世界各国产业发展的一个重要启示是，技术不仅是产业结构升级和经济发展的根本推动力，而且也是决定国际竞争能力的关键因素（刘鹤，1999）。各国普遍把强化研发投资、抢占技术制高点的产业技术政策作为国家竞争战略的重点（Porter，1990）。

（一）产业技术开发扶植政策

技术本质上是一种知识，并且是一种难以按照一般市场原则进行交易的知识。产业技术开发具有三个显著特点。一是产业技术开发具有明显的外溢性，技术在一定程度上是一种公共产品，技术开发过程或结果的社会获益通常大于开发主体的获益。二是产业技术开发具有多重风险（芮明杰，2012），也具有不确定性，因此存在技术开发失败的风险；技术开发成功之后，还需要获得市场的认可，因此还存在市场风险；三是产业技术开发具有经验积累性，产业技术开发需要在产品的生产过程中进行经验积累，使下一代产品所含的技术得到提高（干春晖，2015）。基于上述产业技术开发的特点，政府的产业技术开发扶植是保证技术不断进步的必要条件。如果政府没有相关产业政策的倾斜，产业技术开发可能会在初始阶段面临较大困境，从而导致后续发展乏力。

产业技术开发扶植政策是指政府为了鼓励并支持企业和机构进行科学技术研发和创新，促进新技术的开发和应用，提高社会生产力和经济竞争力，而采取的一系列措施。产业技术开发扶植政策实施的一个主要目标是促进新技术的研发和创新，政府通常会通过资金、税收及人才等政策工具，为企业和机构的技术开发和创新提供其所需的资源保障。政府通常会采取各种形式的资金支持，如科技创新基金、科技贷款、风险投资等来鼓励企业和机构进行技术开发和创新。政府通常会对进行技术开发和创新的企业实行税收优惠政策，如减免企业所得税、研发费用税前加计扣除等，以及降低企业技术开发和创新的成本。政府加强知识产权保护力度，为企业和机构的技术创新提供保障和支持，促进技术的开发和应用。政府鼓励基础研究人员（如大学教师）和优秀科学家（如院士）参与企业的技术开发和创新，吸引和培养一批优秀的人才从事科技成果转换工作。

当今的美国是实施产业技术开发扶植政策的典型国家。美国综合利用不同的产业技术开发扶植政策工具，促进本国的技术创新和产业升级。其中最著名的是美国的国家创新体系，即由政府、企业、大学和研究机构等构成的创新生态系统。美国政府也通过税收、奖励、资金支持等方式来鼓励企业进行研发和技术创新。同时，美国还在高科技产业方面进行大量的投资和支持，如人工智能、生物技术、先进制造业等领域。

（二）产业技术引进吸收政策

对于广大后发国家来说，其通常处于远离产业技术前沿的位置，并且受到资本、人才及市场主体等多方面技术开发资源的约束，技术引进成为这些国家快速提高本国企业的技术水平和创新能力、加快产业技术升级的理想路径选择。

产业技术引进政策是指政府为了促进国内企业引进国外尖端技术，加快本国产业技术升级而实施的一系列措施。政府可以采取多种措施和政策以引进国外的尖端技术和人才，从而促进国内企业的技术升级和竞争力提升。具体的政策工具通常包括以下几种。

放宽外资准入。放宽外资准入是许多后发国家在技术追赶过程中采用的产业技术引进吸收政策工具。放宽外资准入被视为后发国家以"市场换技术"的方式促进本国技术进步的手段，它在促进本国技术进步时表现为以下三种效应。一是学习效应，外资企业通常具有较高的技术水平和管理经验，在其进入本国市场后，可以带来更为先进的技术和管理理念，为本国企业提升技术水平提供学习榜样，尤其是在与本国企业的合作中，还可以促进技术创新和知识共享。二是竞争效应，外资企业进入本国市场后，对本国企业形成竞争压力，这样可以倒逼本国企业加强对技术创新和产品研发的投资。三是市场规模效应，外资企业通常具有较大的市场规模和品牌影响力，在其进入本国市场后，可以带来更多的消费需求和市场机会，同时也可以推动本国企业进行产品市场开发。

减免关税和税收。这一产业技术引进吸收政策普惠性强且不失精准性。对引进先进技术及其设备产品进行关税和税收减免，有助于将先进技术快速地引进和应用到本国经济中，促进技术进步，因此其是加速国外先进技术向本国转移的有效政策工具。产业技术水平不仅是产品本身的技术水平，同时还包含生产该产品所有设备的技术水平，如芯片产品技术不仅仅有芯片设计、工艺流程等生产技术水平，同时还包括这些技术在生产中得以实现的关键设备——光刻机。因此，政府通常在对引进先进技术（如设计、工艺、诀窍、数据、经验、方法、研究成果等技术资料、蓝图、手册、说明书）减免关税和税收的同时，还会对先进技术的设备和产品减免关税和税收，以此鼓励企业引进最新的生产设备和技术，促进企业的技术改造和产品的升级换代。总体而言，政府对引进先进技术及其设备和产品减免关税和税收，可以降低企业的成本，使企业更容易获得并应用先进技术，提高自身的技术水平，进而提高整个产业的技术水平和竞争力。此外，鼓励引进先进技术设备和产品，也可以为企业提供技术创新的思路和灵感，鼓励其探索更先进的生产技术和产品。

此外，政府还通过建立技术创新平台帮助企业联系国内外的技术合作伙伴，并为其提供技术咨询和服务支持。与此同时，政府还制定引进高层次人才的政策，为引进高水平人才提供各种优惠和便利条件提升。

（三）产业技术扩散转移政策

产业技术扩散转移是指政府为了促进技术在社会范围内的推广和应用，以及提高产业竞争力和社会生产力采取的一系列措施。政府主要是在全国范围内实施促进产业技术扩散和转移的政策。

制定技术标准是政府促进技术扩散和转移的最基本工具。政府通过制定技术标准，促进技术的标准化和普及化，提高技术的可操作性和应用效果。技术标准可以为某一技术领域内产品、服务或流程制定规范化的标准，以便各方面的生产、销售、采购、使用者都可以在相同的标准下进行交流和合作，最终达到降低成本、提高效率、确保质量等技术应用效果。制定技术标准的主体可以是政府、产业协会、学术机构、行业组织等，也可以是国际标准化组织（如 ISO、IEC、ITU 等）。

鼓励技术合作和联盟是另一个重要的政策工具，并且在全球化背景下，各国之间也在不断地形成技术合作和联盟。政府通常会通过政策引导和资金支持，鼓励企业在技术研发、产品设计、制造流程等方面进行技术合作和联盟；联盟的企业可以共同面对技术挑战和风险，分享资源和知识，提高创新能力和市场竞争力。

（四）产业技术保护竞争政策

第一次工业革命首先在英国爆发，与英国的产业技术保护竞争政策密切关系。早在 1624 年，英国便颁布了《垄断法》，根据该法律，任何人都可以通过向英国王室支付一定的费用，获得一项为期 14 年的专利权，来保护自己的发明或创新，这使得发明家或创新者有更多的动力去创造新技术和新产品。

英国《垄断法》的颁布标志着英国专利制度的形成，促进了第一次工业革命时期英国产业技术的快速发展。英国对产业技术保护的效果引起其他工业化国家的重视，这些国家纷纷效仿。在第一次工业革命时期，不少工业化国家也都颁布了本国产业技术专利保护相关的法律条文。

第一次工业革命时期，英国处于产业技术发展的领先地位，很多国家都希望从英国引进技术和机器。英国为了维持自己在产业技术上的主导地位，采取一系列措施来限制技术外流，甚至颁布法令禁止技术人员、图纸、机器出境。而此时的欧洲大陆国家德国、法国，以及刚刚独立不久的美国都急于发展工业，纷纷颁布政策从英国吸引人才、引进技术。例如，1790 年美国国会通过了第一项专利法案，该法案规定任何人都可以向美国联邦政府申请专利，以保护自己的发明不被他人复制和使用，该法案吸引了来自世界各地的技术人才前往美国发展。

在第一次工业革命中，英国与其他国家的产业技术保护与竞争现象仅仅是产业技术保护与竞争的序幕。此后德国与美国、德国与法国、法国与意大利、美国与日本均发生了多次国与国之间产业技术遏制与反遏制的博弈。

总而言之，后发国家在实现赶超目标之前，以国外先进技术的引进、消化和国产化为基本内容的产业技术政策，显然具有极其重要的战略意义。发达国家为了维持技术领先地位而对关键技术的保护政策也十分普遍。

三、产业技术发展与产业组织变革

随着产业技术的发展，一些关键投入变得更加廉价且更容易获得，这促进了一些新兴产业的诞生，新兴产业快速成长为国民经济的主导部门，随之而来的是结构性变革，这些变革与必需的组织结构创新密切相关，因为后者可以更有效地管理和组织新技术。正如马克思所说的，"生产力决定生产关系，生产关系与生产力相匹配才能可持续发展"。以产业技术为代表的生产力是决定生产方式的根本因素，以产业组织结构等为代表的生产关系则是适应生产力发展的结果。从微观的市场主体来看，组织必须根据技术的变化和市场的需求及时调整产业组织结构，以保持自身的竞争力。

在如今的经济社会中，可以观察到各种产业组织形态（如竞争、垄断、寡头和平台竞争等）、组织行为（分工、兼并、研发和营销、算法等）和组织结构（工厂、职能型组织、事业部和网络型组织等），但是这些组织形态、组织行为和组织结构均是在一定的产业技术背景下诞生的。

（一）第一次工业革命引发的产业组织变革

第一次工业革命是指从 18 世纪末到 19 世纪中期，以英国为中心逐渐展开的一场产业革命。它标志着人类历史上由机器生产开始取代传统手工生产的产业技术飞跃，促进了人类从农业社会向工业社会的历史性转变，被视为现代工业文明的开端。

（1）组织形态。第一次工业革命促进了自由竞争的形成。在这个时期，工厂开始大量涌现，但是单个工厂规模依然有限，不足以支配市场，而在市场的组织形态是自由竞争，即商品的价格水平主要由市场竞争决定，工厂只能根据市场需求和竞争状况决策产量。在自由竞争的市场环境下，工厂会尽可能地提高产品质量和性能，以吸引更多的消费者从而占领更大的市场份额，工厂创新和技术进步主要来自市场的鼓励和支持。

（2）组织行为。分工是第一次工业革命最主要的产业组织行为。工厂制度的核心是将生产过程细分为许多独立的环节，每个环节都由专门的工人负责操作；在这样的制度安排下，工人们也开始有意识地将自己的生产技能专业化，聚焦于工厂生产中的特定环节，从而进一步提高生产效率和生产力。分工的生产模式成为第一次工业革命时期最主要的产业组织方式，对于当时工业生产的快速转变和产业革命的进一步扩大起到重要作用。此外，技术创新和发明创造也在第一次工业革命时期得到厂商们的重视，他们开始注重新的生产工艺和技术研发的投资，政府也有意识地利用法律政策巩固和保护创新成果。

（3）组织结构。与第一次工业革命产业技术相匹配的组织结构是工厂。从现在管理学的视角来看，工厂虽然是一种极为简单的组织结构形式，但是却有效地与当时的生产力水平相匹配。在第一次工业革命早期的短短15年间，英国涌现出200多家雇佣超过300名工人的工厂。早期工厂结构的各部门之间的沟通较为简单，权责关系明了。但是到了蒸汽和铁路时代，铁路公司和工程企业的雇员数量稳步增长，机器设备也逐步增加，管理遇到的问题越来越多。一种新的管理解决方案逐渐被采纳：厂长将责任下放给熟练的工人或工头，他们与股份公司签订转包合同，在管理上已经出现分权的雏形。

（二）第二次工业革命引发的产业组织变革

第二次工业革命是指20世纪初期到20世纪中期，以电力、内燃机为代表的一系列重要的技术革命，其对经济和社会的影响非常深远。第二次工业革命引发的产业技术变革有效地引导着市场组织向大规模生产和经营的方向发展，驱动着市场组织向大型化演进。大规模的生产方式使得小型工厂面临绝境，这些工厂要么破产，要么被并购，而具有大规模生产技术能力的工厂不断壮大，市场组织开始从工厂向企业演变。

（1）组织形态。垄断成为第二次工业革命时期的主要组织形态。在第二次工业革命时期，垄断的产生虽然有多方面的因素，但其中技术因素是最为关键的，即某些企业拥有先进的技术，可以生产出更高质量、更便宜的产品，因此占据市场的优势地位。产业技术变革提高了生产效率并降低了成本，使得市场竞争加剧，但同时也提高了企业通过控制技术和专利来实现垄断的能力。

（2）组织行为。第二次工业革命时期出现了经济史上第一次兼并浪潮，也是最关键和最重要的一次。随着电力、石油化工、钢铁等基础工业的发展，生产工艺不断革新，同时大规模生产、流水线生产等管理模式被广泛采用。这触发了生产组织方式的一个重大变化，即生产过程的集中化、规模化和标准化。这种生产组织方式的一个核心是兼并，即企业之间通过合并、收购、联合等方式来扩大规模、降低成本、提高效率从而获得更多市场份额。兼并在美国和欧洲市场尤为普遍，许多公司通过兼并来扩大自己的规模和市场份额。在美国的矿业和制造业中，在1898—1903年的六年间，发生了2 795起并购，其中在1899年就发生了1 208起[1]，规模最大100家企业控制着美国近40%的工业资本（干春晖，2015）。在钢铁业，美国卡耐基钢铁公司和摩根银行合并组建的美国钢铁公司是当时世界上最大的钢铁公司之一。1901年，美国钢铁公司控制了美国六成以上的粗钢产量，并在此后的几年内继续兼并扩大自己的市场份额。汽车制造业也是这股兼并浪潮中的代表性产业，以福特为代表的汽车公司实施垂直整合式兼并，不断地将自己的供应商或销售渠道纳入公司的体系，从而形成更为完整的产业链。而以通用汽车为代表的汽车公司则实施水平整合式兼并，通过不断地收购美国其他汽车公司，扩大自己的市场份额。

（3）组织结构。第二次工业革命形成的产业技术进步在推动企业大规模经营方面起着至关重要的作用。企业家们通过推行一体化战略、兼并和重组等手段，使企业向着大型化方向，形成大规模生产的局面。在此背景下，建立在专门经理人控制的部门结构基础上的新管理体系——职能型组织结构——逐渐建立起来。在这种组织体系中，

---

[1]　数据来自R. L. 尼尔逊：《美国工业的兼并活动：1895—1956年》，普林斯顿大学出版社1959年版，第37页；美国联邦贸易委员会1968年和1955年的《企业收购和兼并报告》。

根据工人的专业特长和任务进行分工，组织被划分成不同的职能部门，如财务、市场营销、研发、生产等。

（三）现代科技革命引发的产业组织变革

20世纪中期，人类社会发展进入现代科技时代，这一时期爆发了信息技术变革，即第五次产业技术变革，其标志是1971年英特尔微处理器的问世，这意味着计算机进入微处理器发展阶段，电脑在民用商业部门开始普及。在这个时期，贸易自由化、信息技术的崛起，促进了企业内部关系网络和外部关系网络的日趋融合，全球经济开始形成一个高度互联的体系。

（1）组织形态。在全球市场上为数不多的几个大型企业占据着主导地位，彼此之间保持竞争关系的寡头垄断是现代科技革命引发的新产业组织形态。不少诞生于第二次工业革命时期的垄断企业在母国市场取得优势的条件下，逐步开始寻求海外市场扩张，快速促进分工协作的全球价值链的形成。跨国企业能够在全球范围内寻找最具成本效益的生产链和供应链，利用对某些环节的垄断，控制供应链中的定价权和规则制定权，从而获得更高的利润。

（2）组织行为。研发和营销是现代科技革命时期代表性产业组织的行为。在20世纪20年代中期，消费主义开始兴起，消费者开始关注产品的舒适性和多样性。千篇一律的工业品难以满足消费者的多样化需求。在这种情况下，企业开始重视研发能力的提升，以应对不断变化的市场需求和技术进步。此外，在现代科技革命时期，企业面对的是全球消费者，为了满足具有不同文化背景的消费者对新产品和技术的需求，企业迫切需要以产品的特色化来对抗标准化。企业不再仅仅关注生产和销售产品，而是需要建立强大的品牌形象、开展广告宣传、拓展市场渠道、建立客户关系等一系列营销活动，以此应对越来越细分的市场需求和消费者的多样化需求。

（3）组织结构。事业部是现代科技革命引发的组织结构优化模式。现代科技革命形成的产业技术直接推动企业向柔性生产方式转变。在这个时期，影响最广泛的产业技术当属电子计算机技术，它使得生产线的自动化程度不断提高，生产线的调整更加快速、精准；同时企业能够更好地适应市场的变化和客户的需求，形成柔性生产的局面。为了让企业更加灵活地适应快速变化的市场环境，企业家们开始考虑让下属部门享有更高的自主权和灵活性，他们将企业划分为多个相对独立的业务部门，每个部门设置相对独立的管理层、预算和资源分配，负责特定的业务或产品线。相对独立的业务部门被称为事业部，事业部制组织结构开始变得普遍。

（四）当代数字技术革命引发的产业组织变革

人类社会进入 21 世纪第二个十年，一大批新兴技术涌现，其中典型的有人工智能、区块链、云计算和大数据等。这一簇技术群被学术界和产业界广义地定义为数字技术。

（1）组织形态。数字技术变革带来的平台竞争是当今产业组织形态。数字技术的兴起离不开一个最关键的通用技术——互联网（郭家堂、骆品亮，2016）。基于互联网，许多企业进行了商业模式创新，搭建出各种将产品或服务相互连接起来的专用平台，如出行平台，社交平台，信息搜索平台。一些新兴企业凭借着创新的商业模式和技术优势，在短时间内崛起并成为行业的领军企业。为了应对数字技术革命带来的挑战和机遇，传统企业已经开始进行积极的数字化转型，并采取多种策略（包括构建自己的数字化平台）来应对平台竞争。

（2）组织行为。在数字技术革命时期，产业组织和行为发生了很大变化。一方面，数字技术的广泛应用促使传统产业向数字化、智能化转型，促进生产和服务业的升级；另一方面，数字技术也催生出新的产业，如电子商务、移动支付、共享经济等。数字技术也为厂商们提供更多的数据和信息，使企业的研发、生产、销售和营销都变得更加精细化，在这一时期，算法成为竞争的重要手段。

（3）组织结构。随着数字技术在生产和生活中的普及，网络型组织结构逐渐成为组织结构优化的方向。网络型组织结构依赖于信息技术的支撑作用，在网络型组织结构中，员工通过电子邮件、即时通信、视频会议等工具实现信息和知识的共享，打破了传统组织形式中时间和空间的限制。在 2020—2022 年的新冠疫情期间，企业采用远程办公等方式维持社会的运转，也验证了网络型组织结构的潜在优势。

四、中国实施产业技术政策的必要性

技术不仅是产业结构升级和经济发展的根本推动力，而且也是决定国际竞争能力的关键因素（刘鹤，1999）。因此，政府通常也会为了维持或提升本国的产业竞争力，制定一系列促进和引导产业技术创新、提高产业技术水平的政策措施，这是由产业技术成果的公共品属性和产业技术发展的规律性决定的。

（一）产业技术成果的公共品属性

产业技术成果涵盖广泛的类别，包括各种在特定产业领域中取得的技术进步、创新和成就。这些成果可以涵盖不同层面的技术，从基础研究到应用开发，从产品改进到工艺创新，从新材料的发现到新商业模式开放。这些成果的不断诞生和应用，不仅影响单个企业，而且影响整个产业链，乃至整个经济社会。通过创新和技术的持续推动，产业能够逐步实现增长、创新和可持续发展。

尽管产业技术成果类别丰富，但是它们都有一个共同的特征，即具有明显的公共品属性。在经济学中，公共品是指具有非竞争性消费和非排他性使用特征的商品或资源。在非竞争性上，产业技术成果可以被多个人或企业同时使用，而不会减少其他人的使用。这种非竞争性意味着一个企业使用一项技术成果并不会妨碍其他企业使用该成果，从而使得技术成果可以在更广泛的范围内传播和应用。在非排他性上，产业技术成果通常不容易进行排他性控制，即无法阻止他人使用或从中受益。一旦某项技术成果在公开领域中传播，其他人很难阻止其使用。即使没有正式的授权或许可，许多企业仍然可以通过学习、研究或其他途径来获取并应用这些技术成果。此外，产业技术成果还表现出外部性，产业技术成果的应用可能会产生积极的外部效应，对整个产业链或社会产生影响。这些效应可能不仅影响技术成果的创造者，而且还可能影响其他参与者。

考虑到产业技术成果的公共品属性，需要在知识产权保护、技术创新政策、知识共享等方面进行合适的管理和平衡，以确保技术成果能够广泛传播，同时鼓励创新和进一步发展。

（二）产业技术发展的规律性

（1）产业技术的渐进累计性。

产业技术革命总是在一个特定的时期爆发在一个特定的国家或地区，但是其技术发展的本质依然是一个渐进过程。人类在长期的实践中探索出各种技术，并在新的实践中应用这些技术，加以不断试错和调整，直到这些技术达到最佳状态。每一种新技术都是在以前技术的基础上不断积累和发展的，这是一个长期的积累和沉淀过程。以造纸术为例，该技术起源于公元前 2 世纪中国汉朝，最初主要是利用植物纤维浆糊铺在竹簨上晾晒而成的。到唐朝时期，技术发展到使用木浆造纸，大大提高纸张的坚韧度和柔韧性。造纸术在公元 8 世纪沿着丝绸之路传至阿拉伯地区，阿拉伯人对来自中国的造纸术加以改进，制造出纸张并大量销往欧洲。欧洲则在 13 世纪初，将造纸术与当时的纺织技术结合在一起，进一步改良阿拉伯地区传过去的制纸技术。到 18 世纪末，欧洲开始利用机械设备造纸，使得大规模生产纸张成为可能。20 世纪初，造纸工艺得到进一步改进，发展成为今天由计算机控制的纸张制造过程。可以发现，这是一个漫长而内涵丰富的技术发展进程，每一次技术升级都是在上一次的技术基础上结合当时的生产设备条件发展形成的。

渐进累计性意味着产业技术的发展并非一蹴而就，凸显了政府的政策支持和引导的必要性。例如，政府通过制定产业技术发展规划和战略，可以引导本国企业将有限的资源使用于重点领域的技术攻关，提高技术发展的针对性和效果；同时制定技术创新的激励政策，鼓励和支持企业进行持续的研发和创新，并通过建立技术平台和示范项目加快技术跨行业和跨区域的转移与应用。

（2）产业技术的替代跨越性。

产业技术发展的源动力是创新，它是一个不断革新的过程。在这个过程中，新产业技术逐渐淘汰旧产业技术，推动产业从一个技术阶段跨越到另一个技术阶段。例如，内燃机技术、电力技术对蒸汽机技术的替代，LED 灯对白炽灯技术的替代，数码相机对胶片相机的替代，类似的例子不胜枚举。与旧产业技术相比，新产业技术往往在效率、性能、成本、适用范围等方面具有显著优势，可以为生产、生活和社会发展带来更多的福利，替代跨越性是产业技术发展的必然趋势。

产业技术发展的替代跨越性同时也会带来负面影响。新产业技术可能会导致部分行业的萎缩和淘汰，短期内造成这些行业的就业者摩擦性失业。因此，这就要求政府制定相关产业技术政策以合理地推进产业技术发展。为了解决新产业技术带来的就业冲击，政府应该加强对就业者的技术培训，帮助就业者适应新产业技术下的生产方式，从而推动相关产业的转型升级和发展。

（3）产业技术的系统集成性。

产业技术的发展往往是多种资源的集成和应用，需要各个领域协同合作构建新的产业链技术体系，以此提高产业的整体效益。从第一次工业革命至今，科技知识迅速膨胀，诞生的产业技术琳琅满目。把现存的知识和技术创造性地集成，以系统集成的方式创造出新产品、新工艺、新生产方式已经成为产业技术发展的一种主要方式。例如，汽车产业技术通过长期的演化，已经从单纯的机械技术发展成集机械技术、电子技术、计算机技术、网络技术及新能源技术于一体的集成性系统技术。

在产业技术的发展过程中，狭义的系统集成性通常是指技术整合，即将不同领域技术交叉和融合，形成新的技术平台和体系。例如，德国"工业4.0"计划，已经不是一种特定技术，而是数字技术、物联网、云计算和人工智能等先进技术的集成。广义的产业技术发展系统集成性还包括信息整合、人才整合等。信息整合是指产业技术发展需要将不同领域和产业的信息整合起来，实现信息共享和交流，从而更好地掌握技术趋势与市场动态等信息，提高产业技术开发的效率和准确性。随着信息与通信技术的普及，各国在产业技术发展中的信息整合能力越来越重要，围绕产业链、供应链部署创新链已经成为产业技术开发的一种典型模式。人才整合是指通过构建人才交流和合作的机制，促进人才之间的合作分工，共同推动产业技术的升级和发展。融合和交叉是产业发展的趋势之一，产业技术发展对人才的知识储备要求越来越高，但是在科学知识和信息爆炸式增长的时代，一个人穷其一生也只能掌握小部分知识，拥有多元化的知识背景和跨学科、跨领域技能的人才成为最稀缺的资源，通过建立产业、学术界和研究机构之间的联盟或合作实现人才整合；已经是各国促进产业技术发展的一个普遍做法。美国通过国家科学基金会资助跨领域和跨机构合作研究。日本非常重视通过产学研一体化合作机制提升科技创新与转换能力。德国通过"精英大学计划""研究与创新公约""创新高校"等资助措施，激励德国科研机构之间开展区域合作。

系统集成性在高技术、高价值、工程密集的产业中最为显著，这些产业的技术通常具有如下三个特征：一是技术架构高度层级化，技术分布在众多技术层级和知识领域；二是产业技术发展路径通常是由多方（用户、集成商和供应商）达成共识而决定的；三是长期处于技术发展的流动阶段（Davies，1997），技术范式转换的可能性极低。上述特征对后发国家的技术追赶构成巨大挑战：后发国家或由于人才不足被锁定在产业技术的较低层级，或缺少优质参与方从而难以对技术有效集成，或错失技术机会窗口从而成为技术范式的被动接受者。为了克服困难，政府政策在产业技术发展中起到决定性作用，中国在新能源汽车产业和高铁产业的技术政策就是较为成功的案例。

第二节　产业发展与产业现代化政策理论及中国的借鉴

产业发展是一个具有内在逻辑性的客观历史进程，既包括单个产业的产生、成长与进化过程，也包括整个国民经济的各个部门在更高层次上协调发展的动态过程；既包括某一产业中企业数量、产品或服务产量等量的增加，也包括产业结构调整、变化、更替和产业主导位置跃迁等质的飞跃。

产业全球化与产业现代化分别以横向与纵向状态反映了产业发展历程。其中，产业现代化是指现代技术对传统产业的改造与产业自身现代品位提升的过程，是产业发展的纵向状态与最终目标，如果产业形成位居世界前列的制造或服务能力，就被认为是成功地实现了产业现代化。产业现代化是一个动态发展过程，技术创新与产业格局的演变会刺激产生各种新型消费方式、产业技术与产业组织方式变革。产业现代化的内涵和要求也在不断变化，不仅要考虑产业内生动力的现代化，包括产业的高端性、产销衔接的高效性、产业占比的协调性、产业之间的融合性及基础配套的完善性等，而且还要动态考虑在国际政治经济形势变化下，产业外在关联动力的现代化，兼顾产业开放竞争性、安全韧性与可持续性。

一、产业发展与产业现代化的理论

产业发展与产业现代化理论可以追溯到19世纪末20世纪初，随着工业革命的兴起，人们开始关注产业结构的演变和经济发展的变化。产业现代化理论经历了线性阶段理论、产业演化与生命周期理论、主导产业理论、经济成长阶段理论与产业结构优化理论等多段历程。

（一）线性产业阶段理论

线性产业阶段理论兴起于19世纪末至20世纪初，亚当·斯密、W.W.罗斯托等是其代表。这些经济学家早期主要关注农业、手工业向工业转型的过程，着重研究工业化的初期阶段，20世纪中叶，研究者开始提出线性发展模式，即社会经济会按照特定的阶段依次发展，经历了从农业社会到工业社会，最终达到现代化的过程。在产业不断优化升级的过程中，产业本身向高科技化、集群化、生态化方向发展，同时产业集群度与融合度也在不断上升，产业技术与产业组织方式的不断创新也引导着消费方式向更高层面发展。

在农业主导型社会，产业结构主要包括采集经济和狩猎经济两种，这也是现代农业与畜牧业的起源。原始社会中产业开发利用的对象以自然资源为主，如植物、猎物、火种、石块等非人工资源，再辅以木棒、石器等简单工具，开发利用的手段以对自然资源的直接攫取为主。逐渐积累的采集经济与狩猎经济经验促进了人类社会的第一次行业大分工。人类在狩猎过程中积累动物的驯服特性与繁殖规律，将原始狩猎经济发展为专门的游牧业，又逐渐发展壮大为畜牧业；根据采集经济中积累的植物相关知识发展出种植业，并逐渐扩展为农业。由于原始社会中农业技术含量远高于畜牧业，因此成为推动经济社会发展的主导产业，人类经济活动的改造开发对象不再局限于土地、水源等自然硬资源，信息、智力、管理能力等软资源起着更重要的作用。

随着蒸汽机的广泛应用与纺纱机的发明，人类经济社会经历由农业主导型社会向工业主导型社会的演进。英国率先引导世界近代产业革命，产业现代化进程中的主导产业也发生了更替。以资本主义机器大生产为主，同时资本主义自由贸易对推动机器大生产起到推波助澜的作用，带动着其他产业发展，交通运输业也开始萌芽。在工贸经济时代，除了自然硬资源外，人类更加专注于科学、技术等社会软资源的开发利用，与此同时，其生产方式更加注重生产者之间的协同分工与技术交流，着力于打破农业主导型社会中生产者的封闭状态，促进早期公司的创立。工业主导型社会的又一重要产业革命为流通产业的迅速发展。流通产业涵盖范围日渐广泛，经历物物交换、以货币为媒介的商品交换、以商人为媒介的商品交换后，还横向衍生出一系列银行、通信、运输、邮电、能源、物质供销和仓储业等各种为资源与产品流动服务和循环的产业。

二战后，战时军用科学技术如核能技术与空间技术等很快被商业化与民用化，人类经济社会进入信息主导型社会。在生产方式上，信息主导型社会对于自然资源与社会资源的深度挖掘与利用达到前所未有的程度。在信息主导型社会中，主导产业以使用现代生产技术设备的现代工业为主流，其主要特征包括：第一，生产手段不再以体力劳动为主，而转变为机械化、电气化、强速化、精密化与自动化，具有较高的劳动生产率；第二，产业结构与规模结构的合理组成比例不断优化，趋于合理；第三，生产组织复杂化，产业内部与产业间实现高度集中化、协作化和专业化；第四，产业的从业人员高素质化，就业需求中对技术熟练工人、科技人员与管理人员等高素质人员需求增加，职工结构现代化；第五，企业管理现代化，工业企业管理手段和方法更加科学有效。工业现代化是经济发展的必经之路和中心环节，国家与地区工业发展规划与布局必须符合现代工业基础，采取合理有效的跳跃追赶策略。20世纪50年代中期，美国加利福尼亚州的硅谷引导了信息主导型社会的形成。20世纪80年代，日本精益求精、一丝不苟的制造业风格闻名世界，丰田汽车便是其典型代表。针对来自日本的激烈竞争，美国另辟蹊径，在信息高速公路方向深耕，20世纪90年代，以Windows为代表的计算机产业开始崛起，这也预示着以大规模生产为特征的工业化经济向以智力资源与信息资源为主导的知识经济过渡，人类经济社会步入以知识产业为主、以现代技术为辅，从而带动和牵引其他产业转型升级的知识经济时代。知识的生产、加工、流通与应用对于产业发展至关重要。美国每年的研发经费占全球研发支出的份额基本在30%以上，从国家预算中拨出大量资金用于纳米技术、信息技术、生物医药等尖端技术的基础研究。在知识经济时代，现代科学与现代技术高度融合，知识和信息可以快速转化为经济效益，新技术与新产业革命在世界范围内快速传播。

（二）产业演化与产业生命周期理论

美国经济学家斯蒂格勒是产业生命周期理论的典型代表，1951年他以斯密的"劳动分工受市场范围所限"观点为基础，从专业化和一体化角度解释厂商的生命周期演变，认为产业新生期的企业面临的市场需求相对狭小，生产环节较为简单，企业规模虽然较小，但普遍为全能型企业，产业生产环节分化不明显，主要为企业内分工。这是由于生产的固定成本较大而市场需求较小，专业化厂商即使在规模报酬递增情况下也无法将平均固定成本缩小到满意的程度，因此厂商通常选择垂直一体化的生产方式。随着市场规模的扩大和社会分工的精细化发展，厂商专业化分工变得有利可图，企业内分工演化为社会分工，生产各环节不再全部局限于企业内部，而是由更专业化的企业承担，各厂商不再进行垂直一体化生产而是向其他专业化厂商购买部分服务或产品。当企业进入衰退期后，其面临的市场需求与生产规模缩小，为减少生产成本，生产环节又回流至企业内分工，继续采取垂直一体化生产方式。斯蒂格勒认为，产业分工、厂商功能与产业周期都与市场容量的变化密切相关。

Gort 和 Klepper（1982）创立 G-K 产业生命周期理论，改变了传统的通过个别产品生命周期来研究产业生命周期的方法，转变为通过产业组织方法来分析产业内生演化过程。产业生命周期长于产品生命周期，分为形成期、成长期、成熟期和衰退期四个阶段，各阶段特征如表 3-1 所示。

表 3-1　产业生命周期阶段性特征

阶　段	企业数量	集中度	技术成熟度	需求增长	进入壁垒	利润率
形成期	少	高	低	快	低	低
成长期	多	低	较高	较快	低	较高
成熟期	较少	高	高	慢	高	高
衰退期	少	高	技术转换	下降	—	低

资料来源：作者根据相关资料整理。

（三）主导产业理论

赫希曼首次提出主导产业概念，罗斯托将主导产业理论进一步完善，他们认为经济持续增长的主要动力即主导产业部门的快速扩张，这些部门的生产函数具有高生产率性质，主导产业扩张产生经济"前进的冲击力"，通过产业关联制造出一系列对其他产业的需求，产生扩散效应，包括前向效应、旁侧效应与后向效应三种。主导产业通过前向效应对上游原材料、设备与技术产生影响，通过旁侧效应影响本产业市场与就业，以及为本产业服务的基础设施建设与其他产业，通过后向效应对后续产业产生影响。

主导产业不仅带动经济迅速发展，而且可以优化产业结构，以主导产业为核心的产业高级化可以实现整体产业结构的高级化，主导产业发展也可以增强产业结构的合理化和有效性。对于主导产业的选择规划，日本经济学家筱原三代平于 1957 年提出"筱原两基准"理论，其中包括收入弹性基准与生产率上升基准。收入弹性基准认为产品收入弹性能够很大程度地反映该产业的经济牵动度与发展潜力，人均收入增加对收入弹性高的产业需求增加明显，该类产业容易维持产品的高价格与高附加值，在产业结构中所占份额较高。一般而言，农产品的收入弹性低于工业品，轻工业品的收入弹性又低于重工业品。生产率上升基准认为，生产率上升快的产业一般为技术进步速率大的产业，其生产成本下降速度快，投入产出比高，因此国民经济中的生产资源易流向该类产业，该类产业在产业结构中易占据较大比例。一般来说，工业的生产率上升大于农业，重工业的生产率上升大于轻工业，组装加工业的生产率上升大于原材料工业。"筱原两基准"不是孤立无关的，两者之间存在内在联系，因此两者通常同时出现，供给端生产率的上升不仅需要技术进步速率引起的成本下降，而且还需要需求端较好的销售条件不断扩大需求市场，以维持产品价格与附加值的稳定；需求侧收入弹性的维持又需要生产端技术进步，以此保证不断扩张的市场需求能够得以满足；换句话说，大批量生产带来的生产成本下降是扩大需求的必要条件。

综上所述，主导产业选择基准的内涵广泛，主导产业需要满足需求收入弹性大、供给弹性大、劳动生产率高、技术进步速率快、对相关产业的波及带动作用强、国际竞争力强等特征。

（四）经济成长阶段理论

经济成长阶段理论由美国经济学家 W. W. 罗斯托于 1960 年在《经济成长的阶段》一书中提出，他将人类经济社会发展阶段划分为五个阶段，1971 年又在《政治和成长阶段》一书中补充第六阶段。具体而言，第一阶段是传统社会阶段，产业结构中以农业作为绝对主导，经济生产方式以手工劳动为主，现代科技技术尚未萌芽，居民消费水平普遍较低，以家族为中心的血缘等级制度是主要的社会组织形式。第二阶段是为起飞创造前提的阶段，经济发展的驱动力主要是世界市场的迅速扩大，这一阶段是从传统社会向起飞阶段过渡的阶段。第三阶段是起飞阶段，在这一阶段工业化引起了生产方式的剧烈变革；其是六个阶段中最为关键的一跃，是经济突破传统停滞与不发达状态的分水岭；经济若顺利渡过起飞阶段就将摆脱经济不发达的状态，进入可以自动持续增长的阶段。罗斯托认为经济能否顺利起飞需要经济大规模的结构变动，经济需满足三个条件：一是生产性投资率增长到国民收入的 10% 以上；二是有一种或多种重要的制造业部门作为经济主导产业，并率先引领经济起飞；三是形成能够促进财富积累与投资的政治、经济与社会制度，以保证经济发展的可持续性，如建立私有财产保障制度，建立具有大规模投资能力的政府机构等。在起飞阶段，主导产业率先吸收先进技术成果，降低本产业生产成本，作为经济增长的强有力引擎，再通过与其他部门直接或间接联系以实现需求增长的扩散，从而带动整体经济发展。回顾西方发达国家，英国在 18 世纪 80 与 90 年代顺利起飞，法国和美国在 19 世纪 60 年代前完成起飞，德国在 1850—1875 年完成起飞，日本大约在 1875—1900 年完成起飞；第四阶段是成熟阶段，这一阶段的特点是持续时间较长，经济在波动中增长，工业门类逐渐齐全，现代科技技术已经在各部门间普及，工业向多样化方向发展，产业主导部门经历新旧连续更替；第五阶段是高额群众消费阶段，经济进入高度发达的工业社会；第六阶段超越大众消费阶段，进入人类追求生活质量的阶段。

现阶段中国是一个达到中等收入水平的大国，具有巨大的消费市场与完整的产业链，但经济仍处于起飞阶段，仍是转型中国家，处在历史上升期，存在很多发展机遇与改革空间。

（五）产业结构优化理论

1966 年美国经济学家贝恩在《产业结构的国际比较》一书中将产业结构定义为产业经济系统的内部结构，产业结构优化即通过一揽子系列措施最终实现产业结构合理化与高级化的动态过程。产业结构高级化是指产业结构由低级向高级转变，一般伴随着技术创新引起的产业结构系统的改变。产业结构合理化是指在现有资源条件和技术水平的约束下，调整与现有经济发展水平不相适应的产业结构，根据现有需求结构和技术水平等条件科学配置生产要素，使产业间和产业内部的要素布局趋于合理化的动态调整过程。国内最早关注产业结构优化理论的学者为周振华，他从实证角度衡量产业结构由较低水准向较高水准发展的产业结构高级化过程，可以使用第二产业与第三产业比值、资本密集型产业与技术密集型产业比值或中间产品与最终产品的比值来衡量；产业结构合理化即产业间有机联系的均衡程度与聚合质量，可以使用产业间均衡程度与关联程度来进行测算。产业协调对产业结构合理化非常重要，多区域、多行业、多部门之间形成互补互促的协调发展局面，才能激发各行业间的关联效应，跳出发展中国家制造业低端困境。

产业结构优化升级是提高中国经济综合竞争力的关键举措。就国内而言，中国经济发展到工业化后期阶段，必然会经历由粗放到集约、由简单分工到复杂分工、由低端到高端的转型，产业转型升级刻不容缓，构建现代产业体系是增强经济内生动力的必然选择；就国际而言，现阶段的全球经济格局正在经历深度调整，发达国家纷纷提出"再工业化"战略，试图继续利用对核心技术和专业服务的掌控，实现在全球高端价值链上的主导权。中国正在奋力完成改革发展的艰巨任务，以及正确处理经济稳增长与调整结构、转型升级、深化改革的关系；同时，产业结构不断优化，产业链韧性和优势得到提升，经济发展韧性强、潜力大、动力足的特点持续显现。

二、产业现代化的政策内涵

（一）推动产业高度集聚化发展

产业集群又称"产业簇群""竞争性集群"与"波特集群"等，是产业中与特定企业相关联的中间投入品供应商、服务品供应商、科研机构与产业协会等合作企业机构，以及与产业竞争的同产业企业在地理位置上相集聚的现象。波特在《国家竞争优势》一书中从组织变革、价值链、经济效率和柔性等角度，分析一国产业集群在国际上的竞争优势，并提出四个基本要素和两个附加要素的钻石模型，认为要素条件、需求条件、相关产业与支撑产业、企业的战略结构和竞争是决定产业竞争力的基本要素。对国内企业来说，地理上的产业集群会给其他竞争者造成创新压力，从而促进国内产业的良性发展。国内一些学者聚焦中国制造业的产业集群发展与转型，并对中国制造业的发展路径和产业集群的特点作出总结，提出中国产业升级路径；不仅如此，他们还探讨了中国制造业的国际化路径和在全球价值链中的地位，并研究了产业集群对区域经济的影响和作用机制。产业集群化的类型大致可以分为三种。一是以产业链纵向关联形成产业集聚区。产业链上游、中游与下游企业通过产品生产的投入产出关系而集聚，加之为产品生产提供周边服务的外围产业系统，形成合理有效的协作分工格局，产业链逻辑成为维系产业集群优良生态的主要动力。二是以产业链横向关联形成产业集聚区。这类集聚区以个别主导产业为核心，辅助产业形成周边圈层。以美国加利福尼亚州的葡萄酒行业为例，酿酒业作为主导产业，除此之外还形成葡萄种植与酿酒设备为主的第二圈层产业，以及与酿酒相关的科研与以教育培训为主的第三圈层产业，最外层是酒业相关的旅游、金融服务等。三是由地理区位优势而集聚的产业集群。该集聚区一般存在某种优势生产资源，如发达的交通枢纽、廉价的劳动力、丰富的原材料等。

（二）推动产业融合和相互渗透

产业融合成为产业发展及经济增长的新动力。产业融合是对传统产业体系的根本性改变，是一种新的产业革命；许多新产品与新服务的出现，开辟了新市场；更多的新参与者进入，增强了竞争性和新市场结构的塑造。融合化发展是世界各国产业现代化的共同趋势，不同产业相互渗透交叉，形成新的产业生态，造成产业发展基础、产业之间关联、产业结构演变、产业组织形态和产业区域布局等方面的根本变化（周振华，2003）。中国产业战略调整中通过簇群化进一步提高中国产业的国际竞争力，通过融合化发展实现产业创新和培育新的增长点（厉无畏，2002）。在产业融合下，产业边界越来越模糊，也会在深度融合中迸发出新产业。产业融合的方式主要分为三类。一是产业内部优化重组。产业内部具有关联性的细分产业通过横向与垂直整合，提升整体效率，以应对日新月异的市场需求变化。例如，生态农业的形成即农业生物链中种植业、养殖业、畜牧业等相关产业的有机融合，形成绿色友好的生物循环生态圈；在此过程中既需要先进技术作为基础支撑，又需要相关体制机制的创新作为催化剂。二是高新技术催化的产业渗透性融合。20世纪90年代爆发的信息技术革命催化信息技术与生物技术等向传统产业普及，催生出生物电子、机械电子、智能驾驶等新业态。三是产业边界延伸形成的产业融合。较高的产业市场集中度与产业地理集中度可以提高产业内企业分工协作效率，促进产业高效融合。例如，工业旅游、科技旅游等风靡一时的新型文化业态实质上也是产业融合的产物。王志刚、于滨铜（2019）从农业产业融合角度，提出农业产业化联合体是中国农村纵向产业融合的高级形态，具有产业链多元交叉融合、高度专业分工与紧密形态下要素共享三大特征；其纵向一体化组织边界源于中间品市场的产品定价与交易成本，并通过内化纵向外部性与化解双边际效应获得产业及供应链整体效益提升，契约分工、收益链接与要素流动是促进其增效的主要运行机制。

（三）建立产业生态，形成良性循环

产业生态化又被视作循环经济，将产业系统、社会系统与自然系统进行有机统一，不同产业与部门依据产业共生逻辑与自然循环形成生态链，产业结构向低碳、节能、高效、循环、可持续发展、环境友好的方向转变，在保证经济发展的同时最大限度地保护生态环境，提高资源利用效率。产业生态化是产业发展的高级形态，以先进绿色节能为驱动力，是一种系统化、综合化的产业发展模式，不是单一产业物质资源循环效率的提升，而是需要整个产业结构向资源节约方向倾斜。与生态学家或环境学家将产业生态系统看作类似于自然生态系统的物质、能量和信息循环体系不同，产业生态系统是对某一产业的发展产生重要影响的各种要素的集合及其相互作用的关系，包括创新生态系统、生产生态系统与应用生态系统三个子系统，以及要素供给、基础设施、社会文化环境、国际环境、政策体系等辅助因素（李晓华、刘峰，2013）。产业生态化为产业发展赋予新的含义。第一，产业生态化具有循环性。产业生态化发展改变了传统经济链条中"资源投入—产品生产—废弃物"的单链状态，取而代之的是"资源投入—产品生产—再生资源投入—再生产品生产"的迭代循环链条，生产资料的循环利用具有可持续发展特征（任勇等，2005；陈翔、肖序，2015）。第二，产业生态化具有群落性。产业生态系统中企业互相协作、松散结合，相互循环资源与废料形成产业共生系统（龙少波等，2021）。第三，产业生态化具有增值性。产业生态系统中经济发展与生态环保得以共同实现、实现双赢，打破传统理论认为环境保护必然损失价值增值效果的误区。

（四）加快产业数智化融合

产业数智化发展是指产业在新一代信息技术赋能下，将数据作为关键生产投入要素，对产业链条进行数字化改造的过程。中国目前正处在新一轮信息技术和产业变革的交汇期，抓住数智化这一历史性机遇是顺利实现产业新旧动能转换的关键。许宪春和张美慧（2021）在系统梳理信息经济、互联网经济、数字经济演变历程的基础上，提炼数字经济的内涵与形成要素，构建数字经济规模核算框架，对 2007—2017 年中国数字经济增加值与总产出等指标进行测算。王俊豪和周晟佳（2021）对产业数字化的发展特征、溢出效应与前景作出创新性论证与分析。产业数智化发展具有五个新特征。第一，数字技术为产业数智化发展的基础。产业数智化将现实世界与数字世界，在传统经济与虚拟经济之间建立关联，企业在更大范围内调节资源，面临更大规模市场，小企业也将迎接更多弯道超车机遇。第二，消费者成为产业价值创造的重要参与者。数智化产品的消费者一般具有高技术素养，部分能够成为数智产品的引领者，广泛参与产品调研、设计、研发等关键环节，在产业数智化过程中由"C 端"向"C 位"转变（肖旭、戚聿东，2019）。第三，产业组织关系发生改变，生产者与生产者、生产者与消费者、消费者与消费者之间不再是线性竞争关系，而是在数智化生态与平台中协同共赢。生产与流通链条的缩短减少了大量中间交易环节，同时供需双方甚至多方依靠数据平台快速匹配，消费端定制化的市场需求能够被明确感知，引导生产企业从事柔性生产，使供需双方匹配得更精准。第四，数智场景化应用促进数智技术迭代升级。标志化场景定制与深度化场景应用对数智产品生产和升级至关重要。第五，传统产业与数字产业实现共建、共享、共生，建起跨界多边的融合生态模式，是实现转型的驱动力。产业兴衰速率加快、产业快速分化与整合，加快了产业结构优化速度。

三、西方产业现代化政策对中国的启发

（一）产业要素软化

产业要素软化是在生产与再生产过程中，对于知识、教育、信息与技术等软生产要素的需求逐渐增加，而对体力劳动与物质资源等生产要素的需求逐渐减少。与此同时，劳动密集型与资本密集型主导产业的地位也逐渐被知识密集型与技术密集型产业所取代。产业要素软化一方面是由于在产业现代化过程中服务业的占比不断上升，从而出现产业结构服务化趋势，继而在供给侧增加了对生产软要素的需求；另一方面是因为制造业与服务业不断融合渗透，即使在制造业中，对信息、知识、服务等软要素的依赖度也在不断提升。自 20 世纪 90 年代开始，以先发国家为主导带领世界经济由

传统经济向知识经济转变，建立面向知识经济的国家创新体系，并且所占比例不断提高。21世纪初，美国、德国和加拿大等先发国家知识经济占比已经在30%以上，其中，美国1991—2001年的持续高速增长就受益于知识经济提供的强大动力。可以认为，研发能力是一国生产软要素综合实力的体现方式，一国研发能力的重要性日益提高，已经从生产的一部分中剥离出来成为社会分工，甚至是国际分工的一部分。

从实践结果来看，发达国家都充分认可对创新活动的财政支持。美国专门成立教育高级研究项目署，自2012年后的一年内招募10万名科研类教师，并做好人才培养工作。日本2006年的研发支出在财政支出中占比高达81.9%，日本与韩国都高度重视税收减免政策对企业创新的促进作用，而美国政府支持资本市场对各级创新企业的支持与开放。2011年，英国拨出7500万英镑补助小企业经营者参与高级学徒培训，并以大学为中心建立创新创业基地。2012—2021年，美国政府投资建设16家制造业创新中心，政府扶持后自主筹措的投资方式极大提升科技创新效率与成果转化效率。德国政府强化创新载体的商业化盈利能力，拥有创新成果转化效率最高的弗劳恩霍夫应用研究促进协会。

（二）主导产业高新化

产业结构高级化在先发国家中较早发生，高新技术产业在国内生产总值中占比上升明显。美国率先引领的信息技术革命是催生美国产业结构变革的最重要驱动力，1970年高新技术产业占比为16%，到1994年提高到20%，但信息技术革命后仅用六年时间就增长到2000年的25%，又逐渐成长为美国的主导产业，1995年美国公司互联网普及率已达到90%，快速建立公司内部计算机网络，并建立跨公司、跨地区、跨国家的链接，共享与传递前沿信息。信息技术革命带动美国传统产业的高技术化，对传统生产经营方式彻底改造，研究领域、卫生领域与教育领域互联网化更是提高了创新效率与产业高级化速率。美国高技术产业在国内就业人数最高，2000年美国高科技产业就业人数为530万人，计算机与软件产业就业人数为200万人；2006年美国一半的就业人员身处高新技术产业，高新技术产业的高附加值提供了高薪资，这些从业人员的薪资普遍比其他行业高出两倍以上，并且高新技术产业每增加一个就业岗位会对关联产业的就业需求产生乘数效应。

（三）传统产业现代化

美国在 20 世纪末加快了高新技术产业向传统制造业的渗透与融合，推动了传统产业的现代化进程。美国汽车产业是在日本及新兴国家产业竞争压力下主动调整的。例如，福特公司将微电子和信息技术应用于汽车产业研发设计、生产制造、销售流通与售后服务各个环节，以提高产业链整体效率，全方位提高汽车相关产品质量与生产效率，在 1994 年美国汽车产量重新超越日本，达到 1 610 万辆，于 1997 年上升至 1 970 万辆，成为世界汽车产量第一的国家。美国钢铁产业在 20 世纪 70 年代被视为夕阳产业，20 世纪 80 年代美国对钢铁行业进行互联网改造，一方面，研发并使用信息技术实现产业自动化与信息化；另一方面，又优化改进生产与管理流程，减少产业对劳动力要素的使用来降低成本，改用大量机器设备与先进技术，例如，使用电弧炉技术将回收的废钢重新锻造，改造后的钢铁产业在 80 年代生产与出口重回世界第一位宝座。1997 年美国粗钢产量 1.08 亿吨，在 6 年内增长 300% 以上。

（四）各类产业融合发展

一是新兴产业与传统产业融合发展。美国于 20 世纪 70 年代全面推进服务业的对外开放，放松现代化服务业的准入门槛，对高端服务业的市场准入与资质审批全面放宽，促进大量企业重组与优胜劣汰机制，提升行业整体规模化等级。美国硅谷与底特律的融合是传统产业与高新技术产业融合的典型代表。底特律以传统的汽车产业闻名，是美国汽车产业中心，硅谷以前沿科学技术创新为特征。硅谷的大量软件开发企业成为传统制造业的长期合作伙伴。在底特律有超过三万多名汽车部门人才从事计算机软件系统工作，通用公司作为底特律汽车制造领域的翘楚，在 2016—2020 年 5 年时间里提供将近 600 份软件方面的专利，占企业发明专利总数的 15%。同时，硅谷领先软件和信息技术服务业企业——谷歌——也花费大量资源从事硬件设计与制造，2007—2012 年，谷歌 39% 的专利与电脑、能源、机械硬件等有关，传统的汽车产业与新兴产业深度融合。制造业中几乎每一款新产品均实现互联网化与数字化。

二是军用技术与民用技术融合发展。军民融合本质上是将国防事业与军队现代化的成果与文化、科技、资源、人才等在国家整体内部的大循环相联系，是获得国际军事战略优势、科技竞争优势与庞大工业体系的重要途径。长期的“军民分离”不仅会造成社会经济生产资源、研发资源与运营资源的大量浪费与重复投资，而且会削弱工业生产的活力与竞争力，从而使在军工领域的大量科研投入并未取得相应的回报。美国在二战后建立起庞大的军用工业体系，1996年，美国国家科学技术委员会首次提出军民融合方案，发布《技术与国家利益》等文件，将军民融合作为国家战略与政府顶层设计，对军工部门与军工企业大力调整改革，促进军工部门与民营企业合作，将创新成果与产业资源双向流畅融通转移，通过立法保障军民融合快速推进，国防部、商务部与能源部相互协作，利用私人企业的突破性创新助力国防军工领域的自主创新能力，加快技术开发利用效率，形成军民一体化模式。事实上，马斯克的 SpaceX 公司的成功离不开美国航空航天局的资金支持，也可以视为与美国军方产生密切合作的典范。SpaceX 公司 2012 年负责国际空间站的运输任务，并成功在 2020 年运送航天员。与此同时，该公司部署的太空星链卫星成功提升了美国军工部门的通信水平、侦察能力、空间态势感知能力与天基防御打击能力。

三是政府—大学—企业联合创新。历年《国家创新指数报告》均表明全球创新已成为一种不可避免的浪潮，然而世界创新格局在近年来却并未发生根本性改变。美国凭借丰裕的创新资源与创新体系保持创新第一大国位置，中日韩三国领跑亚洲，欧洲地区创新强国也较多。创新强国均具有较完善的国家创新体系。在 Freeman（1987）提出国家创新体系概念后，各国普遍承认创新体系内部及其子系统间的协同网络对创新启发、生产、扩散与转化具有重要作用。具体而言，发达国家的国家创新体系可以分为三种类型：以美国为典型的市场主导型、以日本为典型的政府主导型及以欧洲各国为典型的平衡型。美国在 20 世纪初就意识到政府、高校、企业与非营利机构联合创新的巨大力量，因此分配私营企业捕捉市场创新需求，高校负责基础研究，政府监管国防军工安全，非营利机构平衡公众在创新中的利益分配，以此形成互补协作的国家创新体系。除此之外，美国还注重研发人员与研发设备的开放性，科研成果与信息透明化促进研发效率的竞争。日本自 1996 年起连续制定三个科学技术创新五年计划，政府内阁相关部门积极监管，大学在进行基础研究的同时为业界提供大批优异工程师，促进科技成果的顺利转化，技术转移机构在产（私人企业）、学（高校与研究院）与官（政府）之间发挥中介桥梁作用。德国的国家创新体系以政治联邦与市场两个方面为依据，德国研发密集型企业占企业总数的 43%，研发经费支出占 70%；高校不是关门研究，而是积极地与非营利性的私人研究机构与基金会展开合作，如马普协会、赫姆霍兹联合研究中心等。

第三节　全球化产业政策及中国的借鉴

经济全球化是地理大发现以来，国与国之间随着普遍联系的加强而产生的经济发展一体化。按照国际货币基金组织在 1997 年的定义，经济全球化是指"跨国商品与服务贸易及资本流动规模和形式的增加，以及技术的广泛迅速传播使世界各国经济的相互依赖性增强"。经济合作与发展组织认为经济全球化"可以被看作一个过程，在这个过程中，经济、市场、技术与通信形式都越来越具有全球特征"。因此，我们可以把经济全球化大致看作包括贸易、投资、金融、生产等活动在内的全球化，以及生产要素在全球范围内的配置。经济全球化的发生，被认为是两大因素推动的结果：一是信息技术的变革加快了信息传递的速度并大大降低了信息传递的成本，打破了种种地域限制，为跨国公司在全球的扩张提供了强大的技术支持；二是由于经济自由化改革的影响，尤其是 20 世纪 90 年代后期发生在全球范围内的贸易、投资、金融管理的自由化浪潮，减少了商品、资金及各类生产要素在各国和地区之间流动的障碍，因此新一轮经济全球化迅速发展。

一、全球化产业政策的定义与特征

（一）全球化产业政策的定义

全球化产业政策是指在各个国家通过国际贸易、投资和技术转移等方式相互联系的过程中，各国制定并实施的产业政策跨越国境对其他国家方方面面产生的影响。随着全球化的深入发展，各国之间的经济联系日益紧密，产业政策的全球化趋势也愈加明显。本质上说，原先的产业政策往往是一国或者某一经济体针对自身经济的发展情况所制定的旨在发展和管理相应产业的政策。然而在经济全球的趋势下，一国的产业政策反而逐渐跨越国界影响到国际其他经济体的经济发展；这使得各国之间产业政策的制定、实施等都相互产生影响，从而产生各国产业政策在全球范围内相互干涉的发展格局。

（二）经济全球化与全球化产业政策

经济全球化和全球化产业政策是密切相关的概念。经济全球化是指全球范围内贸易、投资、劳动力流动等经济活动的自由化和国际化趋势，它是全球化产业政策的前提和基础（薛荣久，1998）。全球化产业政策则是指在经济全球化的基础上，各国通过协调和合作制定并实施产业政策，以达到促进本国经济增长（汪斌，2003）、提高国际竞争力（雷少华，2019）等目的。

具体来说，经济全球化的趋势使得各国之间的经济联系日益紧密，产业之间的竞争也愈加激烈。在这种背景下，各国不得不制定和实施产业政策，以促进本国产业的发展并提高国际竞争力（姜琰、王述英，2001）。而全球化产业政策则是各国之间协调和合作的一种方式，通过互相借鉴经验、分享技术和资源等手段，促进全球产业的协调发展和优化布局。此外，全球化产业政策还可以促进技术创新和提高资源利用效率，通过国际合作和协调，各国可以共同面对全球性问题和挑战，提高全球经济的可持续性和稳定性。总之，经济全球化和全球化产业政策是相辅相成的概念，是推动全球经济发展和区域经济一体化的重要手段（李文溥、陈永杰，2003）。

（三）全球化产业政策的基本特征

一是全球化产业政策制定过程中需要考虑本国政府、国际组织和跨国公司等多方面的力量（柯士涛、夏玉华，2009）。一国政府是最主要的产业政策制定者，负责制定本国产业政策并在国际合作中协调各方利益。在全球化产业政策的过程中，各国的国家政府发挥着至关重要的作用，其通过税收、补贴、政府采购等手段引导和支持本国产业的发展，同时参与国际产业合作和谈判，以确保本国产业的国际竞争力。国际组织如 WTO、联合国工业发展组织、世界知识产权组织等，通过制定国际标准和规则，为各国产业政策的制定提供参考和指导。此外，国际组织也通过技术援助和知识转移等方式支持发展中国家的产业发展。跨国公司在全球化产业政策中扮演重要角色，它们通过跨国投资、技术转移、跨国采购等方式，带动全球生产要素的流动和优化配置，加强各国之间的经济联系和产业合作。

二是从产业发展的全球化视角制定产业政策，即将国际经济环境充分纳入各个国家制定自身产业政策的考量因素（汪斌，2005），包括国内经济发展需要、国际市场需求、技术创新和转移、国际竞争环境、环境和社会责任等多方面因素（Chang et al.，2013）。具体来说，（1）国内经济发展需要：制定产业政策的首要考虑因素是本国经济发展需要。政府需要评估本国产业的发展现状、识别哪些领域具有发展潜力，从而制定产业政策以促进本国产业的发展，提高国家的经济实力（张泽一，2009）。（2）国际市场需求：国际市场需求也是制定产业政策的重要考虑因素。政府需要了解国际市场的需求和趋势，这样才能在制定适合本国产业的战略和政策的同时，又满足国际市场的需求和要求。（3）技术创新和转移：技术创新和转移也是制定产业政策的重要考虑因素。政府需要通过技术引进和转移促进本国产业的技术创新与技术水平提高，从而提高其国际竞争力。（4）国际竞争环境：国际竞争环境也是制定产业政策的重要考虑因素。政府需要了解本国产业与国际市场竞争的情况，制定适合的产业政策以提高本国产业在国际市场的竞争力。（5）环境和社会责任：环境和社会责任也是制定现代产业政策的重要考虑因素。政府需要制定产业政策以促进经济发展和环境保护之间的平衡，以及推动本国产业在社会责任方面的发展和提高。

三是产业政策的全球化趋势不仅会对本国经济产生较大影响，而且会对各国之间的经济和政治互动产生深刻影响（Warwick，2013；Katzenstein，1985），产业政策全球化促进了技术创新。各国为了提高本国产业的竞争力，会采取一系列措施，如提供研发资金、鼓励技术转移等，从而推动技术的创新和应用。产业政策的全球化也加强了国际合作。各国为了共同应对全球性挑战，如气候变化、经济危机等，会在产业政策领域进行合作，共同制定标准和规则，推动国际合作的发展。产业政策全球化也会对资源的配置产生影响。为了发展本国产业和企业，各国会采取一系列措施，如引导外资、提供补贴等，从而吸引更多的资源流向本国产业领域。

二、全球化产业政策的主要内容

（一）全球化产业政策与产业合作

全球化产业政策与国际产业合作格局密切相关。在全球化背景下，各国之间的产业合作愈加密切。全球化产业政策的趋势是各国在制定产业政策时要更加注重与其他国家进行协调和合作，以实现全球经济共同发展（阎世平等，2010）。一方面，各国需要在保护自身利益的基础上制定产业政策，但同时也需要考虑其他国家的利益和彼此之间的共同利益，以避免贸易摩擦和保护主义的发生。另一方面，各国也需要加强合作，形成更加紧密的产业合作格局。这包括在产业分工上加强协调，发挥各国的优势和互补性，提升全球产业价值链的整体水平；同时，也需要在技术创新、知识产权保护和标准制定等方面加强协作，以推动全球产业创新和发展。在国际产业合作格局中，政府的作用非常重要。政府可以通过制定产业政策推动产业的发展和升级，提升产业竞争力和国际影响力。与此同时，政府还可以通过建立平台和机制，促进各国之间的产业合作和技术交流，提升全球产业创新和发展的水平。综上所述，全球化产业政策和国际产业合作格局是相互促进的。全球化产业政策需要在国际产业合作格局中发挥积极作用，促进全球经济共同繁荣（Milner，2021）。

国际产业合作的主要方式有五种。（1）跨国合作。各国企业之间开展跨国合作，共同开发和生产产品，实现互利共赢，如联合研发和制造、合资经营等。（2）技术转移和人才培训。通过技术转移和人才培训，促进技术、经验和人力资源的流动，提高各国企业的创新能力和竞争力，如技术转让、专利合作、技术咨询等。（3）供应链合作。在全球范围内建立供应链合作体系，实现供应链的协同和优化，提高整个供应链的效率和竞争力，如供应商联盟、物流协同、共同采购等方式。（4）标准的制定和统一。通过制定国际标准、认证和检测，促进产业技术的规范化和标准化，提高各国企业的产品质量，如设立国际标准化组织、认证机构、检测中心等。（5）政策协调和合作。各国之间加强政策协调和合作，共同推进产业创新和发展，如开展政策研究、交流经验、政策协商等。全球化产业政策和产业合作相互促进，可以促进各国产业的共同发展和繁荣（Georghiou，1998）。各国应该积极采取合作手段，通过开展跨国合作、技术转移和人才培训、供应链合作、标准的制定和统一、政策协调和合作等方式，共同推动全球产业的创新和发展。

（二）全球化产业政策与产业竞争

全球化产业政策和国际产业竞争格局密不可分，两者相互影响、相互制约（Porter，1986）。全球化产业政策促进了国际产业分工的发展，导致了国际产业竞争的加剧，同时也为各国提供了更多的政策选择和制定空间。一方面，全球化产业政策使各国能够更好地发挥自身产业优势，提升产业竞争力。各国可以通过制定有利于本国产业发展的政策，如财政、税收、金融、技术创新等方面的政策，来提升本国产业的竞争力。这也促进了国际产业分工的进一步发展，使各国之间的产业合作更加密切。另一方面，全球化产业政策也加剧了国际产业竞争的激烈程度。随着全球化的加速推进，各国之间的产业竞争日益激烈。各国为了保护本国产业和企业的利益，不断采取如贸易保护主义、关税壁垒、政府补贴等措施，这些措施对于其他国家的产业和企业造成了不利影响，加剧了国际产业竞争的激烈程度。因此，在全球化产业政策和国际产业竞争格局的背景下，各国需要更加注重协调与合作，实现互利共赢。各国应该避免采取不当的贸易保护主义措施，尊重市场规则，加强知识产权保护，加强技术创新和标准制定等方面的合作。

国际产业竞争主要在以下维度展开。（1）技术竞争。各国企业之间在技术研发和创新上的竞争，主要体现在专利、技术成果、高端人才等方面。（2）成本竞争。各国企业之间在成本控制和效率提高上的竞争，主要体现在原材料采购、生产工艺、流程优化等方面。（3）质量竞争。各国企业之间在产品质量和服务水平上的竞争，主要体现在产品品质、售后服务、客户满意度等方面。（4）市场竞争。各国企业之间在市场开拓和品牌推广上的竞争，主要体现在市场份额、品牌知名度、渠道优势等方面（刘志彪，2019）。（5）政策竞争。各国政府之间在产业政策和国际贸易政策上的竞争，主要体现在税收政策、贸易壁垒、产业政策等方面。国际产业竞争的形式各异，各国应该在制定产业政策和国际贸易政策时，结合自身的国情和发展需求，采取适当的竞争策略和合作手段，既要保护本国的产业和利益，又要尊重国际规则和合作原则，推动全球产业的健康、可持续和共同发展。

（三）全球化产业政策与"产业战争"

全球化产业政策与"产业战争"密切相关，如果一个国家的产业政策对其他国家的产业造成负面影响，或者产业政策被其他国家认为违反国际贸易规则，那么就可能会引发"产业战争"。"产业战争"指的是，各国之间因为产业政策和贸易政策的差异而导致的产业竞争加剧和贸易摩擦升级。在全球化产业政策的背景下，各国应该遵守国际贸易规则，避免采取不当的贸易限制措施和关税措施，遵循市场规律和公平竞争原则，共同维护开放、包容和合作的国际经济秩序，避免"产业战争"的发生。

"产业战争"的手段通常包括以下五种。（1）贸易限制措施。各国采取关税和非关税壁垒，限制进口商品的数量和种类，保护本国的产业。（2）反倾销措施。一些国家针对某些进口商品进行反倾销调查，采取反倾销措施，限制进口商品的数量和价格。（3）知识产权侵权指控。在国际贸易中，一些国家或企业会对其他国家或企业的知识产权进行侵犯，如侵犯专利、商标、著作权等。（4）贸易投诉机制。各国通过 WTO 等国际组织或贸易协议的纠纷解决机制，解决贸易争端和纠纷。（5）投资限制和安全审查。一些国家会采取限制外国投资和安全审查等措施，以保护本国的安全和国家利益。

"产业战争"对全球经济和贸易体系造成了极大的破坏（Steinbock，2018）。首先，贸易壁垒加剧。各国采取贸易限制措施，实施关税和非关税壁垒，对进口商品进行限制，导致国际贸易受阻。其次，投资环境恶化。一些国家会采取限制外国投资和安全审查等措施，使国际投资环境变得更加复杂和不确定。再次，产业重心转移。由于产业政策的调整和变化，一些企业可能会选择将生产基地转移到其他国家，导致就业和经济增长受到影响。从次，消费者福利下降。贸易壁垒和投资限制会导致进口商品减少、价格上涨，从而影响消费者的福利。最后，全球经济不稳定。"产业战争"可能导致全球经济不稳定，影响国际贸易和金融体系的发展，增加全球经济的不确定性。因此，"产业战争"不仅会影响单个企业和国家的发展，也会对全球经济和贸易体系造成负面影响，导致全球经济和贸易环境的不稳定性和不可预测性增加。

三、全球化产业政策的未来趋势

在地理大发现之前，由于交通和通信技术的限制，国际贸易和产业政策制定相对简单。各国的产业主要以农业为主，工业和贸易规模相对较小，国家之间的经济联系也比较有限。在这种情况下，国家的产业政策主要针对本国经济的发展和保护，如提供财政和税收优惠、建立贸易关税等。此外，一些国家还实行封闭的经济政策，禁止外国商品的进口和本国商品的出口，以保护本国产业和经济。需要注意的是，地理大发现之前的产业政策并没有涉及全球化的概念。因为当时国际贸易规模较小，国家之间的经济联系也比较有限（Noland and Pack，2013）。

从地理大发现到20世纪初期，经济全球化的程度较低。世界各国的经济发展主要依赖于本国的自然资源和市场。在这种情况下，国家之间的经济联系相对较弱，各国的产业政策主要是以保护本国产业为主，确保本国经济的发展（刘怡飞，2012）。然而，在19世纪末和20世纪初，一些工业发达的国家开始采取一些保护措施，旨在保护本国产业免受外国竞争的影响。这些措施包括对进口商品征收关税和实施配额限制（Asakura，2003），以及对本国制造业的补贴和优惠政策，等等。此外，一些国家还采取一些国家间合作的措施，以促进产业的发展和合作。例如，1865年成立的国际电报联盟就是一项旨在协调各国通信网络的国际合作机制（Union T，2001）。与此同时，在20世纪初期，欧洲一些国家之间也建立了一些产业联盟，以促进某些产业的合作和发展。总的来说，在二战前，产业政策的全球化程度相对较低，国家间的经济联系主要由双边贸易和一些有限的国际合作机制组成。

自2008年金融危机以来，随着西方国家贸易保护主义抬头，经济全球化产生了新的变化，全球化产业政策也随之产生"国家集团化"的特征（崔庆波，2021）。全球化产业政策的治理体系加速调整。全球化产业政策的治理体系是由理念、规则和机构组成的一套复杂的国际体系，其为上一轮经济全球化提供了制度保障。从理念层面来看，一直处于主导地位的自由贸易理念正受到所谓"公平贸易"理念的挑战。产业政策将更加追求国家安全，传统的经济考量因素居于次要位置。从规则层面来看，新的规则从以往的边境措施向边境后措施深度拓展。传统的国际产业政策中的关税政策、外资准入政策逐步退出舞台，各国政府更多地根据自身产业特点制定相关的知识产权政策、环境政策、补贴政策等。从治理平台层面来看，多边贸易谈判停滞不前，多哈回合谈判迟迟未果，而区域一体化组织如雨后春笋般涌现出来，成为制定国际经贸规则的新平台。

在此背景下，全球化产业政策将会继续加强和深化，但是也会面临一些挑战和变化。一方面，随着全球经济的快速发展和全球价值链的不断扩大，各国之间的产业合作越来越密切（江小涓，2008）。为了适应这种变化，各国将会更加积极地制定产业政策，并通过国际合作加强各国之间的互动和协调，以实现共同的经济利益。另一方面，随着全球化进程的深入推进，各国之间的竞争也越来越激烈。为了保护本国的利益和产业，一些国家可能会采取保护措施，如征收关税和实施贸易限制等，这将对全球产业政策的发展和国际合作带来一定的影响和挑战（江小涓、杜玲，2001）。此外，新技术的快速发展和应用也将对全球产业政策的发展产生影响。例如，人工智能、机器人技术和区块链技术等新兴技术正在改变传统产业的格局，各国需要制定相应的政策来适应和引导这些变化（Lauterbach，2019）。

四、全球化产业政策对中国的借鉴

（一）全球化产业政策强调国家干预和协调

新结构主义经济学是发展经济学的一个分支，也是中国特色经济学理论对理论经济学界的重要贡献。强调国家在经济发展过程中的积极作用追求的是"有为政府"和"有效市场"的兼容，特别是在制定产业政策方面（林毅夫，2018）。在新结构主义经济学的视角下，全球化产业政策强调通过国家干预和协调，促进国内产业的发展，以便在全球竞争中保持竞争力。与此同时，新结构主义强调发展中国家需要实现产业多样化和升级。基于国际比较优势，国家可以通过政策来推动从传统农业和初级产业向更具附加值的制造业和服务业转变（孙瑾、刘文革，2014）。第一，新结构主义经济学认为，市场可能受到国际市场影响而导致局部失灵，导致资源配置不足以实现最佳经济结果。因此，国家可以通过政策来纠正市场失灵，鼓励投资和创新。第二，在新结构主义的视角下，产业政策被视为国际战略性工具，可以帮助国家在全球竞争中取得优势。这可能涉及对特定产业的资金投入、技术支持和市场准入的管理。第三，新结构主义经济学认为，技术创新和知识转移对经济增长至关重要。国家可以通过政策来鼓励本国企业进行研发，吸引外国直接投资，以及促进技术和知识的流动。第四，国家应该投资人力资源和教育，以提高劳动力的技能水平。这有助于适应不断变化的产业需求，促进产业升级。第五，尽管新结构主义经济学主张国家干预，但它也认识到国际合作的重要性。国家可以在跨国合作框架下，通过协调政策和分享最佳实践来实现共同的发展目标。第六，新结构主义经济学倡导可持续发展，强调在产业政策中考虑环境因素，避免资源的过度利用和环境破坏。

（二）从全球产业链的视角来推动产业发展和实施产业政策

产业链是不同产业中企业之间的关联关系，而这种企业的关联关系实质上描述的是各产业中不同企业之间按照供给与需求关系形成的内在联系。具体来看，产业链是一个包含价值链、企业链、供需链和空间链四个维度的概念。这四个维度在相互对接的均衡过程中形成了产业链这种"对接机制"，其是产业链形成的内在模式，作为一种客观规律，它像一只"无形之手"调控着产业链的形成。产业链向上游环节延伸就可以使得产业链进入基础产业环节和技术研发环节，向下游环节拓展则进入市场品牌和销售渠道等环节。

当今全球产业链供应链进入重塑期，国际产业竞争从产品竞争升级到产业链群之间的竞争，主要经济体纷纷出台政策措施加强对产业链供应链的"国家干预"，产业链成为世界各国战略竞争主战场（盛朝迅，2022）。也就是说，随着国际产业竞争格局的演变和国际投资及贸易形态的转变，全球化的产业政策实施正逐步由单一针对产业或者产品的政策转向全球化产业链政策。其中，对全球重点高技术产业和战略性新兴产业的培育和发展竞争，已经不再仅仅局限在单个拥有全球创新垄断势力的跨国企业层面，而是深度渗透和扩展到全产业链体系层面（张杰，2020）。因此，不能简单将全产业链政策与传统产业政策进行等同，或者将全产业链政策归结为传统产业政策的重要组成部分，甚至将全产业链政策看作传统产业政策的改进版或升级版，这些判断均是对中国特色全产业链政策根本性变革价值的低估或扭曲性认识。

（三）在全球产业发展中充分考虑国家的产业安全

从国际政治的维度出发，全球化的产业政策竞争已经超越地缘政治逐渐成为大国博弈的底层逻辑。当今世界的大国竞争已经不仅是军事和经济的较量，还是持续创新与快速应用的产业链之间的竞争。在一个先进技术占据主导地位的世界中，竞争的本质变化导致安全的内涵发生了巨大改变：从如何防止战争逐渐转向如何确保产业安全。全球化重塑了全球产业结构，大国竞争的本质也转向产业政策竞争。谁控制了从低端到高端的全产业链，谁就控制了全球产业结构。产业结构决定经济实力和军事技术，而经济实力和军事技术决定国家安全，因此产业结构的质量和安全决定国家安全。

第四章　中国产业政策的发展与演变

第一节　中国产业政策的源起与初步尝试

一、计划经济时期中国的产业政策及其成效

1949—1977 年，中国实行计划经济体制。为促进经济发展，政府推行了一系列产业政策，但当时中国处于恢复经济发展的初级阶段，还未引进西方的一系列产业政策，而是主要参照当时苏联的一系列做法。特别是 1952 年底经济恢复任务完成后，中国提出了过渡时期"一化三改"的总路线，"一化"是指向工业化迈进，主要是优先发展重工业；"三改"分别是逐步实现国家对农业、手工业和资本主义工商业的社会主义改造。1952 年，中国提出实行重工业优先发展战略的产业政策方向，主要是参照了苏联的具体做法，因为当时苏联迅速工业化的经验让中国推进未来工业化的进程充满信心。

20 世纪二三十年代，苏联主要执行向重工业倾斜的产业政策，也即把发展重工业作为投资的主要方向，从而使苏联能够快速实现工业化发展。第二次世界大战之后，苏联已经初步形成独立的工业体系。在战后科技进步的推动下，苏联与其他发达国家一样，建立了为自己科技发展而生的新兴部门，如无线电技术、电子工业、喷气飞机、微生物与核能及日渐复杂的日用技术等。当时的苏联主要是将最新技术应用到军事领域，因此，其军事实力发展迅速，并在短期内达到和美国相当的水平。

1949 年，中国政府制定了一系列恢复经济的产业政策，在计划经济体制下建立了一套集中统一的管理体制。其中，财政采取统收统支体制，没收官僚资本并发展国有工业企业，将商业投机资本向生产型工业企业引导，并取得了良好的政策效果。

1952 年底，恢复经济任务完成后，中国在经济发展上采取"一化三改"的路线方针，开始以优先发展重工业的工业化发展模式向前迈进。在"一五"时期，制造

业生产资料的工业投资额占工业投资总额的 88.8%，工业投资额占基本建设投资额的 58.2%。通过政策不断向工业部门倾斜，中国重工业落后的现状迅速得到扭转，并初步为后期工业化发展奠定基础。

1958—1978 年，中国建立了社会主义工业化的基础，通过对条块分割、分散经营及难以形成分工协作等问题采取一系列改革措施，包括将全国工业组织起来统一实施规划管理，合理有序地实施生产，加强分工和合作，使供给、生产和销售环节能够紧密衔接，形成生产的专业化和产业组织的合理化。同时进行三线建设，即在三线地区实施以加强国防为中心的大战略后方建设。该政策扶持了中国的航空、航天、电子、核工业等军工产业及煤炭、钢铁、电力等产业中骨干企业的成长，从而形成行业辐射作用，促进主体企业和上下游配套企业的协同发展，在一定程度上完善了中国的工业体系。

在计划经济时期，中国政府主要运用行政手段集中发展重工业，以继续社会化大生产为需求，加强工业领域上的分工与合作，以及生产上的集中化、专业化和联合化。但计划经济体制下的工业发展完全依赖于政府出台的政策，企业自主权和发展的激励作用较弱，生产效率较低，行政性垄断较强，不利于经济的可持续发展（刘戒骄等，2019）。

二、基于日韩产业政策经验下的中国产业政策

1978—1993 年，中国进入产业政策的初步尝试阶段。在这一时期，中国受到日本、韩国等东亚国家快速发展的影响，学习和借鉴了日本、韩国的一些做法。Pack 和 Westphal（1986）及 Rodrik（1996）认为东亚国家（地区）的兴起主要归功于政府强势的产业政策对经济发展和产业结构转型的干预，特别是日本在经历过 1973 年、1979 年的两次石油危机后，其产业结构也开始有所调整；20 世纪 80 年代后，日本经济的快速增长引起国内外学者的广泛关注。一些代表性学者认为，当时日本（Johnson，1982）、韩国（Amsden，1989）及中国台湾（Wade，1990）的经济发展都获益于政府的产业政策，但也有如小宫隆太郎（1988）、Krugman（1997）、Ito（1994）及 Trezise（1983）等学者持反对态度，他们普遍坚持产业政策对市场的直接干预不利于充分竞争，会对

长期经济增长造成不利影响，因此产业政策本身不应该存在。尽管如此，以强势的政府产业政策为主导的日本和韩国的快速发展仍然对中国产生了重要影响。1978年的《关于加快工业发展若干问题的决定（草案）》提出要把燃料、动力、原材料工业和交通运输放在突出位置，这是中国改革开放初期的最先尝试。1973年、1979年的两次石油危机事件对日本的经济结构产生了巨大的冲击，迫使日本不得不调整产业结构，并实施一系列新的产业政策，这些政策对后来日本重振经济产生了很大作用。石油危机以后，日本的产业政策主要将产业结构从发展严重依赖石油进口、能耗大、资本密集型的初级重化学工业，调整为发展能耗小、技术和知识密集型的中高级重化学工业，并出台了确保石油供给稳定、节能、开发石油替代能源等综合能源政策。特别是20世纪70年代后期，日本提出"技术立国"的发展目标，在新能源技术、工业机器人、生物工程等新兴产业领域加强研发力度，这对于日本快速进入制造业升级阶段起到了重要作用。日本经济的快速发展得益于灵活的产业政策，这也对中国改革开放初期的产业政策制定提供了有意义的借鉴。韩国在进入20世纪70年代后也掀起了工业化浪潮，随着石油危机和西方主要资本主义国家的衰退，以及贸易保护主义逐渐抬头，韩国及时调整工业结构，在原本的轻纺工业受到巨大的贸易冲击后，韩国国内将要素重点放在汽车、造船、石化、钢铁和机械制造业上，开始振兴重化工产业。1977—1981年是韩国推进重工业化的最强有力的时期，这一时期韩国不仅工业快速增长，而且产业结构也逐渐显现出高级化的趋势。

日韩产业发展的经验共同表明，积极的产业政策能够促进新兴领域行业的创新和发展。由于日韩与中国具有相似的战后经济水平，相似的压缩式快速发展历程以及相似的东亚文化，因此相对于中国起步更早、更快实现高水平现代化的这两个国家，对中国在改革开放后的产业政策制定有着重要的借鉴意义。例如，日本通产省分类指导行业发展，在新兴领域上，在必要时期提供资本、土地、外汇、技术和市场保障等支持，还在反垄断、减少环境污染，以及在全球贸易进程下保护国内企业竞争力上起到巨大的作用。1985年，中国国务院发展研究中心组织开展对日本通产省产业政策经验的学习和研究工作，随后，更多学者关注到日本产业政策对中国的启示的相关研究。1985—1987年，国务院发展研究中心成立产业政策专题课题组，并撰写《我国产业政策的初步研究》报告，报告中提出产业政策是许多国家实现工业化工程中所推行的一套重要政策的总称。一些实施产业政策得力的国家在发展和国际竞争中卓有成效。日本、韩国等国家和地区通过产业政策实现"竞争"与"干预"相结合经济体制的经验值得我们重视，产业政策不仅可以用配套的政策协调各项宏观经济控制手段，为实现资源最优配置服务，而且可以通过其促进产业关联和组织的作用推动企业搞活和劳动生产率提高。该报告在中国产业政策历史演进过程中产生了重要影响，报告明确了产业政策的内涵，指出了产业政策的功能作用，是探索时期中国产业政策的主要基调。该报告还进一步阐释了产业政策的目标、体系和主要构成，在主要构成方面，该报告明确了产业政策包含产业结构政策和产业组织政策两个维度，同时指出产业政策是扶植各个时期战略产业（或产业群）的发展，最大限度地享受后发性利益，实现国家工业化目标赶超先进国家的政策。

1989 年 3 月，国务院发布了《国务院关于当前产业政策要点的决定》（以下简称《决定》)，《决定》是基于大量的调研和研究，经过反复征求意见和修改后制定出来的中国第一部以产业政策命名的政策文件。《决定》明确了产业政策和产业结构调整的方向，即集中力量发展农业、能源、交通和原材料等基础产业，加强能够增加有效供给的产业，控制一般加工工业的发展，使其与基础产业协调发展。《决定》还制定了当时的产业发展序列，并明确这一序列是当时各地区、各部门执行的基本依据，也是各项经济政策的导向。总的来说，《决定》及具体政策措施是中国制定实施产业政策的初步尝试。

三、探索时期中国产业政策的主要特征

在中国产业发展的历史进程上，1978—1993 年是中国社会主义市场经济体制的孕育时期，其产业政策制定也处于探索阶段。从图 4-1 来看，1978—1993 年，第一产业增加值在 1985 年之后有所回落，从 30% 以上降至 1993 年的 20% 以下；与此同时，第三产业增加值在 1985 年以后逐渐提升，从 1985 年以前的 30% 以下提高到 30%—40% 的水平。在探索时期，中国第二产业的变化相对平稳，第一产业和第三产业结构有明显调整，产业结构逐渐向现代化国家的产业结构升级酝酿，各项制度也在逐渐突破原本"大一统"的政府配置资源的模式。

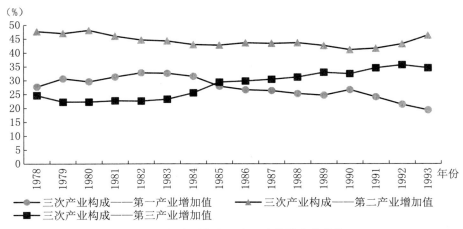

图 4-1 探索时期中国产业结构的变化趋势

资料来源：国家统计局。

　　受日本和韩国产业政策的影响，随着政府、市场和企业之间关系探讨的不断深入，中国逐渐放开计划经济时期配置资源的方式并实施改革，产业发展方式也逐渐转型。在具体的政策举措方面，《决定》及相应举措的实施突破了计划经济管理模式，在很大程度上缩小了计划管理范围，并对当时新出现的计划之外的经济活动进行了管理和调节。《决定》在当时已经是颠覆性的制度创新，甚至被认为是初期中国经济改革的实践成果，是对传统计划经济体制的最初突破。

　　围绕《决定》中产业政策的具体落实，经济综合部门提出了以下几个方面的实施办法。一是中国人民银行会同国家计划委员会制定固定资产投资贷款差别利率及其实施办法；二是出台《中华人民共和国固定资产投资方向调节税暂行条例》，对国家产业政策支持的并符合一定规模标准的项目实施零税率，对限制类项目和达不到经济规模的项目实施30%的税率；三是发布《国务院关于贯彻国家产业政策对若干产品生产能力的建设和改造加强管理的通知》，同时制定《控制建设和改造生产能力产品目录》，并要求目录中的产品必须经过国家行业归口部门核准才能批准立项，该目录会根据国民经济发展形势和产业政策进行调整。从这些具体的落实举措来看，这一时期中国为了适应不断发展的商品经济市场而逐渐改革并突破计划管理体制，产业政策的出台和制定是这一时期经济发展的内在需求，同时它也为具体落实和操作提供了一定的尝试空间。

1992 年党的十四大召开开启了建立中国社会主义市场经济体制的新征程，为了提高地方经济发展的积极性，同时打破地方恶性竞争和块状经济现状，这一时期也是酝酿与社会主义市场经济相配套的现代财政体制的重要时期，相应地，如何对产业发展起到重要干预和发展作用也在这一时期进行了深入探索和讨论。随着统一开放、竞争有序的现代市场体系的确立，中国对垄断行业和市场监管方面的体制机制改革也不断推进。产业政策逐渐受到重视，市场配置资源的能力和作用也在逐渐加强。

这一时期中国的产业政策风格与西方发达国家的产业政策有一定的共性特征，如开放市场、注重技术支持和创新等。但在这一阶段，中国与西方发达国家的产业政策存在较大差异。第一，由于各国发展的经济阶段不同，它们在政策目标上存在较大差异。中国产业发展期的主要任务是确立选择性产业政策体系，扶持基础工业和资本密集型产业的发展，日本和韩国在产业发展期与中国的任务目标基本一致，但在后期逐渐反思政府干预对市场经济发展的负面影响，主张充分发挥市场机制，产业政策转为注重提升科技水平，促进战略性新兴产业的发展。第二，在政策工具的选择上，中国仍以指令性和行政性产业政策工具为主，如投资审批、行政准入等，但同时，中国也开始采取财税补贴、金融优惠等经济干预方式，以促进特定产业的发展。相比之下，发达国家更加倾向于市场化的产业政策选择。它们重视政府对战略性产业的引领、布局和投资，但更多地使用经济手段进行产业计划和指导，如制定政府投资计划、提供税收激励或补贴措施，以鼓励企业在特定领域进行投资和创新。总体而言，中国在产业发展期相较于西方发达国家更倾向于政府主导的产业政策，并采用行政性工具进行干预。然而，随着中国经济的快速崛起和市场环境的变化，中国政府也在逐步加强市场机制的作用，并推动产业政策向更加市场化的方向转变，以提升科技水平和培育新兴产业。

第二节　市场经济体制下中国产业政策的实践

一、实践时期中国产业政策的主要举措

1993 年 11 月，党的十四届三中全会通过了《中共中央关于建立社会主义市场经济体制若干问题的决定》，标志着中国开始全面推进社会主义市场经济改革。1994 年以

后，中国经济开启快速发展阶段，产业结构的调整也开始加快步伐。工业化、城镇化均进入快速发展时期，为了适应社会主义市场经济改革的需要，中国推行了一系列体制机制改革。1994 年 4 月，国务院出台了《纲要》，这是中国第一部基于社会主义市场经济体制的产业政策纲要。《纲要》指出，产业政策的制定必须符合建立社会主义市场经济体制的要求，充分发挥市场在国家宏观调控下对资源配置的基础性作用。具体产业政策的重点方向有以下六个方面。一是大力发展农业和农村经济，增加农民收入。二是切实加强基础产业和基础工业。三是积极振兴支柱产业，尤其是机械电子、石油化工、汽车制造和建筑业等产业。四是积极发展对外经济贸易，鼓励进口新技术和相关的关键设备、关键零部件。五是定义了产业组织政策、产业布局政策和产业技术政策的内涵。其中，产业组织政策旨在促进企业合理竞争、实现规模经济和专业化协作；产业布局政策旨在逐步缩小经济发达地区与经济欠发达地区之间的差距，实现区域之间的分工和协作；产业技术政策旨在促进应用技术开发，鼓励科研与生产相结合，加速科技成果的转化和推广，推动引进和消化国外的先进技术。六是建立产业政策的制定程序和实施保障机制。随后，政府又在汽车、水利等领域出台了具体的产业政策（见表 4-1）。

除了上述几项重点的产业政策纲要和具体实施的产业政策外，为了适应社会主义市场经济体制，政府也旨在建立现代财政税收制度以保障国家基础设施和基本公

表 4-1　1994—2001 年的主要产业政策

年份	产　业　政　策　名　称
1994	《汽车工业产业政策》
1995	《外商投资产业指导目录》（1995 年本）
	《指导外商投资方向暂行规定》
1997	《水利产业政策》
1998	《当前国家重点鼓励发展的产业、产品和技术目录》
1999	《当前优先发展的高技术产业化重点领域指南（1999 年度）》
2000	《鼓励软件产业和集成电路产业发展的若干政策》

资料来源：作者根据相关资料整理。

共服务供给的有效性和合理性。1993 年 12 月国务院发布的《关于实行分税制财政管理体制的决定》与 1994 年通过《中华人民共和国预算法》均规定了中国于 1994 年实行全国统一的分税制财政管理体制。分税制改革的主要范围是:"按照中央和地方政府事权划分,合理确定各级财政的支出范围;根据事权与财权相结合原则,将税种统一划分为中央税、地方税和中央地方共享税,并建立中央税收和地方税收体系,分设中央和地方两套税务机构分别征管;科学核定地方收支数额,逐步实行比较规范的中央财政对地方的税收返还和转移支付制度;建立和健全分级预算制度,硬化各级预算约束。"①

1994 年的分税制改革明确了中央政府和地方政府之间的边界,增强了国家层面的财力保障,改善了地方恶性竞争的局面,并指明了地方政府发挥积极性的方向。从宏观视角来看,分税制改革直接明确了中央政府和地方政府的权责分配,强化了中央政府的宏观调控职能,尤其是加强了中央政府产业布局政策的职能;从微观视角来看,分税制改革涉及税制结构、税目、税种和税率的设计,企业作为国家主体的征收对象,直接受到税制改革的影响,这对于调整国家产业结构、内外资企业结构有着巨大的意义。

《纲要》及一系列具体政策的落实,基本形成了中国产业政策的结构,其主要包含产业结构政策、产业技术政策、产业组织政策和行业专项政策,形成了以选择性产业政策为主体的产业政策体系。在《纲要》发挥主导作用的产业政策实践时期,对于规模经济显著的大企业主要发展企业集团,而对于规模效益不显著的小企业则扶持其发展,从而形成大、中、小企业并存的产业结构。但这一时期的大企业集团仅仅是规模较大,一批企业集团仍然缺乏核心竞争力;在中国扩大开放后的国际市场上,这些企业的竞争力明显不足。与探索时期出台的《决定》相比,《纲要》的政策思路和政策体系是与社会主义市场经济体制相适应的,《纲要》更加重视发挥市场在资源配置中的作用。与此同时,计划经济体制下出台的相关产业政策措施也逐渐退出历史舞台,财政税收、行业准入、金融投资等政策工具逐渐成为产业政策的主要政策工具。

---

① 《国务院关于实行分税制财政管理体制的决定》。

二、实践时期中国产业政策的主要特征及产业发展情况

1994—2001 年，是中国正式进入社会主义市场经济体制到加速对外开放的前期，产业政策在经过一段时间的酝酿后正式进入实践时期。总体来看，中国的产业政策完全取代了改革开放之前的计划管理模式，市场是资源配置的主体，而企业成为市场的主体，主要根据市场的信号进行决策；政府则起到政策调控和引导干预的作用，产业政策的约束性不强，若产业政策出现决策不当或失误也可以及时地进行调整。产业政策因具有较大的灵活性而不断地释放促进经济发展的活力，有效推进了中国产业结构的调整和产业发展。

从中国的第一、二、三产业的发展趋势来看（见图 4-2），在产业政策的实践时期，第二产业的增加值始终保持在 45% 左右；与此同时，第一产业的增加值逐渐下降到 2001 年的 15% 以下，相应地，第三产业增加值提高至 40% 以上。中国 GDP 的快速增长得益于产业结构从传统的农业部门向现代产业部门的转移，但中国的产业政策始终致力于农业发展，并没有因为要发展生产效率更高的工业而放弃对农业的发展。同时，我们也可以看到，中国是一个以第二产业为主的工业化大国，在不断推进工业化的过程中，伴随而来的对商业、服务业的需求也在不断增加，促进了第三产业的发展。

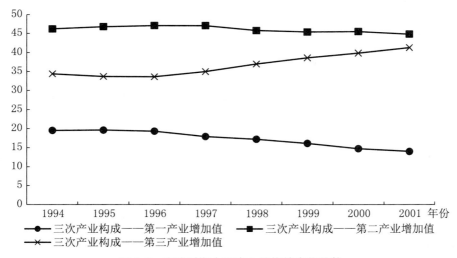

图 4-2 实践时期中国产业结构的变化趋势

资料来源：国家统计局。

进一步地，图 4-3 显示了截至 2001 年，中国工业企业的工业销售产值（按当年现价）为 93 182.87 亿元，其中，重工业企业的工业销售产值（按当年现价）为 56 691.13 亿元，占比为 60.7%；轻工业企业的工业销售产值（按当年现价）为 36 491.74 亿元，占比为 39.2%。可以看出，在产业政策的实践时期，中国是以重工业为主的产业结构体系。中国的重工业在计划经济主导下急速地发展而后又快速地收缩；改革开放后，轻工业的快速发展导致重工业占比降至 48.5% 的最低点，直到 1997 年重工业才再次出现增长趋势（管汉晖等，2020）。相比于计划经济体制下的干预政策，这一时期重工业的快速发展主要是市场主导作用的结果。基础工业是重工业的重要组成部分（郑东雅，2022），根据实践时期的纲领性产业政策文件《纲要》中的要求，这一时期仍然主要发展基础工业，基础工业主要提供原材料、燃料、动力和机械设备等，产业门类涵盖冶金、石油化工、煤炭电力、机械工业等。从这一时期的产业政策实践来看，重工业的快速发展得益于《纲要》及相应具体实施政策的正确判断和引导。

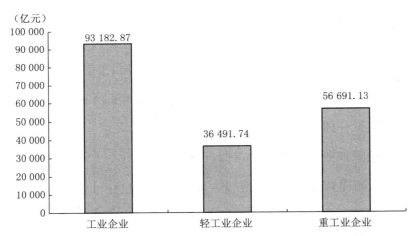

图 4-3　2001 年按当年现价的工业企业的工业销售产值结构

资料来源：国家统计局。

从企业规模来看，图 4-4 表明，中国大型工业企业的工业销售产值在 2001 年为 44 267.01 亿元，小型工业企业的工业销售产值在 2001 年为 36 713.15 亿元，中型工业企业的工业销售产值则低于大型工业企业和小型工业企业的工业销售产值，在 2001 年为 12 202.71 亿元。这一时期，虽然中国的工业企业结构为大、中、小型工业企业并存，但从图 4-4 来看，大型工业企业和小型工业企业的发展状况较好，而中型工业企业的销售贡献则相对较低。这说明中国的工业企业类型处于大、小规模相对分化的结构特征，但这一特征相较于计划经济时期和改革开放后市场经济体制孕育期的特征来看，已经发生较大变革，中小企业在经济发展的贡献中担任了重要角色。在产业政策的实践时期，具体的落实政策不仅重视大企业集团的发展，而且同样扶植一批中小企业的发展，如1998年出台的《中国银行关于进一步改善对中小企业金融服务的意见》、1999年出台的《关于科技型中小企业技术创新基金的暂行规定》《关于加强中小企业管理人员培训的意见》及2000年出台的《关于培育中小企业社会化服务体系若干问题的意见》《关于鼓励和促进中小企业发展的若干政策意见》等，均表明产业政策中为了扶植中小企业发展、激发创新经济活力的政策思路。

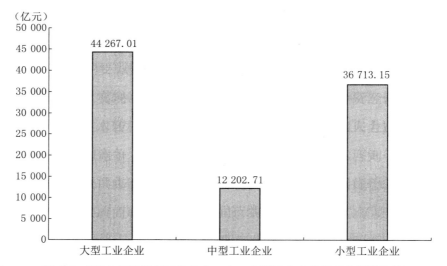

图 4-4　2001年按当年现价的大、中、小型工业企业的工业销售产值

资料来源：国家统计局。

1995年，中国出台了关于外商投资的相关落实政策，从图4-5来看，2001年内资工业企业的工业销售产值为66 605.73亿元；与此同时，在政策的引导下，外商投资和港、澳、台商投资的规模也相应增加，其中，2001年外商投资工业企业的工业销售产值为15 070.46亿元，港、澳、台商投资工业企业的工业销售产值为11 506.68亿元。这对于推动中国经济快速发展、引进先进技术从而发挥技术扩散效应具有重要的阶段性意义。

现有的观点将产业政策与竞争政策并行，认为产业政策是指涉及保护本国产品、发展战略工业、调整产业结构，以适应当前或未来国内外经济形式变化的一整套复杂政策。竞争政策是指为维持和发展竞争性市场机制所采取的各种公共措施，主要包括实现竞争、促进竞争和规模竞争的政策措施与制度体系，如反垄断等实践政策（魏加宁、杨光普，2020）。但实际上，产业政策与竞争政策无法并行而论，产业政策不应仅仅是"干预"的代名词，竞争政策也不应是完全抛弃了政府作为的努力。在竞争政策中，对市场发挥主要作用的一系列体制机制的建立与改革完善，也是政府为了更好地发展产业而建立的一套政策体系，因此产业政策的内涵应该既包括产业结构调整的引导和产业发展，又涵盖为促进竞争市场发展而进行的体制机制改革和制度建立。从这一角度来看，1994—2001年的以选择性产业政策为主的产业政策体系充分发挥了制度优势，将资源向重点领域倾斜，其虽然具有"干预"的色彩，但是这种"干预"在经济基础较差、居民收入水平较低的经济发展初期是必要的。同时，产业政策也充分体现了市场作为资源配置主体的竞争特性，使中国在短时间内快速恢复重工业的发展，并实现了规模扩张和高速增长。当时的产业政策在调整产业结构、解决市场失灵、实现国家战略目标和保障产业安全等方面发挥了非常积极的作用。

这一阶段中国与西方国家的产业政策差异性仍然较为明显。第一，政府角色不同。不同于西方发达国家的功能性产业政策、服务型产业政策，中国的产业政策仍以

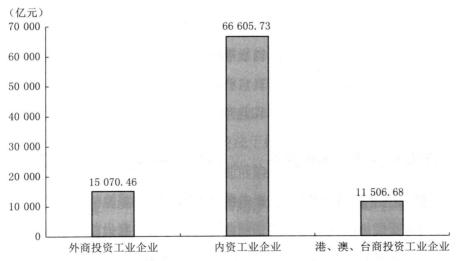

图4-5 2001年按当年现价的内外资工业企业的工业销售产值

资料来源：国家统计局。

选择性产业政策为主，在这一时期，中国的选择性产业政策体系得到强化并形成自身的特色。产业政策的选择性不只体现为对特定产业的选择性扶持或限制，还更多地表现为对特定技术路线、特定产品与特定企业的选择性扶持（或限制）（江飞涛、李晓萍，2010），因此在政策工具的选择中，准入和目录指导仍然居于产业政策的中心地位，而财税、信贷和土地政策则处于辅助地位。第二，各国在产业调整和升级的侧重点上存在差异。例如，美国在该时期实施再工业化战略，并围绕高端制造业打造高技术产业及创新创业；欧洲着重于可持续发展、绿色经济和社会创新；日本致力于高科技制造业和高附加值服务业的发展；韩国则注重发展航空航天、半导体、汽车和船舶等重点产业。而中国在这段时间内主要关注基础工业、资本密集型产业和战略性新兴产业的发展。第三，产业政策的发布与实施风格存在差异。例如，美国在这一阶段以新自由主义为旗号干涉他国产业政策的实施，并公开声称没有系统和正式的产业政策，实际上美国国内执行的产业政策呈现出一种相对隐蔽的形式。联邦政府和州政府专注于支持基础科研和应用技术的研究及成果扩散。在市场竞争的推动下，它们广泛吸收来自大学和小企业的创新成果，通过收购并购、合作和孵化等方式，筛选出具备原创性且具有市场潜力的技术成果，并迅速推动产业化进程。同时，美国主导多边和双边贸易协定，通过投资、贸易和分工等形式，争夺并占领全球市场。相比之下，中国的产业政策一直由政府部门主导，具有公开性、系统性、选择性和经验依赖性等特点，以满足技术追赶阶段的发展需求。然而，在促进前沿技术创新和产业发展方面，中国面临试错空间有限、失误风险较大等问题。因此，中国需要进一步完善产业政策，在加强对基础应用研究的支持、提高市场配置效率、提升贸易合规性等方面进行改进。通过这些举措，中国可以进一步提升创新能力和产业发展水平（郑江淮，2023）。

第三节　调整与强化时期中国产业政策的主要举措、特征与成效

一、调整与强化时期中国产业政策的主要举措

2001 年中国加入 WTO，标志着中国加速对外开放的脚步。在 2002—2012 年的十年中，中国企业不仅面对着国内市场的需求，还要置身于剧烈竞争的国际市场中。2002 年，党的十六大报告中提出要在更大程度上发挥市场在资源配置中的基础性作用，

增强企业的活力和竞争力，健全统一、开放、竞争、有序的现代市场体系，加强和完善宏观体系。相比于产业政策的实践阶段，这一阶段的经济发展局势更加复杂多变，同时这一阶段也是中国经济的转型时期，产业政策要根据发展阶段进行相应的调整和强化，以适应复杂多变的经济全球化时代。

2003 年 10 月，党的十六届三中全会通过《中共中央关于完善社会主义市场经济体制若干问题的决定》，明确提出"更大程度地发挥市场在资源配置中的基础性作用，增强企业活力和竞争力"。为了增强企业活力和核心竞争力，中国在推动企业横向联合、组建企业集团等方面出台了大量的政策措施，使中国的一些重要企业集团在短时间内迅速发展壮大。此外，政策的出台不仅仅是为了扩大企业集团的规模，更是为了提升企业集团的核心竞争力，从而能够在国际、国内的竞争环境下生存下来；因此，产业政策的主要举措是引导优势企业的强强联合、跨地区兼并重组和跨国并购，目的是形成一批具有自主知识产权、知名品牌、突出主营业务和核心竞争力的大企业集团。

2003—2007 年，中国加强了对经济过热问题的宏观调控，2008 年金融危机爆发，中国经济也受到了一定的影响，政府出台了一系列政策来刺激经济复苏。全球化带来了中国经济的迅速腾飞，但其也使全球产业链的安全受到了威胁，2008 年金融危机使发达国家意识到了产业空心化带来的威胁，并纷纷开始重振国内工业，这也为中国的未来产业发展提供了经验借鉴，并坚定了制造业是中国的支柱产业这一基本产业发展方向。

在产业政策的调整和强化阶段，首先是方向性政策的调整。在投资方面，2004 年国务院颁布了《国务院关于投资体制改革的决定》，政策重点在于转变政府管理职能，确立企业的投资主体地位。该文件明确了对于企业不适用政府投资建设的项目，一律不再实行审批制，并根据具体情况实行核准制和备案制。同时该文件还提出要制定并适时调整投资指导目录，建立科学的行业准入制度，规范重点行业的环保、安全等标准，防止低水平的重复建设。该文件在这一阶段的产业发展中起到了至关重要的作用，它为产业政策中提供新的指导目录、对政策工具的使用提供了重要依据。在外商投资管理方面，2002 年国务院发布了《指导外商投资方向规定》，相关部门也随后修订了《外商投资产业指导目录》，不断扩大外商投资的开放程度。

在产业结构调整方面，2005 年国务院出台的《促进产业结构调整暂行规定》成为中国进入全球化发展时期的重要产业政策制定的指导性文件，相关部门也在此基础上制定了《产业结构调整指导目录》。该文件中明确指出《产业结构调整指导目录》是引导投资方向，政府管理投资项目，制定和实施财税、信贷、土地、进出口等政策的重要依据。

在产能过剩的政策方面，2003 年国家发展改革委员会等部门联合制定了《关于制止钢铁行业盲目投资的若干意见》；2006 年国务院出台了《国务院关于加快推进产能过剩行业结构调整的通知》；2009 年国家发展改革委员会等部门颁布了《关于抑制部分行业产能过剩和重复建设引导产业健康发展的若干意见》，对钢铁、水泥、平板玻璃等产能过剩的行业进行治理。除了上述几个大方向外，中国还相继出台了若干细分领域的产业政策，如《汽车产业发展政策》《钢铁产业发展政策》和《船舶工业中长期发展规划》等产业发展政策，标志着中国对细分领域的产业政策制定和未来该产业发展的方向性规划已经走向成熟。

其次是重点产业的结构调整与振兴规划的推出。2008 年美国次贷危机使中国经济受到较大冲击，为了刺激后危机时期中国的经济发展，政府出台了一系列的刺激政策，同时也意识到产业结构需要有所调整。2009 年国务院依次审议通过了汽车、钢铁、纺织、装备制造、船舶、电子信息、石油化工、轻工业、有色金属和物流等领域的振兴规划，相关配套政策细节多达 160 余项。其侧重点主要在三个大方面，即"保增长、扩内需、调结构"。其中，"调结构"是着眼于中国产业的中长期发展而制定的，其政策主要涵盖严格控制新增产能、加快淘汰落后产能、促进企业提高研发投入力度及支持企业自主创新（李平等，2018）。

最后是培育和发展战略性新兴产业。2008 年金融危机爆发后，西方发达国家普遍意识到重视服务业发展而忽视制造业发展导致的产业空心化危害，并重新采取一系列措施进行"再工业化"发展，其重点目标是积极抢占新一轮科技革命的制高点，将互联网、智能制造等新兴科技与传统制造业融合，从而促进制造业的升级。在这一大环境下，为了构建国际竞争新优势，加快经济发展方式的转变和产业转型升级，国务院于 2010 年出台了《国务院关于加快培育和发展战略性新兴产业的决定》，其中明确了战略性新兴产业的具体产业门类：节能环保、新一代信息技术、生物产业、高端装备制造、新能源、新材料、新能源汽车，并对这七个产业又进一步细化了需要重点发展的产品、技术或领域。这一时期，政府采取一系列举措进行政策保障，政策工具上的重点仍然是集中力量攻克关键技术，组织实施重大应用示范工程，等等（江飞涛等，2021）。

2012 年 7 月，国务院出台了《"十二五"国家战略性新兴产业发展规划》，该文件主要有四个基本原则：市场主导、政府调控；创新驱动、开放发展；重点突破、整体推进；立足当前、着眼长远。其强调了在瓶颈制约和薄弱领域内政府引导、组织规划和政策激励的作用，并为"十二五"期间的七个战略性新兴产业制定了详细清单，体现了这一时期产业政策"集中力量办大事"的特征。

二、调整与强化时期中国产业政策的特征与成效

在产业政策的调整与强化时期，产业政策的制定不仅要应对日益激烈的国际竞争，而且要顺应国际局势适时调整产业发展战略规划，以及加强构建公平有序的市场环境。在 2002—2012 年的十年间，中国已经形成了完备的选择性产业政策体系。在这一产业政策体系中，处于首要位置的是投资核准与备案、准入管理、各类目录的指导政策，并且相关部门对于金融、财税、土地等工具的运用也日渐成熟，对于各个领域的详细政策制定也愈发细化深入，同时政府还加强了对战略性新兴产业核心技术研发突破的重视程度。

图 4-6 为 2002—2012 年高技术产业发展情况。高技术产业的企业数量截至 2010 年一直持续增长，但 2011 年开始有所回落，到 2012 年又继续增长。虽然 2008 年金融危机爆发后，高技术产业的企业数量有所波动，但 2012 年的企业数量仍然高于 2007 年以前的企业数量，约为 25 000 个，这表明在产业政策的扶植下，高技术产业发展较快。从产业利润总额来看，2002—2012 年高技术产业的利润持续增长，从 2002 年的不足 1 000 亿元达到了 2012 年的超过 6 000 亿元的水平，增长了约 5 倍。其中，2010 年的产业利润总额与 2010 年以前的相比增长较快，可以初步判断应该是受到 2010 年《国务院关于加快培育和发展战略性新兴产业的决定》的影响，由于该文件对战略性新兴产业门类作出了明确定位，这一时期高技术产业的企业数量也会按照相应定位进行一系列的调整，因此出现了 2011 年企业数量突然下降，但是利润总额上升的情况。

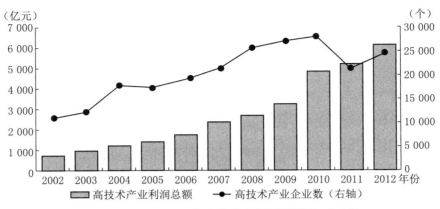

图 4-6 2002—2012 年高技术产业利润总额与企业数

资料来源：中国经济社会大数据研究平台。

从高技术产业中的电子器件与通信设备制造业的利润可以发现（见图 4-7），电子器件制造业的利润在 2010 年激增，2009 年该行业的利润约为 153.6 亿元，而 2010 年则达到 479.5 亿元，在 2012 年更是上涨到约 642.3 亿元，这说明受到产业政策的支持后，产品生产对电子器件的需求明显增长。进一步考察通信设备制造业发现，从 2008 年开始，中国的通信设备制造业就呈现出迅猛发展态势。2011 年通信设备制造业的利润虽然有微小的回落，但总体仍然处于高位。

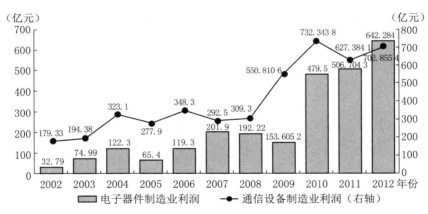

图 4-7 电子器件与通信设备制造业的利润

资料来源：中国经济社会大数据研究平台。

图 4-8 展示了 2002—2012 年集成电路制造业的利润及高技术产业专利申请数的发展趋势。2010 年以前，集成电路制造业的利润总体水平较低，最高水平为 2007 年的 90 亿元，之后又有所回落，2009 年该行业的利润水平甚至退化到 2003 年的状态；但

2010 年集成电路制造业的利润总额激增到 125 亿元左右，并在随后三年始终保持稳定增长的状态。从集成电路制造业的发展趋势可以发现，在产业政策引导前，仅仅依靠市场的力量企业自身很难突破关键技术来发展高端制造业，通过上述几个代表性高技术产业的利润趋势可以发现，这一时期中国的产业政策在产业向高技术产业转型升级的进程中发挥了不可忽视的积极作用。

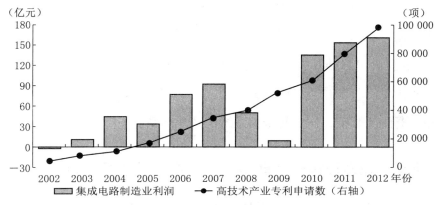

图 4-8　集成电路制造业利润与高技术产业专利申请数

资料来源：中国经济社会大数据研究平台。

从高技术产业专利申请数量来看，2002—2012 年中国高技术产业专利申请数量的发展趋势基本上是从无到有，再到快速增长。2002 年，中国高技术产业专利申请数量仅有 5 611 项，到 2012 年该数量已经达到 97 200 项，这表明政府政策的出台对于高技术产业对关键技术的突破具有积极作用，同时也体现了中国政府不再依赖加工制造等低端产业出口拉动增长，而是通过扩大内需在更长期推动制造业技术升级的决心。

在产业政策的调整与强化时期，中国政府在制定各项政策时更强调充分发挥市场的基础性作用。在产业结构调整的相关政策上，政府主要采取市场配置资源与政府引导相结合的模式。但这十年是中国经济发展最快，甚至是经济发展过热的时期，由于担心经济过热造成负面效应，政府在一定程度上会采取财税、金融投资、土地、准入、目录管理等相应的政策工具对经济进行干预。在产业政策的作用下，低端投资和企业的盲目扩张明显减少，企业兼并重组步伐加快，产业集中和规模效益凸显。这段时间内中国的产业政策体系已经具有自身的特性，体现在对特定产业的选择性扶持（限制）上，抑或是对特定技术路线、特定产品与特定企业的选择性扶持（限制）上（江飞涛、李晓萍，2010）。当然，政府对产业干预的弊端也在这一时期逐渐显现出来，尤其是寻租行为、战略性新兴产业产能过剩、市场竞争制度构建滞后于经济快速发展等矛盾凸显，地方归口部门存在滥用行政权力干预市场竞争等行为（刘戒骄等，2019）。

产业调整升级期的划分依据的是各国在面对国际经济形势或本国经济重大变化时，对本国产业政策作出的长期性调整和升级。对比各国的产业调整升级期，各国共同经历了经济全球化、2008年金融危机等重要历史时期及历史事件，中国产业结构转型升级的过程正是全球进行产业链嵌入、融合与调整的过程。面对经济全球化趋势，中国加速对外开放进程；与此同时，全球化进一步发展，国际产业价值链重组，加速世界经济重心东移（金碚，2012）。在金融危机后，中国继续改善宏观调控体系，深化行政审批体制和投资体制改革，建立起全面系统的产业体系。

第四节　转型与新发展格局时期中国产业政策的主要举措

2013年以来，中国经济增速不再是以往的两位数增长状态，二是降为个位数增长的"新常态"。图4-9显示了中国2013—2018年名义GDP增长率保持在8%—6%的水平上，但在2018年之后，名义GDP增长率开始呈现明显的下滑趋势。这是因为中美贸易摩擦使中国经济受到严重的负向冲击。此外，2020年开始的新冠肺炎疫情造成经济短期停摆，同时逆全球化趋势愈发明显，中国经济发展从面临新形势到面临百年未有之大变局，中国的产业政策制定也进入新的深化改革阶段。

图4-9　2013年以后中国名义GDP增长率

资料来源：中国统计年鉴。

一、转型时期的创新驱动发展战略

党的十八大召开以来，中国经济发展面临新一轮科技革命和产业革命带来的挑战和机遇。在德国的"工业 4.0"计划、美国的工业互联网及日本的新产业革命的带动下，中国也加紧推行一系列推进制造业升级的产业政策，在政策制定上也更加注重创新驱动发展、新兴技术在工业中的应用。2013 年，党的十八届三中全会作出《中共中央关于全面深化改革若干重大问题的决定》，其中明确提出建设统一开放、竞争有序的市场体系，使市场在资源配置中起决定性作用。其重点是要尽可能地将调整和强化阶段暴露出的问题加以治理，尤其是对于妨碍全国统一市场和公平竞争的各种做法，要予以清理和废除。

围绕创新驱动发展等政策目标，2015 年中国出台了相关政策，旨在解决"制造业大而不强，自主创新能力弱，关键核心技术与高端装备对外依存度高，以企业为主体的制造业创新体系不完善"等方面问题，以创新为主要宗旨，以"创新驱动，质量为先，绿色发展，结构优化，人才为本"为基本方针。改革首要是能否提供良好的营商环境，以及灵活高效的实施机制。政策明确提出了新一代信息技术产业、高档数控机床和机器人、航空航天装备、海洋工程装备及高技术船舶、先进轨道交通装备、节能与新能源汽车、电力装备、农机装备、新材料、生物医药及高性能医疗器械等十个领域，以及每个领域力图重点突破的关键技术、装备、产品。政策的战略支撑和保障主要包括八个方面：一是深化体制机制改革，二是营造公平竞争市场环境，三是完善金融扶持政策，四是加大财税政策支持力度，五是健全多层次人才培养体系，六是完善中小微企业政策，七是进一步扩大制造业对外开放，八是健全组织实施机制。

此外，围绕科技创新和新兴产业发展，中国还出台了一系列相关政策，包括《国务院关于积极推进"互联网 +"行动的指导意见》《关于大力推进大众创业万众创新若干政策措施的意见》《国家创新驱动发展战略纲要》《国务院关于印发新一代人工智能发展规划的通知》《关于强化实施创新驱动发展战略进一步推进大众创业万众创新深入发展的意见》等。这些政策体现了中国政府科技创新驱动和产业结构升级的产业发展方向。

党的十九大报告对产业发展提出了新要求。中国特色社会主义进入新时代，社会主要矛盾转化为人民日益增长的美好生活需要和不平衡不充分的发展之间的矛盾。党的十九大报告强调，创新是引领发展的第一动力，是建设现代化经济体系的战略支撑。实施创新发展战略，就需要不断丰富中国制造和中国智造的内涵，为中国产业和经济发展注入新动力，为实现建设现代化经济体系的战略目标提供战略支撑。在此之后，中国产业发展方向为推进新型化、信息化、城镇化、农业现代化同步发展。深化供给侧结构性改革，加快实现产业的创新发展。供给侧结构性改革要求以改革创新为主要手段来化解经济中出现的结构性失衡问题；要求通过加速投资驱动向创新驱动的转变，培育新的经济增长动力；要求利用新技术跨界融合加速传统产业的转型升级，淘汰落后产能。在深化供给侧结构性改革方面，党的十九大报告明确提出，要把发展经济的着力点放在实体经济上，加快发展先进制造业，推动互联网、大数据、人工智能和实体经济深度融合。报告中还指出，支持传统产业优化升级，加快发展现代服务业；促进中国产业迈向全球价值链的中高端。

在经济高质量发展阶段，中国亟须加强原始创新，突破核心技术封锁。产业链的完整与安全性也成为产业政策制定者关注的重点。2019年10月，党的十九届四中全会审议通过了《中共中央关于坚持和完善中国特色社会主义制度、推进国家治理体系和治理能力现代化若干重大问题的决定》。其围绕推进先进制造业发展、加强原始创新积累、坚持扩大开放等方面明确提出，"强化竞争政策基础地位，落实公平竞争审查制度，加强和改进反垄断和反不正当竞争执法……健全推动发展先进制造业、振兴实体经济的体制机制……构建社会主义市场经济条件下关键核心技术攻关新型举国体制。加大基础研究投入，健全鼓励支持基础研究、原始创新的体制机制。建立以企业为主体、市场为导向、产学研深度融合的技术创新体系，支持大中小企业和各类主体融通创新，创新促进科技成果转化机制，积极发展新动能，强化标准引领，提升产业基础能力和产业链现代化水平。完善科技人才发现、培养、激励机制，健全符合科研规律的科技管理体制和政策体系，改进科技评价体系，健全科技伦理治理体制……实施更大范围、更宽领域、更深层次的全面开放，推动制造业、服务业、农业扩大开放，保护外资合法权益，促进内外资企业公平竞争，拓展对外贸易多元化，稳步推进人民币国际化"。这一时期，产业政策突出了竞争政策的地位，尤其是加强了对反垄断等的治理，产业发展目标是推进中国产业向高价值链升级，特别是要加强原始创新的积累，重视人才的外溢效应，以及产学研深度融合发展，等等。

2019 年底，新冠肺炎疫情的暴发使中国经济在 2020 年初经历了短期停摆，政府加大了债券发行规模以治理疫情，随后全球新冠肺炎疫情的暴发加速了逆全球化过程，中国的经济发展面临百年未有之大变局，如何推进中国经济的转型成为产业政策制定的重要目标。

二、新发展格局下的产业政策主要举措

2020 年 4 月 10 日，在中央财经委员会第七次会议上，习近平总书记强调要构建以国内大循环为主体、国内国际双循环相互促进的新发展格局。在"双循环"新发展格局下，产业发展更加重视自主创新能力。为了进一步加强原始创新积累，提升国内自主创新水平，刺激经济发展，推动产业结构升级，2020 年 4 月 28 日召开的国务院常务会议部署加快推进信息网络等新型基础设施建设，明确了"创新投资建设模式""以应用为导向"等一系列要求，释放了加快"新基建"的信号，为"新基建"的推进指明了方向。数字化既是经济高质量发展的驱动力，也是提升持久竞争力的着力点。以数字基础设施为代表的"新基建"对于扩大有效需求、应对风险挑战、推动高质量发展具有重要意义。中国对于新型基础设施建设的部署加快了发展中国数字经济的步伐。

2021 年 3 月 11 日，十三届全国人大四次会议表决通过了关于国民经济和社会发展第十四个五年规划和 2035 年远景目标纲要的决议。《中华人民共和国国民经济和社会发展第十四个五年规划和 2035 年远景目标纲要》（以下简称"十四五"规划）中明确提出中国要开启全面建设社会主义现代化国家新征程，坚持创新驱动发展、全面塑造发展新优势，加快发展现代产业体系，形成强大国内市场、构建新发展格局，加快数字化发展、建设数字中国，全面深化改革、构建高水平社会主义市场经济体制等重大五年发展规划。"十四五"规划确定了未来建立现代产业体系、推动数字经济发展、坚持创新驱动经济发展的基本战略。在其基础上，中国出台了一系列细分领域的规划，包括《"十四五"智能制造发展规划》《"十四五"现代能源体系规划》等具体产业发展规

划，明确了接下来五年内产业发展的具体方向。

2022 年 1 月，国务院印发《"十四五"数字经济发展规划》，该规划明确坚持"创新引领、融合发展，应用牵引、数据赋能，公平竞争、安全有序，系统推进、协同高效"的原则，并部署了八个方面的重点任务：一是优化升级数字基础设施；二是充分发挥数据要素作用；三是大力推进产业数字化转型，加快企业数字化转型升级，全面深化重点产业、产业园区和产业集群数字化转型，培育转型支撑服务生态；四是加快推动数字产业化，增强关键技术创新能力，加快培育新业态、新模式，营造繁荣有序的创新生态；五是持续提升公共服务数字化水平；六是健全完善数字经济治理体系；七是着力强化数字经济安全体系；八是有效拓展数字经济国际合作。《"十四五"数字经济发展规划》确定了数字产业化和产业数字化的产业发展战略方针。数字产业化主要解决增量问题，通过数字产业化不断推出新产品、新产业、新行业、新模式，从而培育增量经济；产业数字化则是使存量经济获得新动力、产生新效益，是数字经济发展的主阵地。

在数字经济领域的政策规划制定之后，中国数字产业发展迅速，产业数字化转型明显，并取得了一定的成效。2022 年 10 月 28 日的《国务院关于数字经济发展情况的报告》中报告了当前数字经济发展的主要成效，其中，最主要的表现有三个。第一，数字基础设施实现跨越式发展，信息通信网络建设规模全球领先。第二，数字产业创新能力加快提升：一是关键核心技术取得突破，量子计算原型机、类脑计算芯片、碳基集成电路等基础前沿领域取得原创性突破，人工智能、区块链、物联网等新兴领域形成一批自主底层软硬件平台和开源社区，关键产品技术创新能力大幅提升，初步形成规模化应用效应；二是产业创新活力不断提升，产业创新能力取得突破性进展，2021 年中国数字经济核心产业发明专利授权量达 27.6 万件，占同期全社会发明专利授权量的 39.6%。关键数字技术中人工智能、物联网、量子信息领域发明专利授权量居世界首位。第三，产业数字化转型提挡加速。一是制造业数字化转型持续深化。信息化和工业化融合不断走深向实，企业数字技术应用水平显著提升。二是服务业数字化水平显著提高。三是农业数字化转型稳步推进。

2023 年 2 月，国务院印发了《数字中国建设整体布局规划》，并要求各地区结合自身实际发展情况认真落实。《数字中国建设整体布局规划》提出，到 2025 年，基本形成横向打通、纵向贯通、协调有力的一体化推进格局，数字中国建设取得重要进展；到 2035 年，数字化发展水平进入世界前列，数字中国建设取得重大成就。该文件将数字中国建设放在前所未有的高度，并指出数字中国体系建设将全面赋能未来中国社会经济发展，是全面建设社会主义现代化国家的有力支撑。

在上述战略性产业政策思路引领下，中国仍然对集成电路与半导体、新能源等领域出台了一系列引导性政策。《鼓励外商投资产业目录（2020 年版）》鼓励外资向半导体相关领域投资；2019 年以来，中国针对集成电路产业陆续出台多项税收优惠政策，包括设计、装备、材料、封装、测试企业和软件等环节，体现出政府对集成电路产业的高度重视。针对新能源汽车的补贴已经持续 13 年，规模近 2 000 亿元，使中国成为当前全世界最大、最成熟的新能源汽车市场。

在这一阶段，中国的产业政策呈现出与以往不同的特征。第一，在逆全球化背景下，中国仍然持续推动经济全球化和区域经济一体化的发展，如提出"一带一路"倡议、推动全球基础设施建设和贸易合作。第二，重点产业与战略目标的差异，各国在产业政策制定上的重点和战略目标各有不同。美国更侧重科技创新和维护科技领域优势，欧洲注重绿色和可持续发展，日本强调技术融合和创新驱动，韩国注重第四次工业革命和绿色增长，而中国则关注制造业升级和科技自主。第三，不同国家的产业政策也受到贸易政策和地缘政治因素的影响。美国在这一阶段采取较为激进的对外贸易限制措施，并着力维护自身利益和技术霸权地位。欧盟的产业政策着眼于建立数字单一市场和多边合作。日本和韩国则受到地缘政治因素的影响，它们与中国等周边国家的贸易合作关系随地缘政治的变化而不断进行调整。

第五节　中国产业政策的总体评价

一、中国产业政策演化的总体特征

从中国产业结构变迁的整体路径来看，工业化进程对中国产业结构发展产生了重要影响。产业政策的演化也随着经济发展的不同阶段进行尝试、探索、实践、强化调整和转型。中国产业政策主要分为五个阶段，使中国从现代工业零基础的国家转变成世界上最大的工业大国。

第一，产业政策的起源阶段。这一时期国家实行计划经济体制，政府是资源分配的主体，当时的中国基本上处于现代工业零基础阶段，其主要学习苏联优先发展重工业的产业发展战略。因此1952年，中国开始向优先发展重工业的工业化发展模式迈进，并且在20世纪60年代实现了重工业的快速增长。这一时期发展重工业的计划管理体制是中国产业政策的雏形，为当时中国工业发展奠定了重要基础。

第二，产业政策的探索阶段。这一时期是改革开放后到1993年前，这一时期处于市场经济体制的孕育期，还没有完全进入社会主义市场经济体制。各项体制机制和政策都在经历突破性变革，即从计划管理模式向市场发挥作用转变。这一时期中国的产业政策也处于孕育时期，受到"东亚奇迹"的影响，产业政策的制定主要借鉴了日本和韩国的市场配置资源与政府干预相结合的模式。这一时期，政策制定者深入地探讨并研究了政府、市场和企业的关系以及边界问题，并出台了代表性的产业政策指导性文件，即《决定》，它是改革开放初期初步引入市场经济体制的重要政策文件，突破了原有的计划管理、政府配置资源的模式，促进了商品经济的发展并激发了经济主体的活力。

第三，产业政策的实践阶段。1994年开始中国正式迈入社会主义市场经济体制。1994—2001年，在基于市场经济体系的建立下，中国初步形成了以选择性产业政策体系为主体的产业政策体系。具有代表性的产业政策文件是《纲要》。《纲要》不仅确立了中国的产业政策由产业结构政策、产业技术政策、产业布局政策和行政专项政策构成，同时在《纲要》的战略思路下，中国初步制定了外商投资目录及钢铁、汽车等重点发展的细分产业政策，并提出要重视企业规模和技术进步等问题。《纲要》是中国第一部正式的社会主义市场经济体制下的产业政策文件。

第四，产业政策的强化与调整阶段。2001年中国加入WTO，并开始加速对外开放脚步。2002—2012年，中国的选择性产业政策体系得到了强化，但对外开放不只带来了高速的经济发展，全球金融危机也同样波及中国经济的发展，金融危机发生后，中国着眼于中长期发展，产业政策进入调整阶段，其重点关注产业结构升级，尤其是发展战略性新兴产业。这一时期，产业政策加强了对外开放相关政策的细化和调整，重视钢铁等领域产能过剩问题的纠正和治理，同时确立十大振兴产业，以及加快推动创新发展和中长期的产业结构升级。同时，随着发达国家重新重视新一代信息技术与传统产业的结合，中国的产业政策也开始重视对战略新兴产业的培育和扶植。这一时期的产业政策促进了全面开放发展阶段下科技研发和技术扩散的发展，同时一些地方政策落实部门的强行干预所产生问题也逐渐暴露出来。

第五，转型与新发展格局下的产业政策。党的十八大以来，中国产业政策更加重视创新驱动发展，对于制造业的发展也坚定要由制造业大国向制造强国转变，未来制造业的发展更加重视质量而不是数量。然而随着逆全球化趋势愈演愈烈，中国正在面临百年未有之大变局。这一时期是新的产业政策探索时期，没有发达国家的经验可以借鉴，中国需要探索出一套适合新发展格局下自立自强发展的道路。2020年以来，中国相继出台数字经济发展相关的政策措施，加快布局数字基础设施建设，以及推进产业数字化与数字产业化这两个"存量"和"增量"的产业发展目标，以全面赋能未来经济社会发展；同时，突出了竞争政策的主要地位，加强了对垄断等非竞争市场力量和产能过剩的治理。政府还进一步加强了对原始创新积累、产学研协同发展成果转化体系、教育科技人才协同发展的人才培养体系等的重视，目的是早日实现科技自立自强、推进高端制造业升级、加强产业链的安全性等目标。

现有中国产业政策实行的是分层、分级治理模式，不仅中央政府制定了战略性产业政策，而且地方政府也会制定相关的具体落实政策。产业政策内容层次较多：第一层是全国党代会报告和国家发展五年规划纲要；第二层是国务院颁布的产业政策、产业发展和结构目录及各项政策措施；第三层是地方政府的区域产业政策，但这类产业政策的落实容易存在"央地的非一致性"和"地方竞争性"等问题，在新发展格局下，若不能较好地处理这些问题，将会影响未来产业发展（江静、张冰瑶，2022）。

二、未来中国产业政策的重点调整方向

在新发展格局下，产业政策的制定和实施也面临巨大挑战。未来产业政策的调整方向应该重视以下几个方面。

首先，加强对垄断等非竞争市场力量的治理。第一，以开放遏制垄断。中国目前

仍然处于全球产业链中低端位置，未来仍需要培育具有核心竞争力的一流企业，但这类企业在不断成长过程中容易具有一定的垄断能力，因为未来产业政策可以降低准入壁垒以保持市场具有一定的创新压力。第二，预防新兴产业在发展进程中形成垄断，尤其聚焦平台垄断、数字垄断和知识产权垄断等行为。

其次，建立中央主导型产业政策体系。未来产业政策的制定需要充分理顺政府与市场的关系、政府之间的关系，确立产业政策主体，发挥地方政府的积极性。先确立中央政府对产业发展的主导能力，避免地方政府恶性竞争导致的各自为政，运用行政权力限制地方企业发展。在落实和执行产业政策时，加强地方政府之间及中央各部委之间的合作。若地方政府一直主导产业政策发展，则未来将会形成割据式产业政策体系，不利于保障产业链的安全和竞争力。

最后，构建功能性产业政策体系。中国目前的产业政策体系是选择性产业政策体系，其具有强烈的政府干预市场的特点，难以突出竞争政策的主体地位。在新发展格局下，选择性产业政策体系的效果将受到限制。功能性产业政策更加强调竞争和公平，在未来产业政策的调整上，政府可以尽可能地提供公平竞争的环境以弥补市场不足，并在公共服务、基础设施建设、基础科学研究等重大战略发展和保障产业链安全上作为协调的主体，而其他产业政策主要是以市场为配置资源的主体，并且后者将起到决定性作用。

第五章　中国产业政策体系的主要内容

第一节　中国产业政策的主要构成

产业政策作为促进经济增长、推进工业化进程、改善产业结构的重要抓手，在全球多数国家和地区得到广泛运用（孙早、席建成，2015），并且在中国的经济发展地位也举足轻重（周亚虹等，2015）。从理论上说，中国的产业政策体系主要由产业结构政策、产业组织政策、产业技术政策和产业布局政策组成（江飞涛、李晓萍，2015；郭克莎，2019；黄群慧，2021）。而在实践中，具体实施的产业政策通常具有一定的综合性，大多同时包括前述四大类政策的成分（徐炎泽、尹成凤，2021）。

一、产业结构政策

在产业政策体系中，产业结构政策的地位首屈一指。产业结构政策的概念，顾名思义，主要是指政府在促进经济发展的过程中所制定的一系列推动优化产业结构向合理化与高度化发展的公共政策（张小筠、刘戒骄，2018），主要目的在于调节不同产业之间的资源配置问题（王燕梅、周丹，2014）。不管是先发国家还是后发国家，都会在发展过程中使用各种产业结构政策来调整其经济发展方式（赵昌文，2016）。改革开放以来，中国的经济发展取得举世瞩目的成绩，实现了历史性跨越并且产业结构持续优化，并逐步呈现高端化趋势，这也与国家实施适当的产业结构政策密不可分。

张小筠、刘戒骄（2018）通过梳理中国已有的产业结构政策，将改革开放后产业结构政策的演进过程分为四个时期：改革开放初期（1978—1991年）、全面改革时期（1992—2001年）、深化改革时期（2002—2011年）和全面深化改革时期（2012年至今）。中国的产业结构在不同时期存在不同的问题，国家实施产业结构政策的侧重点也存在较大的差别，大致形成了"重点改善结构失衡问题—推动基础产业发展与培育支柱产业—改造提升传统产业与发展技术密集型产业—建设现代产业新体系"的发展脉络。

产业结构政策在中国整个产业政策体系中占比最大，应用最为广泛。目前最具代表性的产业结构政策为 2012 年发布的《"十二五"国家战略性新兴产业发展规划》及 2018—2022 年发布的《市场准入负面清单》。战略性新兴产业发展规划制定了节能环保、新兴信息产业、生物产业、新能源、新能源汽车、高端装备制造业和新材料七大战略性新兴产业的发展目标和重大行动；《市场准入负面清单》则将限制及禁止投资经营的领域、业务、行业等以清单方式列出，而对于清单之外的领域，则可准予各类经营主体依法平等进入。负面清单政策在一定程度上打破了地方保护主义，为优化资源配置效率、丰富经营主体奠定了制度保障（戚聿东、李颖，2018）。

随着国际形势不确定性的进一步增强，以及改革进入深水期，中国"十四五"期间也面临一些产业结构发展的新问题，如工业产业过剩、新兴产业发展、制造业和服务业的结构优化等（郭克莎，2019）。因此，产业结构政策的侧重点也随之调整，以供给侧结构性改革为引领，坚持高质量发展，推动新兴产业与传统产业的深度融合发展。

二、产业组织政策

产业组织政策主要是指为了构建规模经济与竞争效率兼备的产业组织方式，政府制定的一系列协调产业内企业间合作、利益及交易关系，调整市场中垄断与竞争关系的公共政策。产业组织政策的核心在于保持市场结构的竞争性。在不同的经济体制推进经济增长的过程中，产业组织问题均不可避免，怎样保持竞争活力的同时还能获取规模红利以促进经济的可持续发展，是产业组织政策需处理的重点问题（胡伟，2019）。

发达国家的产业组织政策通常是以反垄断为核心来促进中小企业发展的，与此不同，中国的产业组织政策则一直遵循着以培育大型企业集团为核心的理论逻辑（江飞涛，2017）。2017 年 9 月《中华人民共和国中小企业促进法》的颁布实施，在一定程度上意味着中国的产业组织政策从过去的"扶大限小"转为"促大扶小"，但扶持大型企业的核心逻辑并未改变。

目前来说，中国的产业组织政策体系相对完备，主要是由行业发展意见、行业发展规划、政策文件、法律法规等构成的多维体系。从具体作用的范围来看，可分为两种：一种为防止过度竞争以确保规模效益的产业组织政策，主要体现在对企业规模的干预，推动产能过剩的行业兼并重组等方面；另一种为防止垄断的产业组织政策，主要体现在中小企业政策、反不正当竞争等方面。其中防止垄断可以促进竞争，有助于市场活力，而推动集中又是基于何种原因呢？回顾中国长久以来存在的产业组织现实问题，可以从以下三个方面来对现有政策逻辑进行探析。其一，中国产业的集中度不高，低集中度的市场通常效率较低，在市场竞争中难以实现资本与品牌的有效集中，进而导致市场中不正当竞争行为频发；因此需实施推动市场集中的政策，以提升产业集中度，从而促进市场的有效竞争。其二，从规模结构来看，中国企业的规模偏小，无法充分获取规模红利，因此需推动市场集中，扶持大型企业集团，以实现规模效益（孙晓华、王昀，2014）。其三，产业集中度低通常会导致市场中严重的产能过剩，推动企业的兼并重组则可有效化解产能过剩问题（曾敏，2022）。

近年来数字经济的兴起，主要从竞争效率方面为产业组织带来深刻的影响。这是由于数字技术的产生会降低市场中的信息搜索成本，不仅为企业的快速崛起提供了条件，而且也实现了产业组织格局的快速演变。特别地，在信息网络产业中，数字技术更加有益于具有垄断优势的企业及产业组织的扩张。数字经济引起的产业组织变革已体现在全球反垄断和规制的政策措施中（张文魁，2022）。中国于2020年底的中央经济会议首次提出，要健全数字规则，坚决反对垄断和不正当的竞争行为。之后，中国又连续颁发一系列对于数字经济的规范性文件，逐步开始对数字经济进行规制。数字技术赋予了数字经济信息边际成本为零、信息产品非争夺性等内生特性，这往往会引起市场主体产生不当利用市场地位的策略性新式行为，因此数字经济产业组织政策应将重点放在防止新公害上，还应当慎重对待反垄断与创新之间的关系（张文魁，2022）。

三、产业技术政策

产业技术政策的概念可追溯至20世纪70年代OECD大会上日本发表的产业政策

报告。对于产业技术政策，有学者认为其同时融合了科技与产业两种政策（陈劲、阳镇，2021），主要是指政府部门采取的一系列推动产业技术进步的政策，具体的措施主要有政府采购、财税工具等。

改革开放以来，中国的科技创新水平一直是政府关注的重点，然而在较长时期内，中国科技创新的水平仍处于低端水平，并且也没有取得显著成就。主要原因可能在于，改革开放之后的较长时间内，中国经济持续处于卖方市场状态，物资供不应求（武力、温锐，2006），因此这一时期的政策重点在于提升供给体系效率，促进产出水平以满足居民消费需求。在这种形势中，企业并不过多看重自主创新能力，而是将重点放在引进国外现成的技术以迅速提高自身的生产水平，进而获取高额利润方面。进入20世纪90年代，中国逐渐由卖方市场过渡为买方市场，生产力水平得以提高，物资供应丰富，大多数工业品出现供过于求的现象，但技术落后、一般加工工业生产能力过剩等问题也逐渐凸显（国家发改委宏观经济研究院课题组，2006），外资企业的进入给国内企业带来极大的竞争压力，中国企业亟须提高自主创新能力以获取市场竞争力。在产业技术政策的引导下，中国的技术创新投入与产出水平得以迅速提升。

根据《中国统计年鉴》相关数据，2001年中国研发投入为1 042.5亿元，专利申请量为20.36万件，研发人员当时量为95.6万人年；2011年，三个指标分别为8 687.0亿元、163.33万件、288.3万人年，相比2001年分别增加了7.33倍、7.02倍、2.02倍；2021年，三个指标分别为27 956.3亿元、524.36万件、571.6万人年，相比2001年分别增加了25.82倍、24.75倍、4.98倍。从上述数据可以看出，中国在技术创新投入与产出层面的指标出现显著提升，在一定程度上摆脱了创新指标滞后的困境。尽管中国实现了创新指标的攀升，但并不意味着中国的自主创新能力也得到了同步提升，其在创新质量方面仍存在较大的问题；例如，黎文靖、郑曼妮（2016）的研究发现，受到产业政策激励的企业存在策略性创新行为，即追求"数量"而忽略"质量"。

中国已经构建较为完备的产业技术政策体系，初步解决创新能力低下、产业现代化程度不高、产业链之间缺乏协同等问题，但在新发展格局下，中国产业的技术创新仍存在两大突出问题。一是在逆全球化背景下，科技创新面临的"卡脖子"问题（梁正、李代天，2018）。产业发展的核心技术对外依存度整体偏高，在新材料、信息通信等部分关键产业的创新能力仍受制于人，与发达国家存在较大差距，整体创新水平出现大而不强的"虚胖"现象。二是高端装备制造能力严重不足。内生式自主创新能力不足，在很大程度上造成中国在核心零部件、核心材料及工艺等产业的生产能力缺失，严重制约产业高质量发展目标的实现（陈劲等，2020）。

"十四五"时期是中国经济迈向高质量发展的加速落实阶段（任保平，2021），在此时期，中国的科技创新也将取得新的进展，主要特征是在关键技术领域获取话语权。那么，中国的产业技术创新政策也应随之调整。在"双循环"新发展格局下，中国的产业技术政策可从以下几个方面进行转型：一是应逐步弱化其强选择性，提升其功能性，但不是完全摒弃掉选择性政策，而是构建两者结合的双元动态平衡政策体系；二是在面对"卡脖子"技术问题时，应从优化产业共性技术供给层面开展政策设计，重点区分共性技术研发中应用型与基础型政策的思路；三是在实施政策的过程中，应以竞争政策为首位，重塑公平竞争的技术创新体制机制，推动产业的高质量发展。

四、产业布局政策

产业布局政策主要是指政府颁布实施的一系列用于引导产业空间布局的公共政策。中国的产业布局政策不仅包括诸如西部大开发、中部崛起等大的空间布局管控，而且还包括微观上的空间管控，例如，禁止在海洋特别保护区的预留区实施改变区内自然生态条件的生产活动和任何形式的工程建设活动。产业布局形成的原因可能是产业自身的技术经济要求不同、各区域的资源禀赋差异及发展阶段不同。就其本质而言，促进产业布局合理化即推动区域分工格局合理化（陈映，2014）。中国实施产业布局政策的主要目标是提升空间资源的配置效率，促进产业合理化布局，通常包括公平与效率两个目标。公平目标在于减小地区之间居民收入和经济发展存在的差距，效率目标则站位于整体国民经济，着力追求经济的发展速度与效益。

从产业布局政策的措施来讲，主要有直接干预和间接引导两类。其中，直接干预，是指政府部门直接对产业布局采取的干预政策，如国家制定的产业布局规划、对兴建企业的某些限制性条款等；间接引导则是指政府不强制干预企业布局，而是通过实施财税、人才等优惠政策来侧面引导企业布局。

中国在计划经济体制下初步建立工业体系，彼时国家战略的基本主张是政府部门直接干预资源配置（林毅夫，2019）。改革开放后，中国经济开始飞速增长，逐步建设起完备的现代工业体系，生产效率显著提升，产业竞争力明显增强，中国成为全球唯一拥有联合国产业分类中全部工业门类的国家（黄群慧等，2019），但在产业布局与区域经济协调发展上仍有诸多"堵点""断点"问题：其一，中西部地区资源密集型产业的占比较高，产业高质量发展面临严峻的资源环境约束；其二，区域创新驱动能力不足，高技术制造业增加值占比偏低，区域经济陷入传统动力消退而新动力体量偏小的局面，对经济高质量发展产生掣肘；其三，在财政分权的背景下，地方政府会产生"经济赶超"冲动，容易采取模仿经济发展战略，进而导致区域间资源配置效率低下，产业布局违背比较优势原则，产业同构现象严重（吴意云、朱希伟，2015；马草原等，2021）；其四，区域失衡现状严重，东西差距尚存，南北分化特征愈加突出，生产资源要素流向发达地区，大城市病与中小城市萎缩并存，资源空间错配现象加剧（李兰冰、刘秉镰，2020）。产业布局是区域经济发展的基础，在新发展格局下，优化产业布局、促进要素资源的畅通流动，是推进区域经济高质量发展的必由之路。

"十四五"期间，中国产业布局政策的设计与实施应该从产业布局的实际问题出发，充分利用国内国际两个市场两种资源，协同推进产业融合与科技创新，打破地方保护与市场分割，促进区域间要素的自主流动，综合考虑各地区资源禀赋与区位条件，因地施策、因业施策，积极协调产业有序转移承接，引导合理化产业分工的形成，着力搭建兼具差异化与协同化的产业发展格局，持续推进区域产业高质量协调发展。

第二节　中国产业政策的主要政策工具

一、产业指导目录

产业指导目录是中国产业政策较为重要的一种政策工具。21世纪初，为促进经济增长，中国制定了一批强有力的产业发展政策措施，主要包括《当前国家重点鼓励发展的产业、产品和技术目录（2000年修订）》《当前优先发展的高技术产业化重点领域指南》等。为了规范外商投资行为，中国政府于1995年颁布《外商投资产业指导目录》，并于 1997—2019 年进行了八次修订，已有学者对该指导目录的经济效果进行了验证（李雨浓等，2020；曾帅等，2022）。2005 年，政府部门颁布《产业结构调整指导目录》，并于 2011 年、2013 年、2016 年、2019 年分别对其进行修订，该指导目录明确指出支持、限制及逐步淘汰的各种行业。中国的产业指导目录已经超越"指导"的范畴，它涉及多个方面，包含项目的申请、审批，以及财税政策和土地利用的优惠措施等，并且对于限制性和淘汰性的目录，它都要求必须严格执行，具有一定的强制性。因此，产业指导目录在中国的产业政策体系中是政府干预市场的直接体现（江飞涛、李晓萍，2018）。

二、负面清单

市场准入负面清单制度旨在通过清单形式，将中国境内禁止或限制的一系列行业或业务明确列示，并由各级政府依据法律规定制定的一系列有效的管理措施。从清单类别上说，市场准入负面清单主要包括禁止和限制两种类别，主要是用来规范市场参与者自愿进入市场的诸多投资经营行为。中国的市场准入负面清单制度可追溯至党的十八届三中全会，该会上首次提出制定负面清单，标志着"负面清单"管理模式开始进入国内市场。2016 年，国家发展改革委联合商务部发布《市场准入负面清单草案（试点版）》，并在上海、天津、福建、广东四地率先进行试点。2017 年，负面清单的试点范围进一步扩展至辽宁等 11 个地区。2018 年，《市场准入负面清单》正式发布，在全国范围内正式推行负面清单政策，这意味着已在中国实施三十余年的审批制投资管理体制从此退出历史舞台（耿明阳等，2022）。负面清单政策的实施可在一定程度上打破服务贸易壁垒（Beverelli et al.，2017），以及推动制造业服务化向更高水平发展，对于促进国内国际要素自主有序流动的意义可谓深远（杨志远等，2022）。除了《市场准入负面清单》之外，《外商投资准入特别管理措施（负面清单）》的发布也标志着中国对外资的管理制度也逐渐转向以制定负面清单为主（曾帅等，2022）。市场准入负面清单制度是政府管理思维的重大转变，也体现了国家治理体系的进步，它厘清了政府干预市场的边界，为充分发挥市场配置资源的决定性作用提供了重要支撑。

三、土地政策

土地政策是政府为达成政策目标所实施的一系列调控土地资源的政策措施。土地资源是产业发展不可或缺的载体，其在市场中的配置效率对产业结构与区域经济发展有着重要影响（杨刚强等，2012）。自中国 20 世纪 90 年代开始正式实施土地管理政策法规之后，一级土地市场的供应管理由地方政府掌控（李书娟等，2023）。之后学术界开始大量研究地方政府的土地资源配置行为，并且主要形成三种假说："土地财政"假说（张莉等，2013）、"土地引资"假说（范子英，2015）和"土地融资"假说（郑思齐等，2014），这些研究为土地政策的实施提供了诸多理论依据。《中华人民共和国土地管理法》的实施为相关部门使用土地政策来调整产业发展奠定了制度基础，因此土地政策在中国的产业政策工具中占据重要地位。由于土地资源具有总量有限性、区位差异性、稀缺性等特质，因此土地资源的错配现象频发，政府部门需要通过土地政策提升土地资源的配置效率。一般来说，对于产业政策中明确列示予以鼓励发展的产业项目，地方政府会给予其土地资源供应和价格上的优惠。

中国为鼓励新产业的发展，陆续出台并实施了一系列土地政策。2015 年国务院多部门联合发布《关于支持新产业新业态发展促进大众创业万众创新用地政策的意见》。之后，《产业用地政策实施工作指引》等土地政策也相继出台。其主要目的是通过多渠道优先保障新产业发展用地，推动实施差别化的土地利用政策，因地施策、因情施策，以促进新产业的集聚发展。部分地区为进一步推动产业高质量发展，开始尝试将新产业用地类别增添入工业用地中。根据国家的相关土地管理规定，各城市可结合自身发展目标，制定新型产业用地标准，优先保障其用地需求。

四、财政补贴

财政补贴是中国实施产业政策的重要手段（范子英、王倩，2019）。财政补贴属于政府转移支付范畴，主要是指地方政府根据自身发展的经济方针、目标、政策等，通过安排专项资金直接或间接向当地扶持的国有企业或民营企业提供的一种无偿的财富转移。其实质是引导资源在产业和企业之间进行重新配置，以促进扶持产业优先发展。财政补贴在中国被广泛应用，其主要目的在于调节经济，并且在一定程度上影响市场经济的运行，对于产业发展有着极为重要的作用。财政补贴将公共财富以补贴的形式转移到当地重点扶持的企业中，进而实现国民收入的再分配。当然，财政补贴不能随意且无限度地进行拨付。实际上，在企业与政府财产边界清晰的前提下，政府认为在需要干预企业的生产经营活动时，才会产生财政补贴行为。不论在何种经济体制下，财政补贴行为均可能产生，其在市场经济完善的发达经济体被广泛应用，而对于市场经济尚不完善的经济体来说，它则反映出政企之间的微妙关系（彭熠、胡剑锋，2009）。

财政补贴是一种事前激励，主要有以下表现：一是政府部门会对补贴用途予以指定；二是财政补贴直接增加企业的收入利润，充实其可支配的现金流（柳光强，2016）。中国财政补贴的类型众多，就再生产环节而言，其主要包括消费、生产、流通等；就经济标准而言，其主要包括财政贴息、价格补贴等。根据补贴的透明程度，财政补贴可划分为"明补"与"暗补"两种类型。此外，由于财政补贴的实施主体不同，还可将其划分为地方财政补贴与中央财政补贴两种类型。对于财政补贴的效果，学术界一直未有定论。有学者认为中国的财政补贴会引致企业寻租与投机行为（王红建等，2014），引发道德风险（耿强等，2011），并且还会抑制企业生产效率的提升（邵敏、包群，2012）；还有一部分学者认为，财政补贴在促进科技创新、融资等方面具有显著的激励效应（解维敏等，2009；陆国庆等，2014）。范子英、王倩（2019）则认为地方政府"列收列支"问题的存在会导致财政补贴的规模虚高，掩盖财政补贴的真实绩效，进而导致相关部门误判经济形势，干扰决策层的政策制定。基于此，中国需要构建更加科学透明的财政预算制度，全面落实预算绩效管理，提升财政补贴的经济效益。

五、税收优惠

税收优惠主要是指政府给予某类特定纳税人一定程度的优惠性税收待遇，降低其税负，以达到扶持其经营活动的目的。从本质上说，税收优惠政策属于政府干预市场的直接表现，是政府为推动特定产业发展的政策工具。从目前来说，中国的税收优惠政策主要有免税、退税、减税等 14 种形式，根据其具体实施的方式，可将其分为直接优惠和间接优惠两类。以战略性新兴产业为例，在产业发展初期，新技术的研发往往面临高风险和高成本，而政府部门的税收优惠政策则可以削弱这种风险，缓解其融资压力，提升企业盈利能力进而推动产业的长远发展（储德银等，2016；Luo et al.，2021）。

与财政补贴不同，税收优惠的激励方式属于事后支持。通常来说，税收优惠政策的实施能够有效减轻目标企业的税收压力，并且企业对自身的节税收入拥较强的自主权（柳光强，2016）。税收优惠政策适用性更广，通常对企业的规模、所在行业、地理位置没有显性或隐形的约束，即使是个体商户也可以享受到税收优惠（储德银等，2016）。从政府的角度来看，财政补贴与税收优惠都属于财政支出，立足于企业视角，两者之间呈现出明显的差异：其一，收入来源不同，前者是政府部门的专项拨付，后者是企业的预期收入，是"自己的钱"；第二，企业申请财政补贴的流程烦琐复杂，并且政府部门会限制资金用途，而税收优惠是企业依据相关政策获得的，申请过程简洁，并且企业可以根据自身发展需求自主地使用节税收入（周燕、潘瑶，2019）。从反应速度上看，财政补贴的针对性较强，因此会产生更加迅速、更为直接的激励效果，短期效果较好。相比之下，税收优惠属于间接补贴范畴，初期激励效果不够明显，但根据税收法定原则，政府部门实施的税收优惠政策，通常更为规范稳定，可给予企业清晰稳定的政策预期，故而会有更好的长期激励效果。

六、政府采购

政府采购制度可追溯至 18 世纪 90 年代英国政府公共采购部门的成立，距今已有两百余年的历史，在欧美国家已经形成相对成熟的管理体系。中国引进政府采购制度较晚，于 1995 年在上海、深圳等地区率先试点，1999 年《政府采购管理暂行办法》等文件的发布，意味着政府采购制度框架初步形成。2003 年《中华人民共和国政府采购法》的出台，标志着中国正式在法律层面系统地确立政府采购管理机制。《中华人民共和国政府采购法》已对政府采购的内涵进行明确界定：政府采购是指各级国家机关、事业单位和团体组织，使用财政性资金采购依法制定的集中采购目录以内的或者采购限额标准以上的货物、工程和服务的行为。中国政府采购制度经历二十余年的发展，已逐步搭建起"统一监管、管采分离、职能分设、集中采购与分散采购相结合"的管理模式。

政府采购被称为"阳光制度",是政府部门依托市场机制来达到微观治理目标的重要措施(窦超等,2020)。进入 21 世纪,中国开始逐渐将政府采购应用到产业政策实施过程中(江飞涛,2021)。与财政补贴、税收优惠等政策工具相比,政府采购有机结合了市场竞争机制与宏观经济调节功能,具备更好的功能优势,对产业结构转型和经济高质量发展具有不容忽视的影响。从宏观层面来说,战略性政府采购能够向市场释放高额采购利益信号,引导企业投资于政府期望发展的产业,以达到产业结构调整的目的;从微观层面来说,政府采购可以通过设置需求条件来规范产品和制作标准,促使投标企业提升自身的技术创新水平,以推动相关产业的转型升级(武威、刘国平,2021)。

根据中国政府采购网相关数据,2010 年中国政府采购金额为 8 400 亿元,占 GDP 的比例为 2.1%;2020 年该项金额则上升至 36 399 亿元,占 GDP 的比例为 3.17%,相比于 2010 年,2020 年政府采购规模增加了约 3.3 倍。尽管中国政府采购规模增长迅速,但相较于发达国家 10% 以上的 GDP 占比,仍有较大的发展空间。随着中国政府采购范围与规模的不断扩张,其所承担的政策功能也愈加广泛,包括促进企业创新、推进脱贫攻坚、支持中小企业发展、引领节能环保、助力"双碳"目标等(武威等,2022;陈诗一、祁毓,2022;孙薇、叶初升,2023)。中国政府采购的发展也并非一帆风顺的;自 2007 年起,中国开始申请加入 WTO《政府采购协定》,正式启动谈判工作,之后开启的多轮多边谈判也敦促中国多次调整相关法规。2018 年,《深化政府采购制度改革方案》审议通过,提出要深化政府采购制度改革。因此,优化政府采购规则、完善其政策职能发挥机制是新发展格局下的迫切需求(王伊攀、朱晓满,2022)。

七、政府出资的产业投资基金

政府出资的产业投资基金(以下简称"政府产业基金")是中国重要的产业政策工具之一(李宇辰,2021),其主要目的是通过政府主导的政策性基金,提高财政资金利用率,引导社会资本进入政府鼓励发展的重点产业。政府产业基金以财政资金"拨改投"模式，撬动社会资本，优化财政资源配置，体现市场机制与政府作用的有效结合。与财政补贴等政策直接、无偿资助企业的方式不同，政府产业基金对企业是间接资助，主要方式为股权投资。其一方面能充分激发财政基金的引导效应与杠杆效应；另一方面能推动企业、政府、资金在市场机制下的合作，增强政策实施的灵活性（胡凯、刘昕瑞，2022）。

2016年，国家发展改革委发布的《政府出资产业投资基金管理暂行办法》对政府产业基金的概念进行了明确界定，政府产业基金是指由政府出资、主要投资于非公开交易企业股权的股权投资基金和创业投资基金。中国早期的政府产业基金主要集中于创业项目，以创业投资引导基金为主。国内政府产业基金的主要运营模式可以分为以下几种：一是国家主导设立的战略性新兴产业投资基金；二是地方政府发起设立的产业投资基金；三是地方政府与金融机构共同设立的产业投资基金（刘光明，2019）。对于政府产业基金的影响，已有多数国内外学者进行了研究，Cumming（2014）认为，中国的经济发展迅速且人口规模庞大，未来学者们应该重点关注中国政府产业基金对实体经济的影响作用。在政府的持续推进之下，中国政府产业基金数量激增，已经形成较大规模。根据投中数据，2021年中国累计设立政府引导基金1 437只，实际募资金额达到24 666亿元，相比2020年度实现大幅增加，已成为从供给侧推动中国技术创新、产业升级的新力量。

第三节　中国产业政策的制定过程与组织机制

一、中国产业政策产生的制度背景

正确理解央地关系为探究中国产业政策的组织机制、实施过程提供了独特的视角（陈钊，2022）。基于央地关系视角，学者们发现产业政策的制定与实施权限不只中央政府独有，地方政府也拥有该种权限，进而造成产业政策内容多层级的特征（江静、张冰瑶，2022）。主要体现为：第一层级为全国党代会报告、五年规划纲要等，第二层级为国务院及各部委发布的各类产业政策及相关措施，第三层级为地方政府及部分发布的各项具有区域性特征的产业政策。一般来说，中国产业政策主要包括报告、规划、行动方案、意见、办法等形式。

　　探究中国产业政策的制定过程与组织机制，首先需要明确中国的经济体制和政治体制，对产业政策发生的基本制度环境进行全面了解。1978年，中国逐渐拉开以经济分权为核心的经济改革，中央政府通过下放经济自主权和大量的财政资源，以调动地方政府发展经济的积极性，同时强化了对地方官员的考察与监督（周黎安，2007）。经济事务上的权力下放给予地方政府较大的自主权，对中国经济快速发展起着重要的促进作用。与经济领域的分权不同，中国在政治领域保持了集权的管理模式，形成了以"政治集权、经济分权"为主要特征的制度背景。

　　从制度背景来看，地方政府与中央政府的产业发展目标存在一定的差异。中央政府更关注全局发展与长远利益，产业政策的主要目标在于推动本国产业结构的优化升级，提升国际竞争力；而地方政府则更追求当地发展，发展产业政策主要在于促进本地经济发展，提升区域产业竞争力。当地方政府的发展目标契合中央政府的政策目标时，产业政策将成为有利的实施工具；但当两者目标存在分歧时，地方政府则可能会出现机会主义行为，在具体实施产业政策的过程中背离其政策制定的初衷，进而产生产能过剩与资源错配现象（孙早、席建成，2015）。因此，不同层级政府之间集权与分权的协调和平衡将会影响产业政策的有效性（席建成、韩雍，2019）。

　　产业政策的实施效果不仅受央地关系的制约，也会在一定程度上受地方政府与企业之间关系的影响。关注中国产业政策的有效性还需要厘清地方政府与企业之间的关系。对于地方政府来说，企业是其获取税收、促进地方经济发展的微观主体；而对于企业来说，地方政府可通过财税政策、组织等方式对企业生产进行干预。也就是说，地方政府在实施产业政策的过程中需要企业的配合，企业发展也离不开地方政府的支持。政企之间这种互相依赖的关系为中国经济的飞速发展奠定了微观基础（孙早、席建成，2015）。但是，一旦中央政府的政策目标与地方政府的发展目标存在差异，地方政府与企业之间的这种关系将会为寻租行为提供空间。例如，当中央政府以GDP增长作为衡量地方官员政绩的主要指标时，任期内的地方官员受晋升激励和地方经济发展的影响，可能会更追求短期经济发展，引导企业选择不利于长期发展的战略，进而引发"政企合谋"的现象（聂辉华、张雨潇，2015）。因此，央地关系、政企关系的交织，使中国产业政策的实施过程更趋复杂（Chu，2017）。

二、中国产业政策的制定程序

中国产业政策的制定程序主要分为四个阶段：政策启动、政策起草、政策评议与修订、审议与批准（江飞涛，2021），目前这一程序已逐渐趋于制度化（Chen and Naughton，2016）。

首先，政策启动阶段。产业政策的启动通常发生在行政系统的内部。部委司局根据国内产业发展现存问题，初步确认产业政策议题，并根据国务院重点工作判断其优先级；同时为进一步得到部委领导以及国务院的重视，司局通常会将相关基础研究工作委托给相关研究机构，以提升政策议题的关注度。在取得较为成熟的研究成果后，形成成果要报，提交分管部领导，得到其认可后，请示部长是否开启政策制定事宜或上报至国务院，得到部长批准后，则可正式启动政策制定工作或上报至国务院。对于提交至国务院的请示，在得到国务院领导批准后，部委则会对产业政策的制定工作进行部署。

其次，政策起草阶段。对于国务院启动的产业政策制定程序，则会指定该政策涉及的部委来负责起草的主要工作，得以受命的部委通常会指定其下属司局负责相关工作，组建以司局负责人为主的政策起草工作小组。对于由部委启动的产业政策制定程序，则会直接制定司局来负责政策起草，组建以处室为主的政策起草工作小组。工作小组完成相关政策文件征求意见稿主要存在两种形式：一是抽调下属决策机构的研究人员协助完成；二是通过课题的方式委托决策咨询机构，或者委托部委直接管辖的决策咨询机构先完成政策文件的草案，然后在此基础上修改完成。在启动政策制定程序后，相关部门通常会组织调研、研讨会等工作来支撑相关产业政策文件的起草。对于个别重大产业的政策起草，则会成立高级别领导小组来专门负责，以便更好地协调部署跨部门成员和资源，以及组织高层次会议研讨、调研工作，从而为重要产业政策文件的起草奠定坚实的研究基础。

再次，政策评议与修订阶段。在牵头部门完成征求意见稿后，通常会通过两种渠道来对其进行评议和修订：一是会面向产业政策涉及的相关部门征求意见，如果制定的政策牵涉多个部门，政策制定的牵头部门则会以发函或是研讨会的方式来征询意见。

一旦有部门对其权责范围的政策内容提出意见，政策制定部门则根据相关意见对征求意见稿进行修订，以确保正式会签的顺利进行。二是会向专家、行业协会、企业代表等征求意见。政策制定部门通常采取闭门会议的形式，通过遴选被征询意见者，在确保保密性的会议中，向其发放政策文件的征求意见稿，要求其一定时间内看完并提出意见。此外，政策制定部门还会向社会公开征询意见。这两种形式的意见不会公开备查，政策制定部门通常无须回应，会根据一定标准选择性地采纳，继而调整并修订政策文件草案。通过多轮多次的修订，政策制定部门会将基本成熟的政策草案提交上级部门审批。当政策草案涉及多部门时，在提交审批前，必须取得各个部门的会签同意。

最后，审议与批准阶段。对于不同的产业政策，政策草案提交的部门与流程均有差异。其一，对于以国务院名义发布的产业政策，需提交国务院常务会议审议与批准，先经分管副总理审核最终上报总理确定方可。对于牵涉多部门的产业政策，牵头部门需尽可能取得一致意见后上报国务院。国务院常务会议在对政策草案的审批决定通常存在三种类型：否决、原则性通过或通过。对于审议通过的政策草案，可由国务院正式发布。对于原则性通过的政策草案，说明其还存在细节问题尚待修改，起草部门则依据相关意见进一步完善，完善后上报分管副总理，待其确定后，再由国务院发布。其二，对于由部委发布的产业政策，则应提交部长办公会审议与批准。通常的流程为先将政策草案提交司局分管副部长审核同意后，再将其提交至部长办公会。审议结果通常也存在否决、原则性通过或通过三种类型。对于审议通过的产业政策，可直接由部委签发。对于原则性通过的草案，则需依照部长办公会提出的修改意见进行完善，在完善后提交分管副部长，待其审核同意后，再由部委签发。

三、中国产业政策的运行机制

产业政策作为具有政府主导性的干预性政策，对于特定产业的发展存在重要的支撑作用。不同于其他东亚国家"主管机构—产业"连带的两层级运行模式，中国产业政策由于自身特殊的制度背景，存在"多层级"的特征（瞿宛文，2018）。

产业政策的实施效果通常会因参与主体的不同而出现差异，这会导致同时发生正向激励与负向激励的现象。其中，产业政策的正向激励是指通过政策引导来优化产业结构、增强核心竞争力，促进企业间的良性竞争并推动产业高质量发展。而产业政策的负向激励则主要是指产业政策对特定产业的扶持存在资源配置倾斜的现象，可能引发区域间和企业间的不正当竞争，导致扶持产业产生依赖而缺乏自生能力。而产业政策工具也通常存在约束与激励的分别，如财政补贴、税收优惠等属于激励型政策，以正向激励为主，目的是为扶持产业提供发展支撑。而强制性淘汰、产品安全标准等则属于约束型政策，通过规范、禁止企业的特定行为，推动企业优胜劣汰，以提升产业内的资源配置效率。因此，要想充分发挥产业政策的激励或约束效应，需要厘清产业政策的运行机制，明晰其存在的委托代理问题，优化激励约束机制，尽可能避免"逆向选择"和"道德风险"的产生（白雪洁、孟辉，2018）。

根据中国的行政管理体制，政府体系具有"属地管理"和"行政发包"的重要特征（周黎安，2008），这意味着中央政府在授予地方政府相关职能时，主要采取的是委托—代理的方式（郁建兴、高翔，2012）。在这种特殊的制度背景下，中国产业政策的制定与实施过程存在双重委托代理关系。中央政府作为顶层设计者，主要负责产业政策制定，需要多方部署财政、技术、人才等政策的制定与实施，搭建相关政策体系。那么，在完成产业政策制定后，中央政府委托地方政府贯彻落实相关产业政策，希望其实施政策的初衷与制定政策的初衷相一致，因而形成第一层委托代理关系。然而，在地方政府进一步落实产业政策的过程中，受到官员晋升激励、区域发展等约束，其可能会把产业政策作为区域间竞争的手段，导致地方保护主义的产生，引发区域间的横向竞争。而对于地方企业来说，其直接受地方政府管辖，地方政府就是产业政策的制定者，企业则是产业政策的具体落实者，因而形成第二层委托代理关系。在这一过程中，相比于政府，企业更能掌握市场真实信息，因此也存在道德风险行为的可能；而当地方政府与企业作为利益共同体面对中央政府时，地方政府具有比中央政府更了解企业实际情况的信息优势，因此可能产生一系列"政企合谋"行为（聂辉华，2020）。可以发现，在产业政策的双重委托代理关系中，地方政府的行为尤为重要，因为它存在代理人与委托人的双重身份。代理人身份可能会使其背离中央政府制定产业政策的初衷，委托人身份则可能使其被企业所蒙蔽或俘获，从而加剧区域间的横向竞争，增加产能过剩、低水平重复性建设的风险（江飞涛等，2012；汪涛等，2021）。

四、中国产业政策的利益协调

为贯彻落实产业政策的制定目标，政府在实施产业政策的过程中，通常会在法律、经济等领域运用不同的政策工具，而这一定会影响社会资源的配置格局与效率，使社会资源流向政府鼓励发展的产业领域，政府主导资源的重新配置则会产生经济上的受损者和受益者，继而导致政府之间、市场主体之间出现难以协调的利益博弈。如果任凭这种格局发展，则会在一定程度上损害产业政策的有效性，进而倒逼政府调整其政策行为，导致政策制定的初衷有所偏离。因此，厘清产业政策中多方利益协调关系尤为重要。

（一）中央—地方政府利益协调

产业政策具备明显的外部性特质，其外部性影响与实施力度和扶持目标有关。（宋芸芸、吴昊旻，2022），在中国独特的央地分权治理体系下，中央与地方政府发展目标可能存在偏差，从某种程度上说，产业政策的制定与实施即各方利益博弈的结果（杨瑞龙、侯方宇，2019）。中国实行中央集权的行政管理体制，中央政府垂直领导地方政府，这意味着在政府引导产业发展的过程中，多数以中央政府主导的产业政策为主，地方政府作为政策落实主体，在以属地管理为特征的"行政发包"下，对于本地产业的发展具有"自由裁量权"（周黎安，2014），其会根据自身资源禀赋与发展战略制定出相应的产业规划。

从央地关系视角出发，不难看出产业政策的实施背后是中央政府与多个甚至全部地方政府的利益博弈（阳镇等，2021）。中央政府为推动产业政策的有效实施，需要随时了解政策落实的成效，因此会对多个代理方进行考核。为了使考核方便量化，其通常使用产业规模、企业数量等定量指标来进行排名。而这种竞赛考核方式会引致地方政府竞相引资扩建行为，进而加剧区域之间的竞争状况。此外，由于不同地区的资源禀赋、官员执政能力存在差异，如果自主创新等部分产业政策实施效果在短期内难以量化考核，那么就难以激发产业政策的正向激励效果。中央政府与地方政府之间存在信息不对称的情况，容易引发道德风险，作为代理方的地方政府可能偏离中央政府的政策意图，产业政策沦为地方政府谋求私利的工具，丧失其激励约束机制。

（二）政府与企业之间的利益协调

对于产业政策的利用，政府与企业的出发点不同。政府制定产业政策主要是为了推动相关产业发展、提升产业的整体竞争力。而企业响应产业政策主要处于利益导向，在落实产业政策的过程中，企业作为信息优势方，为了获取倾斜资源，往往会产生对政府的逆向选择和道德风险问题。

一方面，企业在自身发展过程中，为了在产业中获取更大的竞争优势，通常对技术、资金等资源要素存在较高的需求，而产业政策的实施正是对资源要素的重新配置。与政府相比，企业具有更强的信息优势，可通过身份认证获取产业政策的倾斜性资源，之后可能滋生道德风险行为，从而背离政策的制定目标。而政府作为政策制定者，囿于其自身能力，难以全程监管企业的行为。若放任企业的道德风险行为，则会造成其过度依赖政策倾斜带来的资源优势，降低其自身能力，进而损害整体产业竞争力。另一方面，多数产业政策具有特定的产业指向，本身具有"歧视性"特征（贺俊，2022）。相比于民营企业，国有企业具备天然的身份或规模优势，而政府往往缺乏了解企业的产品、技术等实际信息，容易依据企业身份、规模甚至亲疏关系来甄选政策资源的倾斜对象，使得新兴但规模较小的产业或企业无法获取更多的资源，甚至出现"劣币驱逐良币"的现象。而经历逆向选择后的产业政策扶持企业更易出现道德风险行为，进而导致产业政策出现偏差或执行低效。此外，企业在产业政策实施过程中容易出现的道德风险还体现在"骗补""寻租"等行为上。

（三）产业政策中的市场机制与政府干预

充分激发产业政策实施效果的关键在于有效引导生产资源流向其鼓励发展的产业领域（金宇超等，2018）。在中国经济转型时期，为了弥补市场失灵，促进经济快速发展，政府部门采取一系列调控行为，出台产业政策以扶持产业发展；可以说，密集使用产业政策为中国经济的持续高速增长贡献了重要力量，但也带来了诸如企业投资低效（黄海杰等，2016）、产能过剩（余东华、吕逸楠，2015）等问题。然而，政府调控并不意味着能够无视市场规律，市场机制配合下的产业政策实施才更有成效（江飞涛、李晓萍，2010）。一方面，市场机制配置资源的效率与政府规范的市场基础制度息息相关；另一方面，政府对市场的过度干预会不可避免地挤占市场主体的行为空间，也会在一定程度上影响市场机制的有效发挥。目前中国经济进入高质量发展阶段，需要构建有为政府与有效市场相结合的特色社会主义市场经济体制（陈云贤，2019），强化竞争政策实施与产业政策转型，调整产业政策的理念与方式，以适应市场经济发展为导向，重构政府与市场之间的关系（叶光亮等，2022）。

第四节　中国产业政策制定过程中的总体特征

通常来说，中央政府制定的产业政策应该着眼于整个社会的产业、经济发展，具有全局观与指导性；而地方政府在对统一的产业政策进行落实时，会根据自身实际发展的需求制定相关政策措施，其具有区域性与特殊性（江静、张冰瑶，2022）。面对有限的经济资源和地方政府考核要求，各地方政府的横向竞争也会加剧，进而滋生地方保护主义，降低产业政策的整合功能。因此，基于中国特殊的政治制度，产业政策制定与实施过程具有两大特征：央地非一致性和区域竞争性。

一、产业政策的央地非一致性

从理论上说，中央政府应该与地方政府形成合力，共同落实产业政策，但由于两者站位与立场不同，因此在这一过程中，往往在内容关注层面、实施时间层面、落实力度层面存在非一致性。中央政府主要追求社会利益最大化，在地方政府落实产业政策时期望其不背离政府目标；而地方政府处于本地利益最大化的立场，其产业政策落实过程往往以区域发展为主，继而导致央地非一致性的产生。

（一）产业政策的内容关注层面

中央政府在制定产业政策时会统观全局，从整个社会的产业发展问题、需求进行规划，往往具备前瞻性，考虑影响产业发展的多方因素，如经济、安全、人才等，在扶持相关产业快速发展的同时，还需要兼顾产业的可持续发展。而地方政府往往着眼于自身发展需求，希望能快速发展本地区的优势产业，提升经济发展水平。因此，地方政府在具体落实产业政策时会与中央政府存在一定的分歧。

例如，对于人工智能产业的发展，中央政府在制定相关产业规划时除了重视产业发展带来的经济收益外，对其发展过程中可能面临的安全性问题也予以了关注。例如，

2017 年《新一代人工智能发展规划》对人工智能产业发展过程中可能面临的安全风险挑战、法律伦理问题均予以重视，而各省份在人工智能产业发展规划的具体落实中，对于其安全性的政策设计都存在不同程度的缺陷，并且极少重视可能存在的伦理性问题。再如，对于光伏产业，国家陆续出台《多晶硅行业准入条件》《光伏制造行业规范条件》等一列文件来规范光伏产业标准，以推动其可持续发展，而一些地方政府在具体实施的过程中，未能完全遵守国家层面关于能耗、环保等规制政策的相关规定，而是更追求光伏产业的快速增长，长此以往，会损害该产业的有序发展。

（二）产业政策的实施时间层面

一般来说，产业政策的实施路径为"自上而下"，即先有中央政府制定并发布相关产业政策，继而有地方政府依照该产业政策出台具体的落实措施。对于某些特殊的产业政策，也会出现"自下而上"的路径，主要是因为地方政府对于自身产业的发展潜力与实际情况更为了解，会先于中央政府发布相关措施来推动本地区优势产业的发展。例如，贵州省先于国家出台相关政策来支持大数据产业的发展；该省于 2015 年成立国内首个大数据交易所，于 2016 年率先发布《贵州省大数据发展应用促进条例》。而在国家层面，2016 年的"十三五"规划中才正式确立大数据发展的国家战略地位。再如，对于氢能产业的发展，国内一些地方政府已出台大量关于氢能产业或氢燃料电池车的发展规划，但在国家层面仅有少数"以奖代补"的规划文件，尚未出台具体的氢能专项计划。

（三）产业政策的落实力度层面

中央政府在制定相关产业政策时需要统筹全局，着眼于整个社会的产业发展，而不是对某个区域产业发展进行量身打造；而地方政府在具体落实的过程中则往往根据自身需求对产业政策进行适应性调整。通常情况下，地方政府为获取产业竞争优势，往往会实施比国家层面力度更大的优惠措施，以求更快促进产业的发展，这种情况容易造成产能过剩现象，因而又需中央政府对地方政府的扶持力度加以限制。例如，对于光伏产业，进入 21 世纪，中国政府开始重视绿色能源发展，陆续出台了一系列鼓励光伏产业发展的产业政策，地方政府对此经历了从一开始动力不足到后面积极响应的过程（王仁和、任柳青，2021），随着光伏产业的蓬勃发展，各级地方政府纷纷发布超常规的优惠政策，采取多种干预措施来盲目推进光伏企业的发展，对其进行"保姆式"扶持，进而造成光伏产业的产能过剩。

二、产业政策的区域竞争性

各地方政府受中央政府政绩考核的约束，对于产业政策的实施通常倾向于"轻合作、重竞争"的模式，在具体落实过程中不遗余力地争取发展相关产业所需的稀缺性资源，最终导致产业政策区域性横向竞争格局的形成。

首先，地方政府落实产业政策的目标和手段趋同。中央政府对于地方政府落实产业政策实施效果考核指标一般较为单一，如产业规模、企业数量等，因此地方政府在具体实施的过程中会尤为重视产业政策的实施效果而忽视过程。那么，对于中央政府出台的某一产业政策，地方政府在落实时可能存在目标和手段趋同的现象。由于实施产业政策是一项复杂的系统性工程，在实际操作过程中往往会出现操作失误，而面对中央政府的考核压力，地方政府可能会急于求成，忽视自身资源禀赋，盲目效仿已经成功实施的案例，这会导致落实政策的手段单一雷同，而这种模仿发展战略还会导致产业同构现象的出现，从而加大区域内的不良竞争（刘瑞明，2007；吴意云、朱希伟，2015）。例如，对于区块链产业，北京与浙江均有龙头企业，但在出台相关产业规划时，两地出现了目标重合现象，如《北京市区块链创新发展行动计划（2020—2022年）》和《浙江省区块链技术和产业发展"十四五"规划》均提出要打造区块链发展的创新高地、应用高地和人才高地。

其次，区域间的产业政策实施存在割据性。地方政府在政绩考核压力下，可能使得区域间的产业政策实施存在割据性。由于区域发展存在竞争压力，地方政府有可能缺乏动力推动区域间的经济合作，而且对于本地企业与外地企业，地方政府有可能会利用产业政策创造"政策洼地"从而变相获取产业竞争优势。在这种政府竞争格局下，地方政府在实施产业政策时不仅需要考虑经济收益，也要考虑外部产业竞争问题（马草原等，2021）。各个地方政府为扩大本地经济规模和税基，在落实产业政策的过程中，一方面，会采取地方保护主义措施设置边界措施来保护本地企业发展；另一方面，还会通过制定差异化产业扶持政策来干预产业布局，以提升产业竞争力。

最后，欠发达地区的产业政策制定缺乏比较优势。产业政策具备资源倾斜性特征，地方政府在制定产业政策时多数会跟着中央政府选择的重点产业来发展，而这种发展模式会引致部分地方政府不考虑本地的资源禀赋条件，将多数精力用于迎合中央政府以获取政策支持（吴意云、朱希伟，2015）。陈钊（2022）的研究发现，从"九五"到"十二五"时期，地方政府选择中央鼓励发展的重点产业作为自身重点产业的倾向越来越明显，而对于中西部地区来说，这种选择则可能会偏离自身比较优势。其背后的原因可能在于，如果地方企业能够获得中央的认定，不仅能得到专项资金支持，还能提升本地企业知名度，从而推动本地产业发展。此外，地方政府通过产业政策抢夺资源的现象，尽管可为本地企业发展争取更多的机会，但极易引发区域间的横向竞争。

第六章　中国产业政策实践的理论探索（上）

第一节　中国产业政策中关于市场与政府关系的理论探索

改革开放之初，日本成功实施产业政策的经验在中国引起广泛关注。随后，中国开始制定并实施产业政策，并以此推动计划经济体制向市场经济体制的转型。产业政策也成为相关改革的起点之一、贯穿整个改革过程。总体来看，中国的产业政策越来越注重发挥市场机制的作用，这成为理解中国式市场—政府关系的重要视角。

一、改革开放以来中国市场与政府关系的演进历程

（一）社会主义市场经济体制的探索阶段

社会主义市场经济体制的探索阶段是 1978—1992 年。1978 年十一届三中全会召开以后，党和国家将工作重心转移到经济建设上来，市场机制进入中国的社会经济中。在探索初期，关于改革的不同思想理论和政策建议不断涌现；在以邓小平为核心的第二代中央领导集体的领导下，中国坚持计划和市场都是经济手段，毫不动摇地坚持"一个中心，两个基本点"，优先采用实用性强的政策，由易到难，先试点再铺开，有序推动改革进行。在此过程中，大众对市场机制的认识不断深化，十一届六中全会提出"计划经济为主，市场调节为辅"的方针，而后十二届三中全会提出"有计划的商品经济"，再到十三届四中全会提出"计划经济与市场调节相结合"。但总体而言，虽然认识到了市场调节的重要性，但当时中国还没有完全摆脱意识形态的束缚，对市场经济仍持怀疑态度。

（二）社会主义市场经济体制的全面构建阶段

这一阶段主要是从 1992 年党的十四大召开到 2012 年党的十八大召开，此时人们

的思想更加开放，政策也更加开明，在不断的实践中对市场在资源配置中的作用有了新的认识。1992 年，党的十四大明确了使市场在国家宏观调控下对资源配置起基础性作用；2002 年，党的十六大进一步提出在更大程度上发挥市场在资源配置中的基础性作用；2012 年，党的十八大提出，要更大程度更广范围发挥市场在资源配置中的基础性作用。从上述历程可以看出，对政府与市场关系的认识在实践探索中正在不断地深化。

（三）社会主义市场经济体制的完善阶段

2013 年，十八届三中全会指出，经济体制改革是全面深化改革的重点，核心问题是处理好政府和市场的关系，使市场在资源配置中起决定性作用和更好发挥政府作用。2019 年，十九届四中全会明确了社会主义基本经济制度，强调要加快完善社会主义市场经济体制，充分发挥市场在资源配置中的决定性作用，更好发挥政府作用。2020 年 5 月，《关于新时代加快完善社会主义市场经济体制的意见》强调要更加尊重市场经济一般规律，最大限度减少政府对市场资源的直接配置和对微观经济活动的直接干预，充分发挥市场在资源配置中的决定性作用，更好发挥政府作用，有效弥补市场失灵。同年 10 月，十九届五中全会提出，坚持和完善社会主义基本经济制度，充分发挥市场在资源配置中的决定性作用，更好发挥政府作用，推动有效市场和有为政府更好结合。党的二十大继续强调，充分发挥市场在资源配置中的决定性作用，更好发挥政府作用。这一时期，中国对政府与市场的关系认识在实践中更加深入，也为社会主义市场经济体制的进一步完善提供了理论指导。

二、正确处理市场与政府关系

（一）创造条件让市场在资源配置中起决定性作用

市场经济国家长期的实践证明，由市场起决定性作用的资源配置方式更加灵活高效，激励作用也更为显著。市场经济本质上是市场决定资源配置的经济，资源配置又是由价值规律决定的。因此，发挥市场在资源配置中的决定性作用，必须不断深化经济体制改革，完善现代化市场体系。从企业角度来说，企业唯有不断提高自身的创新能力与竞争能力，按照现代企业制度的要求不断健全市场规则，才能为市场在资源配置中起决定性作用创造条件。同时，最大限度减少政府对市场资源的直接配置，最大限度减少政府对市场活动的直接干预，这样才能提高资源配置效率，激发市场活力。

（二）妥善发挥政府作用是处理好政府和市场关系的关键

资本主义国家在自由资本主义时期主张，政府不干预经济，资源配置完全由价值规律及市场机制决定，因此其每隔几年就会发生一次经济危机，尤其是 1929—1933 年资本主义爆发了空前大危机。由此可见，否定政府作用要付出沉重代价，市场机制的调节具有自发性和滞后性，市场对于资源配置的决定性作用并不是万能的。习近平总书记在十八届中央政治局第三十八次集体学习时的讲话中指出，发挥政府作用，不是简单下达行政命令，要在尊重市场规律的基础上，用改革激发市场活力，用政策引导市场预期，用规划明确投资方向，用法治规范市场行为。在中国特色社会主义市场经济体制建设过程中，政府的作用主要是依靠各种规划和政策实现的，如五年规划、产业政策、财政与货币政策等。当然，这些规划和政策的制定必须尊重市场经济的客观规律，即价值规律，以此提高政策的科学性。

（三）构建有效市场，更好服务市场主体

随着中国经济进入高质量发展阶段，其对市场体制建设也提出新要求。当前市场体制存在诸如市场体系基础制度不健全、市场监管体制落后、要素市场发展滞后等问题。2021 年 1 月，中共中央办公厅、国务院办公厅印发的《建设高标准市场体系行动方案》提出，"通过 5 年左右的努力，基本建成统一开放、竞争有序、制度完备、治理完善的高标准市场体系"，其中的"统一开放、竞争有序"侧重"有效市场"，旨在解决"要素市场发展滞后、市场竞争环境不够完善、市场内外开放广度和深度需要继续拓展"等问题。2022 年 4 月，《中共中央　国务院关于加快建设全国统一大市场的意见》发布，再次强调坚持有效市场，有为政府的工作原则，坚持市场化、法治化原则，充分发挥市场在资源配置中的决定性作用。

（四）建设有为政府，加强宏观治理和有效监管

建设有为政府，关键在于如何实现政府与市场的协同。当前学术界对于如何构建更高水平的有为政府存在争议，主要争论点在于政府对信息的搜集和处理能力较于市场的反应能力，以及政府在经济发展进程中究竟发挥多少作用。近年来，中国的成功

经验使一些西方学者认识到中国有为政府的优势，事实上，中国一直在探索政府与市场的关系并对其进行不断的调整，如将市场的范围是否应该再扩大、市场化改革是否应当更深入、政府体质是否要进一步改革等。党的十九届三中全会作出了深化党和国家机构改革的决定，其中对重要领域和关键环节的改革，直接关系到国家治理体系的完善和治理能力的提升。

三、有效市场和有为政府：重大理论创新

（一）超越市场失灵理论

市场失灵理论认为，通过市场配置资源不能实现资源的最优配置，因其造成的收入与财富分配不公、外部负效应、公共资源的过度使用、垄断、失业等现象，都需要政府予以干预。但事实上，即使政府进行干预，市场也无法达到资源配置的最优状态，市场失灵似乎一直存在。然而中国政府在改革开放过程中所发挥的作用，很难简单地用市场失灵理论进行分析。

西方市场经济国家和中国的多年实践已经检验了让市场在资源配置中发挥决定性作用是正确的，但是对于如何发挥好政府的作用仍需要继续探索。在中央第二十八次集体学习时习近平总书记指出，我们要坚持辩证法、两点论，继续在社会主义基本制度与市场经济的结合上下功夫，把两方面优势都发挥好。既要"有效的市场"，也要"有为的政府"，努力在实践中破解这道经济学上的世界性难题。在当前阶段，探索有效市场和有为政府的更好结合，已经成为中国经济发展理论的特色之一，我们应当不断完善并使之成为可操作、可推广的基础经验。

（二）在动态演进中调整政府与市场关系

从中国改革开放四十多年来社会主义市场经济体制发展的进程中可以看出，政府与市场的关系并不是一成不变的，政府和市场的定位也随之发生变化。从最开始计划和市场都是资源配置的手段，将市场经济引入社会主义建设的进程中，到后来认识到"使市场在社会主义国家宏观调控下对资源配置起基础性作用"，再到现阶段"充分发挥市场在资源配置中的决定性作用，更好发挥政府作用"的指导思想；在这种不断的动态演进中，中国对社会主义市场经济体制下政府与市场关系的认识达到新的高度。

政府由最开始的"全能政府"发展为现阶段的"有为政府"；市场对资源配置的作用也从最开始的"次要作用"发展为现阶段的"决定性作用"。政府与市场关系的动态演进，推进着社会主义经济建设的有序发展。

（三）探索发展社会主义市场经济的中国模式

一是政府创造市场、引导市场、强化市场。因为中国早期实行的是计划经济，即由政府主导市场，因此改革开放初期的中国市场经济发展具有其特殊性，首先需要解决的是如何创造市场的问题，政府在创造市场的过程中起主导作用。中国经济在几十年的发展下取得很好的成绩，其很大一部分原因在于政府在创造市场和发展市场中发挥着重要作用。在当前阶段，中国的要素市场发展仍然落后，这就需要政府在劳动力市场、土地市场、技术市场等要素市场让渡更大的空间，同时需要政府在更广泛的范围内发挥作用，从而帮助要素市场有序发展。

二是有为政府：有所为有所不为。"在特定的历史时期，基于特定的社会发展需要，政府以其不同的角色和职能定位，履行了在这样的角色和职能定位上的责任，实现了或者推动了社会的全面发展"，[①] 这样的政府就是"有为政府"。政府的功能主要体现在三个方面：一是弥补市场失灵，二是对政府机构与相关职能进行改革，三是推动产业结构和基础设施的升级。这就需要政府掌握好尺度，有所为有所不为，不无为、不乱为。2020年下半年，受新冠肺炎疫情的影响，中国陆续出台多项政策和措施帮助中小企业复工复产，促进经济实现复苏。这一举措再次吸引西方学者的目光，很多学者认为，在公共卫生、基础设施建设等有关民生保障的领域扩大政府的作用是有必要的。但由于西方国家在经济发展中一直弱化政府的作用，因此在短期内扩大其政府作用的可能性微乎其微。

第二节　中国产业政策对选择性与功能性产业政策的理论探索

随着改革开放的不断实践探索，中国的产业政策由计划管理与选择性产业政策混合的产业政策体系，转变为以选择性产业政策为主体、以功能性产业政策为辅助的产

[①] 桑玉成、夏蒙：《何为有为政府、政府何以有为？》，《广西师范大学学报（哲学社会科学版）》2022年第2期。

业政策体系。党的十八大以来，中国的产业政策开始重视功能性产业政策与创新政策的运用。当前，中国应转为实施以功能性政策为主体的产业政策体系，重在完善市场机制、维护公平竞争、促进创新、推动产业绿色与包容性发展。（江飞涛、李晓萍，2018）

一、改革开放背景下初步认识产业政策

随着改革开放的不断推进，计划经济体制已不再适应当时中国的发展步伐，同时期，"东亚奇迹"及东亚模式的成功吸引中国相关经济部门和经济学者的视线，在进行相关研究与争论后，政府主导市场经济发展的东亚模式逐渐得到国内各方的认可。

1978年党的十一届三中全会宣布将党和国家的工作重心转移到经济建设上来，实行改革开放。随后，中国开始逐步在经济社会发展中引入市场机制，推动投资主体与经济决策多元化。为适应新的形式，迫切需要提出一种新的经济管理体制替代传统高度集中的计划经济管理模式。20世纪80年代初，国内学术界和政府围绕经济体制改革的方向、如何发展"社会主义商品经济"等问题展开激烈争论。在此背景下，"日本奇迹"成功地吸引了国内学者和政府的关注，陈重、韩志国（1983）在《八十年代的日本产业政策》一文中重点介绍从20世纪80年代开始日本产业政策的调整；田万苍（1986）通过《日本政府的产业政策》一文，系统介绍了二战后日本不同经济发展阶段的产业政策重点、对应的产业措施及这些产业措施的实施效果。

自1985年开始，国务院发展研究中心组织了针对中国产业政策的专题研究，提出"用产业政策推进发展与改革"，并将"实现第一、二、三次产业之间关联方式的根本转换""更新现存工业体系的产业关联方式和产业素质"作为当时国家推行产业政策的近期目标，将"发展高技术产业，迎接世界新技术革命的挑战，赶超发达国家的产业结构水平"作为当时国家推行产业政策的远期目标，并且认为产业政策"应具体落脚在实现现存产业结构和产业组织的质的更新，推进以商品经济发展为基础的工业化进程"。

在此基础上，国务院发展研究中心产业政策专题课题组还实地考察了日本通产省的相关情况，以此为基础撰写《我国产业政策的初步研究》的专题研究报告并上报当时的中共中央领导人，该报告建议中国引进日本在战后所采用的产业政策。该报告指

出，日本通过产业政策实现了"竞争"与"干预"相结合的经济体制，并且通过配套的政策对经济进行宏观调控，证明产业政策是可以推动计划经济过渡到有计划的商品经济的有力工具，对于建立新模式下计划与市场的关系具有重要意义。

以选择性产业政策来主导产业发展、调整产业结构，探索经济发展方式，既能引进市场机制，同时又能保留政府对经济活动的大量干预，与1984年党的十二届三中全会提出的"有计划的商品经济"，1987年党的十三大报告提出"新的经济运行机制"，即"'国家调节市场，市场引导企业'的机制"和"国家运用经济手段、法律手段和必要的行政手段，调节市场供求关系，创造适宜的经济和社会环境，以此引导企业正确地进行经营决策。实现这个目标是一个渐进过程，必须为此积极创造条件"的总体改革思路不谋而合，也容易为当时各方所接受。

因此，国务院发展研究中心向中央建议制定实施产业政策，为"国家调节市场"提供有力的政策工具。该建议很快得到当时中央领导人的认可和批复，并责成国家计划委员会负责执行（吴敬琏，2016）。1988年，国家计划委员会成立产业政策司，表明选择性产业政策模式被当时中央领导人采纳，并成为推动计划经济向市场经济渐进式转变的重要方式（江飞涛、李晓萍，2018）。

二、发展有计划的商品经济下尝试选择性产业政策

1988年，国家计划委员会成立产业政策司，国家开始对产业政策进行更深入的研究，1989年3月，国务院发布《国务院关于当前产业政策要点的决定》（简称《决定》），其中明确提出，"制定正确的产业政策，明确国民经济各个领域中支持和限制的重点，是调整产业结构、进行宏观调控的重要依据""当前和今后一个时期制定产业政策、调整产业结构的基本方向和任务是：集中力量发展农业、能源、交通和原材料等基础产业，加强能够增加有效供给的产业，增强经济发展的后劲；同时控制一般加工工业的发展，使它们同基础产业的发展相协调"。

《决定》从生产、基本建设、对外外贸、技术改造四个领域制定当时各主要产业的发展序列，并强调各部门、各地区应按照当前的产业发展序列执行。《当前的产业发展序列目录》作为《决定》的附件一同发布，该目录详细列出重点支持生产、严格限制

生产和停止生产的产品和工艺。在政策措施方面,《决定》采用与"有计划的商品经济"基调相一致的计划经济方式,要求"各部门、各地区要根据产业发展序列的要求,压缩固定资产投资、调整产业结构、引导外资流向,并结合财力、物力的可能,安排年度计划和'八五'计划",要求银行根据要求制定相应的信贷政策,为固定资产投资贷款提供优先顺序,同时物价部门根据要求"改进对重要商品的价格管理办法",并且要求"尽快制定与产业政策有关的法律、法规"。

在《决定》发布以后,各地方和各部门针对本地区和本部门的实际情况列出鼓励发展和限制发展的相应目录,综合部门也积极制定相应的实施办法为国家产业政策的实施保驾护航。这些政策虽然沿用了很多计划经济管理措施,是产业计划管理与选择性产业政策的混合产物,但是开辟了通过直接干预和影响资源配置进行国民经济管理的新模式,是推动计划经济体制向市场经济体制转型的重要工具。并且,这些政策也有利于将决策权下放给地方政府和企业,激发企业活力,从而促进整体经济发展。

三、市场经济体制改革过程中产业政策发展与成型

1990 年后中国经济发展进入新阶段,产业结构不断调整。1994 年 4 月,国务院发布了中国第一部基于市场机制的产业政策——《90 年代国家产业政策纲要》(以下简称《纲要》)。《纲要》为国家制定产业政策提出了四项原则,即"符合工业化和现代化进程的客观规律,密切结合我国国情和产业结构变化的特点"并"符合建立社会主义市场经济体制的要求,充分发挥市场在国家宏观调控下对资源配置的基础性作用",同时要突出重点,且具有可操作性。《纲要》指出 20 世纪 90 年代国家产业政策需要解决的六大课题:大力发展农业和农村经济,切实加强基础设施和基础工业,积极振兴支柱产业,积极发展对外经济贸易,产业组织、产业技术和产业布局,产业政策的制定程序和实施。

随后,中国发布《汽车工业产业政策》(1994 年)、《水利产业政策》(1997 年)、《当前国家重点鼓励发展的产业、产品和技术目录》(1998 年、2000 年修订)、《当前优先发展的高技术产业化重点领域指南》(1999 年、2001 年)、《鼓励软件产业和集成电路产业发展的若干政策》(2000 年)等一系列产业政策。在这一时期,为加入 WTO,中

国着手清理、规范外商投资政策。1995 年，中国政府发布《指导外商投资方向暂行规定》与《外商投资产业指导目录》（1995 年）。1997 年，中国政府对《外商投资产业指导目录》进行修订。

从《纲要》及随后这一系列产业政策的发布与实施可以看出，从 20 世纪 90 年代开始产业计划管理逐渐退出历史舞台，中国予以特定产业进行扶持或限制，开始实行以选择性产业政策为主体的产业政策体系。

四、加强宏观调控与产业政策体系形成

随着中国 2001 年加入 WTO，越来越多的外国企业进入中国，使中国企业面临越来越多的竞争，也有越来越多的中国企业加入国际市场的竞争中来。这样的形势要求中国的政策体系更加国际化。2002 年党的十六大报告明确提出"在更大程度上发挥市场在资源配置中的基础性作用，健全统一、开放、竞争、有序的现代市场体系"；2003 年《中共中央关于完善社会主义市场经济体制若干问题的决定》提出"更大程度地发挥市场在资源配置中的基础性作用，增强企业活力和竞争力"，不断加强和完善宏观调控体系，深化行政审批体制和投资体制改革。2008 年全球金融危机使中国经济也受到影响，中国政府及时发挥"看得见的手"的作用，出台相关政策帮助经济复苏。由此可见，中国的产业政策是根据国际与国内形势不断发展变化的。

（一）总体投资政策调整

2004 年，国务院颁布《国务院关于投资体制改革的决定》，明确提出"转变政府管理职能，确立企业的投资主体地位"，对于投资核准，主要从"维护经济安全、合理开发利用资源、保护生态环境、优化重大布局、保障公共利益、防止出现垄断等方面进行核准"。该决定同时强调，要加强和改善投资的宏观调控，综合运用经济的、法律的和必要的行政手段，对全社会投资进行以间接调控方式为主的有效调控。同时要制定并适时调整投资指导目录，建立科学的行业准入制度，规范重点行业的环保、安全等标准，防止低水平重复建设。

在对外商投资的管理方面，加入 WTO 以后，中国就着手修改和完善外商投资相关管理办法。2002 年，国务院发布《指导外商投资方向规定》，同时废止之前的《指导

外商投资方向暂行规定》，随后相关政策部门又多次调整和修订《外商投资产业指导目录》，不断扩大对外商投资的开放程度。

（二）强化部分行业调整和发展政策

自 2002 年以来，政府相关部门注意到如钢铁、煤炭等行业产能过剩问题，因此针对这一问题制定一系列抑制盲目投资和产能过剩的产业政策。2003 年，国家发展和改革委员会等部门共同制定《关于制止钢铁行业盲目投资的若干意见》；2006 年，国务院发布《国务院关于加快推进产能过剩行业结构调整通知》；2009 年，国家发展和改革委员会等部门出台《关于抑制部分行业产能过剩和重复建设引导产业健康发展的若干意见》；2010 年，国务院颁布《国务院关于进一步加强淘汰落后产能工作的通知》，相关政策介绍已在表 6-1 中列出。

表 6-1　抑制盲目投资和产能过剩相关的政策介绍

政策名称	发布部门与发布时间	政策及主要措施
《关于制止钢铁行业盲目投资的若干意见》	国家发展和改革委员会等部门（2003 年）	加强产业政策和规划导向，严格市场准入管理，强化环境监督和执法，加强用地管理，加强和改进信贷管理，认真做好项目清理工作
《国务院关于加快推进产能过剩行业结构调整通知》	国务院（2006 年）	一方面是通过深化改革，规范市场秩序，为发挥市场机制作用创造条件；另一方面是综合运用经济、法律和必要的行政手段，加强引导，积极推动。通过重组、改造、淘汰等方法，推动产能过剩行业加快结构调整步伐
《关于抑制部分行业产能过剩和重复建设引导产业健康发展的若干意见》	国家发展和改革委员会等部门（2009 年）	严格市场准入、强化环境监管、依法依规供地、实行有保有控的金融政策、严格项目审批管理、做好企业兼并重组工作、建立信息发布制度等。主要治理钢铁、水泥、平板玻璃等行业的产能过剩问题
《国务院关于进一步加强淘汰落后产能工作的通知》	国务院（2010 年）	以电力、煤炭、钢铁、水泥、有色金属、焦炭、造纸、制革、印染等行业为重点，强化淘汰落后产能工作的目标分解、行政上的组织领导与行政问责机制

资料来源：作者根据相关资料整理。

同时，中国政府针对不同行业的发展细化了相关政策文件，包括钢铁、电石、水泥、煤炭、铝、电力、纺织等行业的结构调整政策；随后又颁布了《汽车产业发展政策》《钢铁产业发展政策》《水泥工业产业发展政策》与《船舶工业中长期发展规划》等行业发展政策和措施（见表 6-2）。

表 6-2　行业发展指导相关的政策介绍

政策名称	发布部门与发布时间	政策及主要措施
《汽车产业发展政策》	国家发展和改革委员会（2004 年）	健全汽车产业的法制化管理体系，促进汽车产业与关联产业、城市交通基础设施和环境保护协调发展，激励汽车生产企业提高研发能力和技术创新能力，推动汽车产业结构调整和重组
《钢铁产业发展政策》	国家发展和改革委员会（2005 年）	加快培育钢铁工业自主创新能力，积极采用先进工艺技术和装备，加快淘汰落后工艺技术装备，提高产品质量和技术水平；调整钢铁产业产品结构、产业组织结构和产业布局，最大限度地提高废气、废水、废物的综合利用水平，力争实现"零排放"，建立循环型钢铁工厂
《水泥工业产业发展政策》	国家发展和改革委员会（2006 年）	发展大型新型干法水泥工艺，推动水泥工业结构调整和产业升级，厉行资源节约，保护生态环境，坚持循环经济和可持续发展；政府要加强对水泥矿产资源的管理，鼓励和支持企业发展循环经济；支持企业采取措施，减少大气污染物排放，降低环境污染，节能降耗，提高资源利用率
《船舶工业中长期发展规划》	国家发展和改革委员会、国防科学技术工业委员会（2006 年）	优化船舶工业组织结构，提高自主研发能力和船用设备配套能力，增强船舶工业核心竞争力

资料来源：作者根据相关资料整理。

（三）选择性产业政策体系形成和不断完备

2002—2012 年，中国产业制定越来越细化和专业化，逐渐形成以投资的核准与备案、准入管理、各类目录指导政策为中心的完备的选择性产业政策体系，相关部门对财税、信贷、土地政策的配套运用也日益熟练，先进前沿技术与新兴产业的发展越来越受到重视。在此期间，中国政府强调"在更大程度上发挥市场在资源配置中的基础性作用"，在制定产业政策时尤其重视充分发挥市场的基础性作用。例如，在《促进产业结构调整暂行规定》中，将"充分发挥市场配置资源的基础性作用，加强国家产业政策的合理引导，实现资源优化配置"作为该政策的基本原则；在《国务院关于加快培育和发展战略性新兴产业的决定》中，将"坚持充分发挥市场的基础性作用与政府引导推动相结合"作为基本原则。但同时也应该看到，受到对经济过热与产能过剩的忧虑、对金融危机冲击的担心、对市场机制的疑虑等宏观层面的影响，以及政策部门惯性思维、政策传统与部门利益考量等因素的作用，政策部门通过投资项目审批与核准（备案）、准入管理、目录指导、土地管理、财政补贴等手段强化了对市场及微观经济的干预。

中国的选择性产业政策体系在得到强化的同时也形成其自身特色，即中国产业政策的选择性不只体现为对特定产业的选择性扶持（或限制），还更多地表现为对特定技术路线、特定产品与特定企业的选择性扶持（或限制）。[①] 在这一时期，全面对外开放、支持技术研发与扩散等方面的产业政策在促进产业发展方面起到重要作用，但是直接干预型产业政策措施的不良效应日趋突出。其不良政策效应包括：导致设租与寻租行为，妨碍产业效率的提升，导致部分战略性新兴产业较为严重的产能过剩，导致行政垄断等问题（李平等，2018）。

五、重视发展功能性产业政策

一直以来，中国政府在促进产业创新发展、结构演进与竞争力提升方面，长期扮演着重要角色；随着市场经济体制的确立和不断完善，中国政府开始坚持市场主导的地位，通过完善市场制度、改善营商环境、维护公平竞争、支持产业技术的创新与扩散、建立系统有效的公共服务体系等方式推行功能性产业政策，为市场机制发挥有效性创造良好的制度环境，并且在提高政策有效性的同时，弥补选择性产业政策的不足。

从党的十八大开始，中国的产业政策发生转变，一方面，引入功能性产业政策；另一方面，越来越注重产业创新政策的推进。其中，围绕创新驱动、新兴技术（产业）及先进制造业发展方面出台的重要政策有《国务院关于积极推进"互联网＋"行动的指导意见》《关于大力推进大众创业万众创新若干政策措施的意见》《国家创新驱动发展战略纲要》《国务院关于印发新一代人工智能发展规划的通知》《国务院关于强化实施创新驱动发展战略进一步推进大众创业万众创新深入发展的意见》等（见表6-3）。

党的十九大以后，中国特色社会主义进入新时代，经济发展也进入新时代，并且围绕推动高质量发展，做好供给侧结构性改革、激发各类市场主体活力、加快推进生态文明建设等八项重点工作，这一时期的产业政策也更加具体化。例如，在集成电路相关企业方面，2018年，多部门联合发布《关于集成电路生产企业有关企业所得税

[①] 江飞涛、李晓萍：《产业政策中的市场与政府——从林毅夫与张维迎产业政策之争说起》，《财经问题研究》2018年第1期。

表 6-3　中国代表性功能性产业政策

政策名称	政策目标	具体措施
《国务院关于积极推进"互联网+"行动的指导意见》	到 2025 年，网络化、智能化、服务化、协同化的"互联网+"产业生态体系基本完善，"互联网+"新经济形态初步形成，"互联网+"成为经济社会创新发展的重要驱动力量	"互联网+"创业创新、"互联网+"协同制造、"互联网+"现代农业、"互联网+"智慧能源、"互联网+"普惠金融、"互联网+"益民服务、"互联网+"高效物流、"互联网+"电子商务、"互联网+"便捷交通、"互联网+"绿色生态、"互联网+"人工智能
《关于大力推进大众创业万众创新若干政策措施的意见》	为改革完善相关体制机制，构建普惠性政策扶持体系，推动资金链引导创业创新链、创业创新链支持产业链、产业链带动就业链	一是创新体制机制，实现创业便利化；二是优化财税政策，强化创业扶持；三是搞活金融市场，实现便捷融资；四是扩大创业投资，支持创业起步成长；五是发展创业服务，构建创业生态；六是建设创业创新平台，增强支撑作用；七是激发创造活力，发展创新型创业；八是拓展城乡创业渠道，实现创业带动就业；九是加强统筹协调，完善协同机制
《国家创新驱动发展战略纲要》	分三步走，最终到 2050 年建成世界科技创新强国，成为世界主要科学中心和创新高地，为中国建成富强、民主、文明、和谐的社会主义现代化国家，实现中华民族伟大复兴的中国梦提供强大支撑	推动产业技术体系创新，强化原始创新，优化区域创新布局，深化军民融合，壮大创新主体，实施重大科技项目和工程，建设高水平人才队伍，推动创新创业
《国务院关于印发新一代人工智能发展规划的通知》	分三步走，最终目标到 2030 年人工智能理论、技术与应用总体达到世界领先水平，成为世界主要人工智能创新中心，智能经济、智能社会取得明显成效，为跻身创新型国家前列和经济强国奠定重要基础	构建开放式协同的人工智能科技创新体系、培育高端高效的智能经济、建设安全便捷的智能社会、加强人工智能领域军民融合、构建泛在安全高效的智能化基础设施体系、前瞻布局新一代人工智能重大科技项目
《国务院关于强化实施创新驱动发展战略进一步推进大众创业万众创新深入发展的意见》	系统性优化创新创业生态环境，强化政策供给，突破发展瓶颈，充分释放全社会创新创业潜能，在更大范围、更高层次、更深程度上推进大众创业、万众创新	加快科技成果转化、拓展企业融资渠道、促进实体经济转型升级、完善人才流动激励机制、创新政府管理方式

资料来源：作者根据相关资料整理。

政策问题的通知》，延续对半导体企业的"两免三减半"和"五免五减半"税收支持。2020 年，多部门联合再次发布《关于促进集成电路产业和软件产业高质量发展企业所得税政策的公告》，其中明确"国家鼓励的集成电路线宽小于 28 纳米（含），且经营期在 15 年以上的集成电路生产企业或项目，第一年至第十年免征企业所得税"。

2020 年 3 月，《中共中央　国务院关于构建更加完善的要素市场化配置体制机制的意见》发布，其力推要素市场化配置改革，促进要素自主有序流动，提高要素配置效率，进一步激发全社会创造力和市场活力，推动经济发展质量变革、效率变革、动力变革。2020 年，各地、各部门根据抗疫形势需要，出台很多促进产业发展、保障经济稳定运行的政策措施，如中国人民银行、财政部、银保监会、证监会、国家外汇管理局联合发布的《关于进一步强化金融支持防控新型冠状病毒感染肺炎疫情的通知》，工业和信息化部印发的《关于应对新型冠状病毒肺炎疫情帮助中小企业复工复产共渡难关有关工作的通知》《关于有序推动工业通信业企业复工复产的指导意见》和《关于开展产业链固链行动　推动产业链协同复工复产的通知》等。2022 年发布的《"十四五"数字经济发展规划》，提出数字经济核心产业增加值占 GDP 比例要从 2020 年的 7.8% 提升至 2025 年的 10%。

第三节　中国产业政策与国家发展、产业发展问题的理论探索

中国作为世界上运用产业政策较多、较频繁的国家，在短短 40 多年里，产业政策在促进产业结构调整优化、培育和发展战略性新兴产业、提升产业国际竞争力、实现高科技产业战略赶超等方面发挥出重要作用，有力地促进中国发展和现代产业体系的形成，以及国际产业分工地位和价值链的双提升。

一、调整优化产业结构

（一）全面指导与管理产业发展方向

2005 年，《促进产业结构调整暂行规定》颁布，该规定对于进一步加强和改善宏观调控、推进产业结构的优化升级具有重要意义。与该规定一起出台的还有《产业结构调整指导目录》，目录分为三类，分别是鼓励类、限制类和淘汰类。对于鼓励类项目，

金融机构按照信贷原则提供信贷支持，并且该类项目可以获得税收方面的优惠。对属于限制类的新建项目，禁止投资，各相关部门不得办理有关手续；对于现有生产能力的升级改造，金融机构可以继续予以支持；对淘汰类项目，禁止投资，金融机构可收回贷款，并按规定限期淘汰。

受 2008 年全球金融危机的影响，为保持国内经济又好又快发展，必须把保增长、扩内需、调结构更好地结合起来。2009 年，中国对相关产业调整振兴规划，其中包括汽车、钢铁、纺织、装备制造、船舶工业、电子信息、石化、轻工、有色金属产业和物流业等；同时提出，加快推进结构调整，加快发展高技术产业和装备制造业，培育壮大服务业。

（二）推动供给侧结构性改革

自"十二五"规划实施以来，中国已成为全球制造业第一大国。在 2008 年全球金融危机后，中国主要从需求侧对经济进行宏观调控。但随着需求侧管理政策的副作用越来越多，中国供给体系的结构性问题日渐显现，主要表现为结构性失衡、钢铁煤炭等部分行业的产能过剩严重，其中供需不平衡已经成为阻碍中国经济发展的重要原因之一。这就对政府提出结构性改革上的新要求。从"十三五"开始，"供给侧结构性改革"成为中国经济发展过程中一项重要工作。供给侧结构性改革的推行，打破了原先从需求侧进行调整的局限性，成为推动中国经济发展的一项新思路，供给侧结构性改革的最终目的是实现供给要素的最优配置。2015 年底的中央经济会议提出，供给侧结构性改革的任务是"三去一补一降"，具体就是去产能、去库存、去杠杆、降成本、补短板。供给侧结构性改革实施以来，各地区、各部门陆续出台一系列降成本的政策措施，着力抓好补短板、稳投资的各项重点工作，推动深化供给侧结构性改革的各项工作取得积极成效。

（三）建设现代化产业体系

在党的二十大报告首次提出"现代化产业体系"这一概念后，政府工作报告在简述 2023 年重点工作时便提出，要加快建设现代化产业体系，强化科技创新对产业发展的支撑。持续开展产业强链补链行动，围绕制造业重点产业链，集中优质资源合力推进关键核心技术攻关，充分激发创新活力。坚持实体经济，尤其是制造业的主体地位，加快传统产业和中小企业数字化转型，着力提升高端化、智能化、绿色化水平。在现代化产业体系的建设过程中，要时刻关注实体经济的发展；实体经济的重中之重在于制造业的高质量发展，通过创新驱动实体经济，稳步推进新型工业化进程，形成技术含量高的现代化产业链和产业集群。

当前产业链的竞争已经成为全球经济竞争的主要突破口，一旦"断链"或"卡链"，则可能威胁一个国家相关产业的平稳运行。因此，在中国当前的经济发展背景下，要紧紧围绕产业链中可能出现"卡脖子"问题的核心技术进行重点攻关，主要包括高端芯片、新型材料、操作系统等核心技术，形成产业链的竞争优势，为现代化产业体系的建设打下扎实基础。在政策保障方面，要更加注重发挥政府在市场经济中的作用，为关键性技术研发提供资金和人才等方面的支持。

二、培育和发展战略性新兴产业

（一）政策出台与实施

近年来，中国高科技产业的快速发展，为战略性新兴产业的发展奠定了良好基础。2010 年 10 月发布的《国务院关于加快培育和发展战略性新兴产业的决定》明确七大战略性新兴产业，具体包括节能环保、新一代信息技术、生物、高端装备制造、新能源、新材料和新能源汽车，并列出这七个产业需要重点发展的产品、技术及领域。2012 年 7 月发布的《"十二五"国家战略性新兴产业发展规划》明确七大重点发展方向和主要任务和二十个重大工程，并从财税金融政策、技术创新和人才政策、市场环境及重点领域和关键环节改革四个方面，提出政策措施建议。国家针对战略性新兴产业的发展不断地更新相关政策支持，并且不断地完善宏观指导政策和相关财税、金融政策。经过多年发展，关于战略性新兴产业已经形成较为完整的政策体系。政府引导产业发展已经成为一种政策工具，通过产业政策来调控微观经济、改变产业间的资源分配，为提高中国科技创新水平、促进战略性新兴产业的发展提供政策保障。

2011 年 9 月，《"十二五"中小企业成长规划》发布，其中明确"将'专精特新'发展方向作为中小企业转型升级、转变发展方式的重要途径"。2013 年 7 月出台的《关于促进中小企业"专精特新"发展的指导意见》，要求培育和扶持"专精特新"中小企业，提高其数量和比例，提高中小企业的整体素质。2018 年 11 月，工业和信息化部发布的《关于开展专精特新"小巨人"企业培育工作的通知》提出计划利用三年时间培育 600 家左右的专精特新"小巨人"企业的目标。2020 年 7 月，《关于健全支持中小企业发展制度的若干意见》指出要完善和优化中小企业发展的基础性制度、融资促进制度、创新发展制度、中小企业服务体系、合法权益保护制度和组织领导制度。其中针对中小企业"专精特新"发展机制，明确要"健全'专精特新'中小企业、专精特新'小巨人'企业和制造业单项冠军企业梯度培育体系、标准体系和评价机制，引导中小企业走'专精特新'之路"。2021 年 1 月，财政部与工业和信息化部联合印发《关于支持"专精特新"中小企业高质量发展的通知》，提出五年内"中央财政累计安排 100亿元以上奖补资金，引导地方完善扶持政策和公共服务体系""重点支持 1 000 余家国家级专精特新'小巨人'企业"，并通过"强化服务水平，聚集资金、人才和技术等资源，带动 1 万家左右中小企业成长为国家级专精特新'小巨人'企业"。在中央的大力推进下，各部门、各地方同步推进"专精特新"企业发展，促进全国"专精特新"企业的发展。

《中华人民共和国国民经济和社会发展第十四个五年规划和 2035 年远景目标纲要》明确提出，要在类脑智能、量子信息、基因技术、未来网络、深海空天开发、氢能与储能等前沿科技和产业变革领域，前瞻谋划布局一批未来产业，为壮大前沿科技创新实力、攻克关键技术、塑造未来产业生态、应对激烈的大国竞争提供有力支撑。全国上下认真贯彻相关政策与文件，多省市将发展未来产业写入地方的"十四五"规划中，并积极提供资金、人才等多方面在内的政策支持。

（二）产业政策的实施效果

自"十三五"规划实施以来，战略性新兴产业总体实现持续快速增长。《战略性新兴产业形势判断及"十四五"发展建议》中列出了相关数据：2015—2019 年这五年间，全国战略性新兴产业规模以上工业增加值年均增速达到 10.4%，较同期全国规模以上总体工业增加值高出 4.3 个百分点；2019 年，全国战略性新兴产业规模以上工业增加值年均增速达到 8.4%，高于同期规模以上全国工业总体 2.7 个百分点。2019 年，中国有 29家战略性新兴产业企业进入世界 500 强之列，有 1 634 家战略性新兴产业企业在 A 股上市，其中有 151 家企业营收规模达到百亿元，利润率达到 5.9%。[①] 自"十三五"规划实施以来，在空天海洋、信息网络、生命科学、核技术等关键领域，国内培育发展了一批战略性新兴企业，为中国未来高技术产业的发展提供了基础保障。

"专精特新"中小企业一般将主要业务放在具体的细分领域，具有极高的专业度，并能够进行自主研发和持续创新，它们掌握其细分领域的核心技术，大多数都是国家范围的"单打冠军""隐形冠军"和配套专家。截至 2022 年，国家已累计培育 8 997 家专精特新"小巨人"企业，6 万多家专精特新中小企业；专精特新"小巨人"企业的利润率达到 10.6%。数据显示，超六成专精特新"小巨人"企业深耕工业基础领域，超九成专精特新"小巨人"企业为国内外知名大企业配套，其中 400 多家成为航空、航天等领域的"配套专家"。[②]

从专精特新"小巨人"企业在全国分布情况来看，在经济更为发达的长三角和珠三角地区，该类企业数量明显多于经济基础较为薄弱的西北和西南地区。其中，长三角地区三省一市的专精特新"小巨人"企业在全国占比达到 26%，当中又以浙江的成绩最为突出，截至 2022 年底，浙江的国家级专精特新"小巨人"企业已有 1 068 家。

全国各地的积极部署和行动带动数字经济、生命健康、新材料、航空航天、深海探索等未来产业的迅速发展，其中以数字经济及其相关的基础设施建设发展最为迅速。中国信息通信研究院发布的《中国数字经济发展报告（2022 年）》中的数据显示，2021 年中国数字经济规模为 45.5 万亿元，同比名义增长 16.2%，仅次于美国排名世界第二位，数字经济占 GDP 的比例达到 39.8%。[③] 在数字基础设施建设方面，2022 年底，中国已建成全球规模最大的光纤网络，光纤总里程将近 6 000 万公里，建成 5G 基站约 230 万个 [④]，处于全球领先水平。在人工智能领域，语音识别、计算机视觉、自然语言处理、自动驾驶等方面在全球确立了领先优势，截至 2021 年 9 月，中国人工智能领域申请专利共计 909 401 件，授权专利 253 811 件。[⑤] 在"大众创业，万众创新"的背景下，

---

① 国家信息中心信息化和产业研究部：《战略性新兴产业形势判断及"十四五"发展建议（上篇）》，2020 年 12 月 31 日。
② 王政：《中国累计培育专精特新中小企业超 6 万家》，载人民日报海外版，2022 年 11 月 11 日。
③ 中国信息通信研究院：《中国数字经济发展报告（2022 年）》。
④ 韩鑫：《2022 年我国大数据产业规模达 1.57 万亿元》，载人民网，2023 年 2 月 22 日。
⑤ 马思：《最新报告显示：中国 AI 专利申请和授权量快速增长》，载中国日报网，2021 年 11 月 15 日。

中小企业不断创新发展，专精特新企业取得越来越多的创新科研成果和科研突破，为未来产业的发展打下良好基础。

三、政府战略性活动与中国移动通信产业成功赶超

在移动通信领域的国际竞争中，中国政府创造性地开发出"技术—标准—产业"统一推进体系，推动中国自主的 TD-SCDMA 和 TD-LTE 标准形成完备的产业生态。

（一）产业竞争战略的形成和实施

改革开放以来，中国移动通信产业经历了"1G 空白、2G 跟随、3G 突破、4G 并跑、5G 领先"的发展历程。在 1G 时代，美国移动通信技术领先全球，中国移动通信产业链配套总体处于空白状态，网络设备、网络部署完全依赖国外厂商。在 2G 时代，中国本土企业开始通过引进消化吸收国外技术进入移动通信设备领域，但技术进步处于跟随状态。在 3G 时代，中国自主的 TD-SCDMA 标准在激烈的国际竞争中脱颖而出，成为美国 CDMA2000 和欧洲 WCDMA 之外的第三大国际标准，带动本土移动通信产业链快速发展。中国企业在国内通信设备市场的份额由 2G 时代不足 20% 上升到近 80%，并在标准化、产业化方面积累了组织经验。但 TD-SCDMA 标准仅在国内实现商用，在国际市场仍处于边缘地位。到了 4G、5G 时代，中国产业竞争战略的有效制定及实施，助推移动通信产业最终实现赶超和领先。

第一，"以融求进"把握战略先机。在 3G 时代，中国主导的 TD-SCDMA 标准和美国推出的 WiMAX 标准共同竞争 4G 主流标准。在缺乏全球竞争经验，以及不具备开发全套移动通信系统能力的条件下，TD-SCDMA 标准一开始采取与主流标准融合发展的战略，2007 年，中国先后与英特尔、摩托罗拉 WiMAX 业务负责人探讨中美标准合作事宜遭遇失败，于是面向欧洲"以融求进"，在保留 TD-SCDMA 技术优势的基础上，让中国标准向欧洲主导的 LTE TDD 靠拢，成功争取到中国 TD 与欧洲 LTE 技术融合发展空间。

第二，利益协调形成产业链协同。为了保障产业整体利益最大化，中国政府和政企充分沟通，积极协调，最终在电信行业内部相关利益方之间达成战略共识，并形成"技术—标准—产业"统一推进体系，推动通信运营商、系统设备、仪器仪表和元器件

企业在 TD 技术路线的研发、投资、技术催熟及商业化应用上保持协同和一致。为提升产业链协同研发和投资效率，原信息产业部于 2007 年成立 IMT-Advanced 推进组，并搭建了"产学研用"4G 全产业链合作平台，与爱立信、诺基亚等全球知名企业合作进行中国标准的研究。2008 年 3 月，中国信息通信研究院和中国移动牵头成立 TD-LTE 工作组，与相关系统设备、芯片等企业合作研究，系统发展 TD-LTE 技术和产品。中国移动拥有全球最大的用户规模，具有很强的技术集成能力，为 TD-LTE 标准发展提供完备的试验验证场景，并在国内建设一千多个基站来开展 TD-LTE 规模技术试验，全面验证 TD-LTE 实际组网能力，推动 TD-LTE 技术不断成熟，产业配套不断完善，让中国标准成功地走向世界。

第三，稳扎稳打，中频先行保证 5G 战略领先。基于中国对移动通信发展规律的认识，中国选择了中频优先发展战略，以保证网络覆盖，形成自主可控的产业链和创新链，保证中国的 5G 发展在世界水平中保持优势。中国政府在如何分配 5G 中频段上，重点考虑分配方案能否促进全产业链技术能力的提升，因此将 5G 的 3.5 GHz 频段（全球主流频段并且是中国最主要的试验频段）分配给技术相对较弱的中国电信和中国联通，而将技术和产业链相对不成熟的 2.6 GHz 与 4.8 GHz 频段分配给中国移动，希望中国移动能依靠自己强大的技术能力和市场实力带动这两个频段核心技术的发展，进而带动相关产业链的发展（贺俊，2022）。

（二）灵活开放的政策制定过程

中国的产业竞争战略表现出很强的非正式性和灵活性，这恰恰印证了在高度动态环境下，基于简单规则的快速决策是有效应对不确定性和竞争制胜的重要能力。为了有效应对高度复杂的竞争环境，中国政府始终坚持有利于自主技术能力构建、与国际主流标准融合发展等简单决策原则，快速相机调整与竞争对手的竞合关系，以及政策资源在微观创新主体间的配置格局，从而实现产业竞争战略与竞争环境的动态适应。

正如中国移动通信产业的赶超经验所示，产业竞争战略促进了新兴技术产业赶超，从形式上看，政府部门是产业竞争战略的发布者，但在实际情况下，其与来自华为、中国移动、信通院等企业和科研机构的技术专家和产业精英，共同研究、制定了产业竞争战略。同时，研究发现，中国移动通信产业的产业竞争战略大多不以正式文本的形式出现，而常常是基于相关政府部门基于产业界广泛争论或共识的最终协调和拍板，例如，1998 年初原邮电部召开会议讨论是否向 ITU 提交中国移动通信标准；又如，2007 年 10 月原信息产业部组织关于帧结构与欧洲是否，以及如何融合的研讨会。同时，产业竞争战略会随着竞争环境的变化进行动态调整，例如，2007 年原信息产业部与 WiMAX 代表性企业谈判失败后，很快转向与欧洲的全面融合；又如，中国政府根据技术能力和竞争环境变化，将最优频谱在中国三个通信运营商之间进行灵活调整和动态配置。

（三）有效干预

第一，优化竞争。在移动通信产业上，中国政府通过巧妙的规则设计，提升移动通信产业竞争的质量。例如，自 3G 时代以来逐步完善起来的"技术—标准—产业"统一推进体系内置了完整的技术和产品测试体系建设，包括中国信息通信研究院的外场性能测试平台及中国移动的规模组网性能验证平台。同时，政府还引导华为和中兴等通信设备供应商开展技术创新竞赛，吸引西门子和诺基亚等外资企业公平参与中国市场竞争。这不仅没有限制竞争，反而促进了外资参与和创新导向的竞争。

第二，引导市场主体一致行动，形成赶超优势。对于处于相对弱势的中国移动通信产业，产业竞争战略还涉及大量市场主体之间的博弈，技术和市场竞争又面临高度不确定性，产业链各利益主体很难根据产业竞争战略的需求，自发形成对后发标准的大规模专用性投资的激励。这时，政府通过综合运用行政命令、大规模建设规划、财政补贴等措施，协调移动通信产业各个创新主体的利益协同和一致行动，形成赶超领先国家的集体行动优势。

第三，降低试错成本。不当的大规模试错或市场竞争甚至可能损害新兴技术产业的竞争力，这在移动通信频谱分配方面表现得尤为突出。中国的移动通信频谱分配采用行政分配体制，政府根据技术能力和产业链成熟度，将其在三个技术能力和市场势力不同的通信运营商之间灵活分配，确保其中技术实力最强的通信运营商始终牵引技术成熟度最低的产业链。

（四）实施与产业竞争战略保持一致的有效选择性产业政策

选择性产业政策能够促进有效的产业竞争战略的形成和实施，中国移动通信产业赶超的经验显示，科技重大专项等选择性产业政策并不是政府牵引产业链的唯一措施，而是与市场承诺等其他因素共同构成全局协调的基础。但从总体上看，由于与产业竞争战略的一致性，这些选择性产业政策对移动通信产业赶超的影响是积极且显著的。

为了降低政府干预市场机制的成本，有效的选择性产业政策应当尽可能减少对竞争机制、供需定价机制等市场机制的扭曲。在中国移动通信产业的赶超过程中，政府通过形成基于自主技术标准的规模网络建设承诺，使国内外企业形成市场机会预期，吸引国内外厂商的同台公平竞争，扩大产业生态。在价格机制方面，通信运营商的采购价格完全基于设备商和元器件厂商的产品性能与价格优势；因此，虽然科技重大专项属于具有歧视性的选择性产业政策，但其在实施过程中与"技术—标准—产业"统一推进体系相互协同，共同推进对竞争性供应商的培育、加强创新主体之间的非正式互动，强化有控制的竞争、产业链合作和研发产业化导向，从而最大程度地实现政府宏观引导与微观市场机制的融合，而这正是政府干预有效支持中国移动通信产业发展的重要经验。

（五）产业链协调与战略互补

"新一代宽带无线移动通信网"国家科技重大专项与其他政府干预活动共同驱动了有效战略的实施和产业链一致行动，对中国移动通信发展形成了正向影响。

选择性产业政策是政府推动产业竞争战略付诸实施的有机构成。政府干预活动的范畴较财政补贴、税收优惠等选择性产业政策工具更加丰富和复杂，不应该根据独立项目的成败来判断一国产业政策的成败，而应当从系统的角度对其进行评估。部分产业政策研究虽然看到了提供基础研究、促成技术联盟、制定技术标准、提供基础设施、协调利益冲突等非选择性政府干预活动的作用，但各类政府干预活动与选择性产业政策工具一样仍然是相互独立的。

然而，从中国移动通信产业赶超的经验来看，包括推动有效战略形成、标准制定、基础研发、关键技术开发、测试平台建设、促进合作、市场牵引等在内的政府干预活动是一个有机整体。中国政府从有利于移动通信自主技术能力形成和发展的总体目标出发，根据技术和产业成熟度、国际竞争环境的变化，灵活调整政策组合，使产业竞争战略与各项政策和干预活动相互关联，并以复杂和整体的形式共同构成具有战略互补性的政策体系。

第七章　中国产业政策实践的理论探索（下）

改革开放初期，中国计划经济管理体制面临变革，此时"东亚奇迹"和东亚模式在全球范围内引起关注，政府主导下市场经济发展的东亚模式也引起国内政策和学术界的认同。这种以选择性产业政策来主导产业发展和结构调整的经济发展模式，既能引进市场机制，又能保留政府对经济活动的干预，与当时"有计划的商品经济"的总体改革思路不谋而合，因此该模式被中国政府采纳，成为推动计划经济向市场经济转变的重要方式（江飞涛，2021）。20世纪80年代末，随着中国开始全面推行产业政策，产业政策成为中国经济管理与经济调控颇为重要的工具。中国产业政策体系由产业结构政策、产业技术政策、产业组织政策和产业全球化政策组成。伴随中国市场化改革与经济发展，中国的产业政策也经历了一个演变、发展和不断完善的过程。解析中国产业政策各方面的演进逻辑，探讨其中存在的问题和挑战，对当前中国产业政策转型和市场化改革都具有重要意义。

第一节　中国产业结构政策和产业布局政策的演化

产业结构政策是政府根据本国一定时期内的具体情况，遵循产业结构演进的一般规律和变化趋势，制定并实施的有关产业部门之间资源配置方式、产业间和产业部门间比例关系，并通过影响与推动产业结构的调整与优化，以促进产业结构向协调化和高度化方向发展的一系列政策综合。产业结构政策的本质在于促进产业结构优化，进而推动经济增长。在中国，产业结构政策是整个产业政策的核心。一直以来，中国的产业结构与发达国家的产业结构相比，存在五个方面的特点：一是第一产业占比逐步下降，产业基础亟待加强，结构升级缓慢；二是第二产业占比较高，内部结构有待优化，高附加值、高技术含量的产业和产品占比不高，高新技术产业发展缓慢；三是第三产业发展仍有巨大空间；四是从业人员素质不高，技术能力不足，产品国际竞争力有待进一步提高；五是产业结构优化升级面临的资源环境约束和压力越来越高（王俊豪，2016）。因此，实施有效的产业结构政策对中国产业结构升级是必要的。自 1978 年以来，随着改革的不断深入和市场机制的不断完善，中国产业结构政策在政策目标、内容、理念、类别和实施方式上都发生了很大变化。回顾、分析并评估这些变化有助于我们认识和把握未来产业结构政策的正确取向。

一、中国产业结构政策变迁

改革开放四十余年，中国产业结构政策的历史沿革大致可分为四个阶段：改革开放初期（1978—1991 年）、全面改革时期（1992—2001 年）、深化改革时期（2002—2011 年）和全面深化改革时期（2012 年至今）。如表 7-1 所示。

表 7-1　改革开放以来中国产业结构政策

历史阶段	主要问题	政策目标	政策要点	政策成就
改革开放初期（1978—1991 年）	1986 年前，工农业、轻重工业失衡；1986 年后，基础工业与一般加工业失衡	调整经济结构比例关系的严重失调	1986 年前，优先发展农业，重点扶持轻纺工业。1986 年后，优先发展基础产业，控制轻纺工业过快扩张	轻重工业比例失调得到较大改善，轻纺工业成为传统优势产业
全面改革时期（1992—2001 年）	三次产业比例失衡，加工工业与基础产业比例失衡，加工工业高水平不足	重点加强产业结构调整，同时促进产业结构优化升级	加快发展农业、基础产业和第三产业，扶持发展机械电子、石油化工、汽车制造和建筑业四大支柱产业，发展高新技术产业	第二、三产业占比上升，基础工业和基础设施瓶颈较大改善，电子及通信设备、电气机械和器材制造业快速发展，家电产业具备国际竞争力
深化改革时期（2002—2011 年）	服务业占比过低，第二产业重化工业占比过高，高技术占比过低	2008 年前转变经济增长方式，促进工业技术升级；2008 年后，保增长、扩内需、调结构	前期，优先发展信息产业、高技术产业并改造提升传统产业，发展先进装备制造业、服务业、节能环保和循环经济、重点调控重化工业规模，化解过剩产能。后期，十大重点产业振兴，基础设施建设投资；扶持战略性新兴产业发展	第三产业超越第二产业成为国民经济增长的主要动力；制造业规模迅速扩大，成为世界第一制造大国；高技术和高加工产业发展迅速

（续表）

历史阶段	主要问题	政策目标	政策要点	政策成就
全面深化改革时期（2012 年至今）	发展方式粗放引发的产业发展层次和质量低下，能源消耗与环境污染严重	建立结构优化、技术先进、清洁安全、附加值高、吸纳就业强的现代产业新体系	发展现代信息技术产业体系、生产性服务业和现代服务业、战略性新兴产业，推进产业发展向绿色低碳和循环利用的方向转变，化解过剩产能	高新技术产业和战略性新兴产业发展迅速，高铁、核电、4G 通信、电商、特高压等领域已处于"并跑""领跑"地位

资料来源：张小筠等（2018）。

（一）改革开放初期：解决结构失衡问题

改革开放之初，在长期优先支持重工业发展的政策导向下，中国国民经济失衡问题较为严重，具体表现为工业与农业、轻工业与重工业比例的失衡。据统计，1978 年中国轻重工业比例为 42.7∶57.3[1]，轻工产品长期供应紧张，难以满足基本生活需要。因此，改革开放后的重要工作就是着手对中国经济结构进行调整和优化。1979 年 4 月，中央工作会议提出"调整、改革、整顿、提高"的八字指导方针。同年，中央政府工作报告提出使粮食和其他农副产品的生产同人口增长和工业发展相适应，使轻纺工业的增长速度与重工业增长速度持平或更高，轻纺产品的供应要与国内需求相适应，并且增加其出口能力。当年 11 月，全国计划会议提出对轻纺工业实行"六个优先"的扶持政策，从资源、资金、外汇、技术、基本建设、交通运输方面对轻纺工业给予政策倾斜。这一时期，国家重点扶持轻纺工业等劳动密集型产业发展，充分利用中国劳动力比较优势，符合工业化初期阶段的发展特征。经过几年的政策扶持和结构调整，轻工业长期落后的状况得以根本扭转，到 1990 年轻工业与重工业的比例已调整为 49.4∶50.6[2]，轻重工业比例严重失衡的矛盾基本得到解决。自 1986 年开始，中国的产业结构政策开始从优先支持轻纺工业发展转向优先支持基础工业和基础设施发展，这一时期中国对固定资产投资实行"三保三压"方针[3]，其目的主要是对国民经济薄弱的能源、交通、通信和原材料工业加大投资规模，压缩一般加工工业的投资规模。"七五"

---

[1] 数据来源于《中华人民共和国 1978 年国民经济和社会发展统计公报》。
[2] 数据来源于《中华人民共和国 1990 年国民经济和社会发展统计公报》。
[3] "三保三压"是指保计划内建设，压计划外建设；保生产性建设，压非生产性建设；保重点建设，压非重点建设。

时期，财政向工业交通部门减税让利约 1 900 亿元，其中 60% 以上用于支持能源、交通部门发展；同时对大规模重复建设的轻纺工业实施计划定点和目录管理办法，限制计划之外的企业发展。总的来看，改革开放初期，中国实施了两次产业结构调整，分别是 20 世纪 70 年代末 80 年代初的加快轻工业发展及 80 年代末 90 年代初的加快基础工业发展。经过这一时期的政策实施，中国轻重工业比例失调问题得到较大改善，尤其是对轻纺工业实施的各项倾斜政策都较为成功，使轻纺工业得到充分发展，以轻纺工业为主导的工业化第一阶段初步完成。

（二）全面改革时期：推动基础产业发展与培育支柱产业

20 世纪 90 年代开始，中国经济进入高速增长阶段，改革开始向各领域全面推进。经过十几年的改革，中国的农业、轻工业有了较快增长，轻重工业比例失调问题得到较好解决，但基础设施和基础工业仍然是制约经济增长的瓶颈产业，产业结构失衡问题依然存在并表现出新的特征：一是三次产业之间的失衡，表现为第二产业高速发展却没有带动第一、三产业同步发展；二是加工工业和基础工业之间的失衡，加工工业盲目扩张而薄弱的基础工业跟不上其需求；三是加工工业内部的失衡，表现为低水平加工能力过度扩张，而高水平加工能力严重不足，致使中国的产业结构长期处于低端层次。为缓解上述结构性矛盾，在该时期，国家在重点关注产业结构调整的同时，逐渐转向产业结构的优化升级。党的十四大、十五大报告为当时中国调整和优化产业结构确定了重要方向，不仅提出要加快发展农业、基础设施、基础工业和第三产业以实现结构调整目标，而且将机械电子、石油化工、汽车制造和建筑业列为带动中国经济增长和结构优化升级的支柱产业并予以重点发展，此外还强调要发展高技术产业，利用高新技术改造和提升传统产业以促进产业结构向高端层次迈进。1994 年，国务院颁布《纲要》。此后，国家还先后发布了《汽车工业产业政策》《电子工业产业政策》等多种产业政策指导方案。国家还加强对第三产业发展的鼓励和引导，1992 年中共中央、国务院发布《关于加快发展第三产业的决定》，正式将发展第三产业作为中国产业结构调整优化的重要方向之一；2001 年颁布的《"十五"期间加快发展服务业若干政策措施的意见》提出优化服务行业结构、扩大服务业的就业规模和降低服务业市场准入门槛等具体政策措施。在发展高技术产业方面，国家也制定了相关政策，例如，2000 年发布的《鼓励软件产业和集成电路产业发展的若干政策》提出，通过税收优惠、信贷支持等方式引导国内外资金、人才等资源投向软件产业和集成电路产业并为其上市融资创造政策条件，促进信息产业发展并带动传统产业改造和产品升级换代。

这一时期的政策不仅有结构调整的短期目标，而且有分重点、分步骤振兴支柱产业、发展高技术产业实现结构升级的长期目标。经过这一时期的政策实施，中国产业结构得到进一步调整和优化。从数量比例关系来看，三次产业比例趋于协调，第二、三产业占 GDP 比例逐年上升。基础产业和基础设施的"瓶颈"制约得到较大改善，加工工业中技术密集型产业的占比有所上升。同时也有部分政策的实施效果并未达到预期，例如，加工工业生产能力过剩、低水平重复建设等问题依然突出，第三产业发展动力不强、质量不高。

（三）深化改革时期：提升传统产业与发展技术密集型产业

进入 21 世纪，中国改革向更深层次推进，在工业化、城镇化加速发展的带动下，重工业获得快速增长。1999 年中国重工业的增速开始超过轻工业，2003—2007 年重工业增速大幅超越轻工业。与此同时，第三产业尤其是服务业发展滞后，2001 年中国服务业产出占 GDP 比例为 34%，与同类收入水平国家服务业的平均水平相比低了 19 个百分点（张小筠等，2018），许多服务产品的供给数量和质量都无法满足国内需求。这一时期，中国产业结构的主要矛盾表现为第三产业尤其是服务业占比过低，第二产业中重化工业占比过高，而高技术和高加工等技术密集型产业的占比过低。因此，该时期的政策强调要坚持以信息化带动工业化、以工业化促进信息化，走出一条科技含量高、经济效益好、资源消耗低、环境污染少、人力资源优势得到充分发挥的新型工业化路子。国家先后出台一系列政策文件，目标包含大力发展信息技术、生物技术、新材料、航空航天、海洋装备等产业，特别是优先发展信息技术产业；同时加快发展先进制造业，努力振兴装备制造业，提升高技术产业并采用高新技术和先进适用技术改造和提升传统产业；除此之外，还要大力发展第三产业特别是现代服务业，重点调控能源、资源密集型重化工业的规模扩张，化解部分行业的过剩产能。

总体来看，2008 年以前的政策较为关注转变经济增长方式和促进工业技术升级；2008 年以后的政策受金融危机的影响，更为关注稳定国内经济的短期目标。经过这一时期的政策实施，中国产业结构得到进一步优化升级。制造业规模迅速扩大，中国也于2010年超越美国成为世界第一制造业大国；而在制造业内部，机械、电子、交通运输设备制造等高加工度、高技术产业发展迅速，产业技术水平有一定程度的提高。然而，与发达国家相比，中国产业技术仍然处于低端水平，在引进外资过程中没能通过自主研发有效提升技术水平，这使中国核心技术和关键零部件的供给严重依赖发达国家。

（四）全面深化改革时期：建立现代产业新体系

自2012年以来，中国进入工业化后期，三次产业之间的协调性不断提高，三次产业内部结构基本合理，产业结构的主要矛盾已不再是产业之间和产业内部比例关系的高低，而是由粗放的发展方式引发的产业整体发展层次和质量低下；其主要表现为高端领域供给不足而低端产能普遍过剩，尤其是钢铁、煤炭、有色金属等原材料工业产能严重过剩，大量占用资源，致使资源向新兴产业流动受阻。这一时期的政策目标更加强调建立结构优化、技术先进、清洁安全、附加值高、吸纳就业能力强的现代产业新体系。

党的十八大报告提出，"要加快完善社会主义市场经济体制和加快转变经济发展方式"，并指出"着力构建现代产业发展新体系""更多依靠现代服务业和战略性新兴产业带动，更多依靠科技进步"。构建现代产业新体系主要从以下几个方面着手：发展现代信息技术产业体系，建设新一代信息基础设施；加快发展生产性服务业和文化创意、设计、保险等现代服务业；大力发展高端装备、信息网络、集成电路、新能源、新材料、生物医药、航空发动机、燃气轮机等战略性新兴产业，把一些新兴产业培育成主导产业；着力推进产业发展向绿色低碳和循环利用方向转变，利用创新手段化解过剩产能。与此同时，国家还制定多项产业规划，以2012年发布的《"十二五"国家战略性新兴产业发展规划》和2015年发布的《中国制造2025》最具代表性，这些政策为中国战略性新兴产业发展和制造业提升提供了有力支持。

二、中国产业布局政策演化

产业发展总要落实在一定空间，因此需要产业布局政策。产业布局政策的内容主要包括地区发展重点的产业选择、产业集中发展策略，目的是建立合理的地区间分工关系，以提高国民经济总体效率。产业布局与产业发展是同一个过程，都受到政府和市场的双重作用。改革开放前后，中国政府采取截然不同的产业布局战略，具有不同的动力机制。

（一）改革开放之前产业布局的演变逻辑

产业空间呈现的均衡化格局与国家发展战略密切相关。改革开放之前，中国政府提出优先发展重工业的战略。国家建立以压低资本、外汇、能源、原材料、农产品和劳动价格为内容的宏观政策环境，形成对经济资源实行集中计划配置和管理的方法，实行工商业国有化和农业集体化直至人民公社化及一系列获取企业自主权的微观经营体制。在宏观上扭曲价格信号、行政上计划配置资源、微观上获取企业自主权的"三位一体"体系下，重工业优先发展战略是通过将整个国家作为一个超级公司、以计划和命令替代价格和市场、以"156项项目"与三线建设为骨干并且向内地进行布局实现的。在形成国家战备后方的同时，该战略还促进产业空间的均衡化。

（二）改革开放之后产业布局的演变逻辑

1978年之后，国家发展战略发生根本性转变。改革开放战略的实施，重新界定了产权，激活了市场合约，确立了以市场价格为基础的协调机制，激发了经济活力，让市场在资源配置中逐步发挥决定性作用。政府与市场关系的调整，大幅改变了经济运行的机制，成为产业布局调整的根本驱动力。从产业份额的空间变化来看，改革开放以来中国的产业空间先表现为东部聚集，后表现为区域协调。综上所述，改革开放之后中国的产业布局经历了东部率先发展、区域协调发展、"走出去"三个阶段。

（1）改革红利与人口红利驱动产业加速向东部大幅聚集。中国的改革开放从"两大大局"出发，首先实施东部率先发展战略，并沿着所有制结构调整与经济运行机制改革两条主线不断深化。在此过程中，政府市场关系发生根本转变，政府的作用主要体现在确立和保护产权、激活市场合约、完善基础设施、制定法律法规、提供优惠政策、优化政府服务等方面，消除了生产要素流动的体制障碍，带来了改革红利，释放了中国长期积累的人口红利。在改革红利和人口红利的双重驱动下，市场价格逐步成为决定性协调机制，东部地区凭借接近国外市场的区位优势和较好的产业发展基础，吸引产业向沿海大幅度聚集。通过这一产业聚集的过程，形成了共享、匹配、学习的聚集效应，完善了区域的产业配套能力，进一步推动了产业布局的沿海化。

（2）区域协调发展战略与东部生产成本上涨推动产业的跨区域转移。在产业加速向东部沿海地区聚集的过程中，区域之间的差距不断扩大。在全国层面，人均 GDP 最高省份与最低省份的绝对差距逐年扩大，相对差距在 1995—2005 年都在 10 倍之上。为此，中国政府自 20 世纪末开始推动区域协调发展战略，先后实施西部大开发、东北全面振兴、中部地区崛起等战略，通过加快基础设施建设、加强生态环境保护、发展科技教育和文化卫生事业、改善投资环境、促进对内和对外开放等措施，优化营商环境，引导产业向中西部地区和东北地区转移。

（3）"走出去"战略与生产成本快速上涨驱动产业对外投资布局。2008 年金融危机之后，国内外环境发生很大变化。金融危机导致个人财务缩水、资产负债表恶化和产能过剩等问题，以及需求不足引致国际贸易保护主义不断抬头。同时，在国内刘易斯拐点到来与大规模借债投资等因素的综合作用下，工资、租金、税收等大幅上涨，企业运行成本快速提高。在此背景下，中国企业的海外投资意愿不断增强。通过与国外政府签订合约，中国政府在保护海外资产、提供相关信息、投资便利化等方面发挥了积极作用，推动了企业海外投资的步伐。同时，企业海外布局也是企业竞争力提升的结果。随着中国"引进来"的外资规模增多、质量升级，中国企业获得了许多国际投资经验、先进技术、国际市场信息和具有国际视野的员工。

综上所述，尽管影响产业布局的因素很多，但在中国特色社会主义经济体制下，国家发展战略是产业布局的指南针。国家发展战略的变化引起经济发展机制与动力变化，经济发展机制与动力变化驱动产业布局变化，产业布局变化导致区域空间结构变化。

第二节　中国产业技术政策的内容和效果分析

作为产业政策的重要组成部分，产业技术政策影响着一个国家整个产业的技术进步，对一国经济发展起着非常重要的作用。产业技术政策是支持产业技术发展的宏观调控工具，是政府所制定的用以引导、干预、促进产业技术进步和实现科技规划从相关技术开发到技术商品化、产业化、市场化的一系列配套措施。在改革开放四十余年里，中国产业技术体系日臻完善，产业技术水平不断提升，这与国家分阶段、分重点实施适合的产业技术政策是分不开的。

一、中国产业技术政策内容演变

（一）改革开放初期：支持传统技术改造和引进

改革开放初期，中国产业技术水平十分落后，1978年党的十一届三中全会作出将党和国家工作中心转移到经济方面和技术革命方面的论断，并指出要在自力更生的基础上努力采用世界先进技术和先进设备，大力加强实现现代化所必需的科学和教育工作。党的十三大报告提出要着重推进大规模生产的产业技术和装备现代化，加速企业技术改造，开展高技术研究特别是微电子、信息、生物工程和新材料技术的研发。在这一思路下，国务院和有关部门相继制定和实施多项政策。一是鼓励和支持企业技术改造。1980年国家颁布《关于加强现有工业交通企业挖掘、革新、改造工作的暂行办法》，1982年又颁布《关于对现有企业有重点、有步骤地进行技术改造的决定》，主要从资金、物资、外汇、项目审批等方面对现有企业技术改造给予支持，提升企业技术创新能力。二是促进技术开发与成果推广应用。为促进科学研究和技术开发，中央政府陆续制定各类发展规划，如《1978—1985年全国科学技术发展规划纲要》和《1986—2000年科学技术发展规划》确定国家支持的重点科学技术领域和重点项目。三是加快技术引进和高技术产业发展。"八五"计划提出要办好高新技术开发区，着力发展电子工业，推动电子技术在经济社会发展的应用，积极引进国外先进技术，并大力消化、吸引和应用创新。改革开放初期，产业技术政策的重点主要体现在国家制定的科学技术计划、决定等文件中，政策的制定和实施仍处于探索阶段。

（二）全面改革时期：加强高新技术开发和成果转化

通过改革开放初期的政策实施，尽管交通运输、能源、原材料、机械电子等工业行业的技术改造取得了一定成效，但整体来看，大多数行业的产业技术装备水平仍然十分落后。同时，由于当时发展目标主要放在经济建设上，因此用于科学研究和技术开发的资金相对匮乏。在这一背景下，为了提高中国产业技术装备水平，提升产业国际竞争力，党的十四大、十五大报告分别强调科技工作要面向经济建设，要制定中长期科学发展规划，在开发研究、高新技术及其产业化、基础研究这三个方面合理配置力量。按照这一发展思路，国家先后制定一系列政策措施，其中最具代表性的是1994年颁布的《90年代国家产业政策纲要》。1999年颁布的《关于加强技术创新，发展高科技，实现产业化的决定》对高新技术产业的自主创新和高新科技成果产业化提出要求，同年财政部根据该文件对高新技术产业给予很多优惠政策，以鼓励高新技术产业的自主创新和高新科技成果的产业化；1996年，国家颁布《中华人民共和国促进科技成果转化法》，正式从法律上对科学技术成果转化的相关问题予以规范。这一时期，中国政府逐渐意识到科技在推动经济发展中的重大作用，明显加大对产业技术政策的重视，政策的制定也逐步趋于规范化、多样化。

（三）深化改革时期：加强自主创新和前沿技术开发

21世纪以来，随着工业化、城市化的加速推进，经济总量持续壮大，中国步入工业化中期阶段。而这一时期的高速经济增长是以重工业化为特征的，即第二产业中重工业占比过高，而高技术和高加工等技术密集型产业的占比过低且规模较小。重工业发展主要依靠高投资和高资本积累推动，以资源、能源消耗、环境污染为代价，增长方式极为粗放且不具可持续性。这一时期，国家产业技术政策明显加强对产业技术升级的关注，先后制定一系列促进技术创新的政策规划。2006年全国科技大会提出加快自主创新，建设创新型国家战略，并颁布《国家中长期科学和技术发展规划纲要（2006—2020年）》。2009年，国家又颁布《国家产业技术政策》，作为一部专门就产业技术发展制定的纲领性文件，该政策在指导产业技术发展方向、促进产业技术进步方面提出多项要求，包括充分发挥企业创新主体作用，构建和完善技术创新体系及技术标准体系，实施知识产权战略，强化技术引进消化再创新，实施创新人才战略，等等。2011年，国务院办公厅颁布的《关于进一步支持企业技术创新的通知》进一步提出加强企业技术创新能力建设、完善公共技术创新服务体系、加大新技术新产品应用推广的支持力度、引导科技创新人才向企业集聚等具体的政策措施。

（四）全面深化改革时期：科技自立自强

以党的十八大召开为标志，中国进入全面深化改革时期。党的十八大报告强调科技创新是提高社会生产力和综合国力的战略支撑，必须摆在国家发展全局的核心位置，并提出要实施创新驱动发展战略，深化科技体制改革，建设国家创新体系，实施国家科技专项，突破重大技术瓶颈。为深入推进党的十八大对创新驱动发展作出的战略部署，这一时期的产业技术政策主要从体制机制上改善创新环境，并加强政策的落实和实施。一是深化科技体制改革，建设国家创新体系。2012年，国家颁布《关于深化科技体制改革加快国家创新体系建设的意见》，针对如何让企业真正成为技术创新主体、完善科技支撑战略性新兴产业发展和传统产业升级的机制等问题提出纲领性意见。2015年，国家又颁布《深化科技体制改革实施方案》。二是落实创新驱动发展战略。2015年，国家颁布《中共中央　国务院关于深化体制机制改革加快实施创新驱动发展战略的若干意见》，2016年颁布的《国家创新驱动发展战略纲要》明确了未来30年创新驱动发展的目标、方向和重点任务，特别是对产业技术体系进行系统部署。2016年，国家颁布《"十三五"国家科技创新规划》，进一步明确"十三五"期间工业和信息化领域技术创新能力发展的目标和主要任务，为如何提升产业技术创新能力、促进工业转型与升级指明政策方向。

二、中国产业技术政策实践效果

产业技术政策是产业政策的重要组成部分。随着市场激励的不断强化和政府产业技术政策实施作用的持续改善，中国产业技术水平迅速提升，如今在航空航天、高铁、量子军备等领域的高科技创新举世瞩目，这与中国在产业发展过程中制定和实施适合的产业技术政策是分不开的。

在产业转型与创新发展的过程中，中国形成完备的面向工业体系的产业技术政策体系，并且科技创新战略也逐步从以重工业主导的科技创新"举国体制"向科教兴国战略、创新型国家战略与创新驱动发展战略系统性转变，有效实现产业政策与创新政策之间的相互协同，基于产业技术政策提升产业创新发展能力和企业技术创新能力，以及促进产业内的创新主体开展技术创新来实现产业发展的绩效改善。在产业发展的创新绩效层面，中国制造业规模居全球首位，200多种工业品产量位居世界第一名，并建立了世界上最完整的现代工业体系，拥有39个工业大类、191个中类、525个小类，成为全世界唯一拥有联合国产业分类中全部工业门类的国家。[①] 更为关键的是，随着新一轮工业革命席卷全球，移动互联网、大数据、区块链、人工智能等数字与智能技术驱动的数字与智能产业的迅猛发展，尤其是智能化驱动的人工智能与大数据技术为大规模个性化定制提供了良好契机，重塑了传统制造行业的生产效率。技术驱动下数字技术的高度扩散性与渗透性，使传统产业内的劳动生产率与资本有机构成不断提高；数字与智能技术不同于前两次工业革命，其能够以底层通用技术实现对传统产业的高度"赋能效应"，进而实现产业之间的深度融合发展。伴随着数字与智能技术的数字信息产业加速发展，平台经济与共享经济成为数字化时代引领新经济形态不断向前演化的重要力量。

1982 年中国提出"以市场换技术"的战略方针，旨在通过开放国内市场，吸引外商直接投资，引导外资企业技术转移，从而换取外资企业的先进技术；并且通过消化吸收最终形成自主研发能力，提高中国技术创新水平。"以市场换技术"战略的实施虽有效吸引了外商投资，但外资企业愿意转让的只是标准化的技术和即将淘汰的技术，关乎企业核心竞争力的关键技术却一直保密。21 世纪开始，随着经济全球化进程的加快，全球价值链分工体系逐渐形成，中国企业因技术创新能力薄弱只能依靠廉价劳动力优势，以"代工厂"的身份被长期"锁定"在全球价值链低端的生产制造环节，产业转型升级十分艰难。中国政府开始对过去重技术引进、轻自主研发的政策思路进行反思，并在之后制定的政策中逐步加大对自主创新的政策支持，提出国家创新体系、创新驱动发展战略。在相关政策的推动下，中国技术自主创新的投入水平大大增加。2018 年，按折合全时工作量计算的全国研发人员总量为 419 万人年，是 1991 年的 6.2 倍。中国研发人员总量在 2013 年超过美国，已连续六年稳居世界第一位，已逐步接近创新型国家水平。[②] 在投入大量研发经费的基础上，中国科技创新整体实力显著增强，与发达国家的产业技术差距进一步缩小，在载人航天、探月工程、载人深潜、超级计算机、高速铁路等领域实现重大技术突破。

---

① 数据来源：中国政府网，https://www.gov.cn/xinwen/2019-09/20/content_5431714.htm。
② 数据来源：国家统计局庆祝新中国成立 70 周年经济社会发展成就系列报告《科技发展大跨越 创新引领谱新篇》。

第三节　中国产业组织政策和国有企业改革

产业组织政策是调整产业内企业之间关系，特别是企业间分工协作关系、交易关系和利益关系的政策，其目的是协调垄断和竞争关系，以及建立兼有竞争效率和规模经济的产业组织方式。中国的产业组织政策，从计划经济时期到市场经济时期，分别经历了经济恢复和统筹发展五种经济成分、以部门分工和专业化协作、促进竞争和遏制垄断转型的阶段。

一、中国产业组织政策沿革

（一）计划经济体制时期的产业组织政策

改革开放之前，中国实行计划经济体制，政府为促进经济发展实施一系列经济政策。虽然这些政策的制定并非直接针对产业组织，并且当时中国并未正式引入西方的产业组织理论，也未明确使用"产业组织"这一概念，但客观上的确存在如何处理产业内企业之间分工协作关系这个产业组织问题。因此，可以将计划经济时期解决产业组织问题的措施归结为产业组织政策的历史实践。

1949 年中央制定一系列经济恢复政策，建立集中统一的管理体制，对不同经济成分进行社会主义改造，并且采取不同的管理方式：没收官僚资本并在此基础上发展国有工业企业，实行指令性计划；在财政上统收统支，物资按计划调拨；利用经济手段扶持有利于国计民生的资本主义工商业和个体经济等经济成分发展，同时对危害国计民生的投机、暴利和垄断行为进行打击，将商业投机资本引向生产型工业企业；这些政策都取得了较好效果。

1952 年底经济恢复任务完成后，中国提出过渡时期"一化三改"的总路线，开始向工业化迈进，以优先发展重工业为主要任务。相应地，中央逐步加强集中统一管理，依靠行政手段来支配产业组织发展。这种集中管理体制在当时物资紧缺、市场秩序混乱的情况下，对于恢复经济和稳定市场发挥了一定作用，但该体制忽视商品生产、价值规律和市场主体的自主性，无法实现资源的合理配置和生产要素的有效利用。

1957 年第一个五年计划的胜利完成，使中国建立社会主义工业化的初步基础。

1961—1965 年，国家对国民经济进行重大调整。一是中央加强集中统一管理，上收一批下放不当的企业，针对一些高成本、低效率的小企业，实施关、停、并、转等调整措施，缓解企业规模结构偏低问题。二是针对各地条块分割、分散化经营和分工协作不足等问题，国家在工业、交通部门试办一些托拉斯性质的工业公司，将全国工业组织起来，以专业化和协作为原则，统一规划、合理生产，使供给、生产和销售环节紧密衔接起来，形成专业化生产、大中小型企业相结合的生产体系，使企业规模经济效应得以发挥，有力地促进这一时期的产业组织合理化。三是突出以备战为基点的三线建设，即在三线地区进行大规模的、以加强国防为中心的战略大后方建设。这一政策支持中国在三线地区先后建立一大批航空、航天、电子、核工业等军工和电力、煤炭、钢铁、机械等民用大中型骨干企业，通过这些骨干企业的辐射带动作用，促进配套企业协作发展，在一定程度上带动西部地区的经济发展并完善全国工业体系。

（二）社会主义市场经济体制建立时期的产业组织政策

1978 年党的十一届三中全会至 1992 年党的十四大召开之前，对政府、市场和企业之间关系的讨论和认识不断深入，依靠国家行政计划指令组织生产的经营管理方式有步骤地放开，产业组织问题的研究也在这些领域逐步展开。在 1992 年党的十四大召开之后，市场在资源配置中的作用逐步加强，统一开放、竞争有序的现代市场体系逐步健全，垄断行业和监管体制改革深入推进，产业组织政策逐步受到重视。正式加入WTO 后，中国加快市场开放，外资以更快的速度、在更广的领域进入中国，这导致大型跨国公司利用其规模和技术等优势垄断市场的问题，产业组织政策面临如何解决行政性垄断、经济性垄断和自然垄断相互交织的新挑战。

一是探索横向经济联合和社会主义市场竞争。改革开放初期，在行政性垄断和地方保护影响下，各地重复建设的问题十分严重，"多、小、散、乱"现象在各个行业普遍存在，大中小企业之间无法有效开展专业化分工和协作。为解决中国产业组织结构松散、集中度低等问题，这一时期，国家实施促进横向经济联合的政策措施。历年政府工作报告也提出许多政策要点，在促进横向经济联合方面多次强调各地区、各部门要打破行政分割和市场壁垒，通过联合投资、相互参股等多种方式，发展各种形式的经济联合；并且，鼓励企业与科研单位之间进行横向联合，以解决科技与生产相脱节问题，同时要确保联合的决策权交给企业，坚决抵制各地区、各部门出于局部利益对联合进行干扰，防止其采取行政办法组建联合公司。在发展企业集团方面，为防止形成一家独大的垄断局面，国家鼓励在同一行业内积极发展几个规模不等、各有特点的企业集团，充分发挥企业集团的骨干作用，在资金、物资和权力分配上给予政策倾斜。

二是鼓励优势企业强强联合和多渠道扶持中小企业发展。以 1994 年国务院颁布的《纲要》为标志，国家正式开始制定产业组织政策。《纲要》对产业组织结构合理化作了原则性规定，即在规模经济效益显著的产业发展大企业，形成以少数大规模企业为竞争主体的市场结构；在规模经济不显著的产业鼓励小企业发展，形成大中小企业并存的竞争性市场结构；在产品需要大量零部件组成的产业促进大中小企业的专业化分工协作，形成规模适当的产业组织结构。国家在推动企业横向联合、组建企业集团等方面出台了很多政策，作了很多努力，这使中国的企业集团在短期内迅速发展壮大。

三是反不正当竞争与保护合法经营。在市场竞争发育和企业竞争意识逐渐提高过程中，由于市场制度还不完善，企业的失信成本很低，因此商业贿赂、虚假宣传、违背商业诚信等不正当竞争和恶性竞争依然存在，极大遏制企业间的平等竞争，这些问题迫切需要政府加以解决。这一时期的产业组织政策重点转向市场制度和法规建设方面，致力于规范企业市场行为，营造合法经营和公平竞争的市场环境。为制止不正当竞争，国家于 1993 年颁布《中华人民共和国反不正当竞争法》。这一时期国家还颁布《中华人民共和国消费者权益保护法》，旨在通过立法手段理顺价格体系，规范企业竞争行为。

四是垄断行业竞争性改造和反垄断立法。随着垄断弊端的日益突出，反垄断问题受到国家高度关注，垄断行业改革和反垄断立法协同推进。20 世纪 90 年代中后期，国家对垄断行业进行竞争性改造，通过设立新的市场主体、分解在位垄断企业、分离可竞争环节和资本多元化改造等举措，促进垄断行业市场竞争。为促进非公有制经济发展，2005 年国务院颁布《关于鼓励支持和引导个体私营等非公有制经济发展的若干意见》，对非公有资本进入电力、电信、铁路、民航、石油等垄断行业，供水、供气、供热、公共交通、污水处理等市政公用事业和基础设施领域，以及社会事业、金融服务业、国防科技工业等领域提供政策支持。《中华人民共和国反垄断法》于 2007 年正式通过。该法不仅规定了滥用市场支配地位、经营者集中和垄断协议三大垄断行为，更从中国的国情出发，专门对行政垄断作了规定，明确了各级部门不得滥用行政权力排除、限制市场竞争，显示出中国反垄断政策目标的多元性，对保护市场公平竞争，促进社会主义市场经济健康发展具有重大意义。

（三）全面深化改革以来的产业组织政策

2013年党的十八届三中全会提出"使市场在资源配置中起决定性作用和更好发挥政府作用""坚持权利平等、机会平等、规则平等""加快形成企业自主经营、公平竞争，消费者自由选择、自主消费，商品和要素自由流动、平等交换的现代市场体系""建立公平开放透明的市场规则"等任务举措。这一时期的产业组织政策更加强调从制度上建立统一开放和竞争有序的现代市场体系。

一是全面优化政府和市场的关系。在更大范围、更深层次上，国家放宽垄断行业的市场准入，在金融、石油、电力、铁路、电信、资源开发、公用事业等更多领域放开竞争性业务，在项目核准、融资服务、财税政策、土地使用等方面一视同仁，严惩各类违法实行优惠政策的行为，确保非公有制企业能够自由、平等地进入垄断性行业，公平参与市场竞争。

二是建立公平竞争审查制度。为消除阻碍公平竞争的各种制度性障碍，国家加大对公平竞争的监管和审查力度。在市场监管方面，2014年颁布的《关于促进市场公平竞争维护市场正常秩序的若干意见》，基于保障公平竞争和维护市场秩序，明确提出到2020年建成体制较为成熟、制度更加定型的市场监管体系。为防止和治理政府出台排除、限制竞争的政策措施，清理废除妨碍全国统一市场和公平竞争的规定和做法，2016年国务院印发《关于在市场体系建设中建立公平竞争审查制度的意见》。随后，国家发展和改革委员会联合有关部门制订了实施细则，各地方政府也陆续颁布建立公平竞争审查制度的具体实施意见。

三是鼓励创新创业和为小微企业减负降费。随着大众创业、万众创新的深入推进，小微企业在稳定增长、扩大就业、促进创新和推动产业转型升级等方面的作用受到重视，对小微企业的政策扶持逐渐加强。国家对小微企业实施普遍性降费政策，大幅度取消各种行政事业性收费和政府性基金项目，并在财税、金融、商事制度、服务体系等方面对该类企业提供更多的政策支持。2016 年，工业和信息化部发布的《促进中小企业发展规划（2016—2020 年）》又提出"互联网＋"小微企业专项行动、"专精特新"中小企业培育工程等关键工程和专项行动。

（四）未来产业组织政策展望

随着市场的开放和完善，经济发展迫切要求加强公平竞争制度建设，通过公平竞争提高资本、土地和劳动力等生产要素的配置效率，增强企业和整个经济体系的创新能力。未来中国产业组织政策应以公平竞争制度建设为主线，将政策着力点从市场准入和市场结构监管转变到进入后企业的行为及其对市场绩效的影响，使竞争政策在培育世界一流企业、促进新兴产业成长和攻克核心技术方面发挥积极作用。

（1）使公平竞争成为产业组织政策的基本支点，以公平竞争遏制垄断。总体来看，在全球产业链分工中，中国的大多数企业仍然处于产业链的中低端，核心技术掌控能力弱，与世界一流企业差距较远。为此，党的十九大报告强调"培育具有全球竞争力的世界一流企业"。而在世界一流企业的成长过程中，即使有一批优质企业形成很强的行业垄断力，并且成为创造性资产和能力的生产者、组织者和使用者，但只要降低准入壁垒保持足够强的竞争压力，仍然可能改进产业绩效。因此，要实施以开放遏制垄断的战略，使公平竞争成为产业组织政策的基本支点，放宽国内市场准入，引进更多的国内外竞争者，使更多的企业受到竞争洗礼。只有这样，才能促使企业专注于通过创新提升竞争力，在公平竞争中采取自我发展、兼并重组与跨界融合等方式，做大做强，形成他人难以复制的技术能力和组织能力，推动企业向产业链中高端攀升。国家要推动公平竞争的法治化与制度化，严格执行知识产权保护法，切实保护创新者的合法权益，使企业在竞争中能树立正确的"义利观"，秉承构建"人类命运共同体"与"责任共同体"的价值观，正确履行对相关利益主体的责任，与当地社会、经济、环境共促和协调发展，做有担当、信誉良好的一流创新企业。

（2）促进新兴产业形成与发展，预防和治理新型垄断行为。以互联网、物联网、云计算和大数据为标志的新业态的快速成长及其引致的数字化、智能化、网络化和共享化制造技术的广泛应用，是全要素生产率提高的主要动力之一。基于信息化和工业化交叉融合发展的新兴产业将演化为主导产业，是持续推动中国产业结构优化升级和高质量发展的关键。新兴产业的形成和发展需要预防和治理平台垄断，使各类企业能够创造、发现和利用商业机会，确保市场竞争有效运行。互联网平台作为一种新型产业组织形态，具有联系消费者和生产者并促成其交易的功能，兼具竞争性和垄断性。对于平台垄断，政府可以采取包容审慎的监管方式，弱管制、少限制，鼓励其创新发展，重点管制其垄断行为。

对于新兴产业，政府应基于动态原则，根据产业生命周期制定相应的产业组织政策。在新兴产业的萌发期和导入期，未知大于已知，过严的监管必然束缚其发展。只要不触及法律底线、安全底线和公众利益底线，这一阶段应本着鼓励创新的宗旨，营造勇于试错、敢于创新、崇尚合作的社会生态文化系统，引导风险投资基金和政府基金注入新兴产业，鼓励其发展壮大。在新产业的快速发展期，高效率的企业已从激烈竞争中脱颖而出，这时的产业组织政策应聚焦于预防和制止实施反竞争行为，如平台垄断、数字垄断和知识产权垄断等。重点防治互联网平台企业实施强制独家交易等新型垄断，针对强制经营者接受不合理条件等反竞争行为，要及时追踪研究其对消费者福利的影响，探索保护平台两端消费者和经营者利益的方法，破解新经济和平台垄断的手段和方法，进一步完善新产业革命下的产业组织政策。

（3）构建开放式协同创新体系，为突破核心技术提供组织保障。核心技术创新要求改变单向、封闭的线性创新系统，调动更多社会主体和资源积极开展创新活动，集聚各方在基础研究、科技成果产业化和产品开发等方面的专长，构建开放式协同创新体系，使企业、高校科研机构、供应商、用户、投资方和政府通过开放式协同的交互作用，形成攻克核心技术的组织和能力。产业组织政策要鼓励政企产学研拓展协作的广度和深度，激发企业创新主体地位，支持核心企业整合产业链各类企业和资源，形成突破关键基础材料、核心基础零部件的工程化、产业化瓶颈的合力。对于研发周期长、市场纠错成本高、网络效应强的关键零部件，加强基础研究和竞争前的技术研发投入，支持行业骨干企业组织相关企业和机构，建立产业战略技术联盟，提高研发能力和效率。中小企业是产业链各个节点的连接者，产业链的有效运行需要通过长期契约和股权关联，搭建大中小企业有效分工协作的产业组织体系，形成以核心企业为中心、中小企业为模块节点的产业链系统，为突破核心技术提供组织保障。中国现行的产业组织政策主要形成于改革开放以来培育市场竞争和遏制垄断的实践，也继承了改革开放前分工协作、大企业带动协作企业和发挥政府作用等做法。1957—1978 年，国家实施部门分工和专业化协作，采取试办托拉斯、在工业和交通部门建立专业公司和大企业，带动行业发展等产业组织政策，积极探索调整政企关系和解决条块分割问题，建成一个基本完整的工业体系。改革开放 40 余年间，大力培育发展各类市场主体，市场竞争逐步发育成长，产业组织政策从改革初期的支持横向经济联合和提高市场集中度转变为遏制垄断和促进竞争。随着市场的进一步开放和完善，未来中国产业组织政策应以公平竞争制度建设为主线，保障各类市场主体的公平竞争，鼓励新兴产业成长，形成有利于突破核心技术的产业生态系统。

二、中国国有企业改革创新

中国国有企业改革始终与国家的发展保持同步，先后经历逐步建立巩固阶段、局部改革探索阶段、整体性改革创新阶段和新时代系统化分类改革阶段。国有企业总体上实现与社会主义市场经济的融合发展，同时国有经济布局更加合理，国有资本监管制度更加有效，初步建成具有中国特色的现代企业制度。

（一）逐步建立巩固阶段

在这一阶段，从中国国有企业形成的来源来看，大致可以分为五个部分。一是没收的官僚资本。二是不同阶段革命根据地发展过程中所形成的国有经济。三是通过社会主义改造形成的国有企业。四是在这一阶段陆续新建成的一批国有企业，这些企业为新中国工业发展打下坚实基础。五是一些外资在华企业因被转让、管制和征用而形成的国有企业。虽然在 1958 年、1970 年，国家先后两次把国有企业下放给地方，以激发国有企业的活力，但实际效果并不明显。由于没有正确地认识社会主义初级阶段的基本经济规律及其具体表现形式，导致对国有制经济的片面认识，错误追求国有经济占比高度单一化，这种"体制崇拜"严重扭曲社会资源配置机制。在这一时期，国有企业始终是国家的附属物，人、财、物由政府统一调配，企业没有任何自主权，政企不分、体制机制僵化。计划经济体制下的国有企业效率普遍不高，财政负担日益加重。1978 年，工业部门亏损达 40 亿元，其中国营小企业造成的亏损达 22 亿元（石涛，

2019）。日益沉重的财政负担反过来扭曲社会资源配置机制，在这种情况下，国有企业改革迫在眉睫。

（二）局部改革探索阶段

从 1978 年开始，国家财政连续两年出现赤字，为了增加财政收入，减少财政赤字，必须要对国有企业进行改革。国有企业改革的突破口是从扩大企业自主权开始的。最初的改革试点始于四川，后来在北京、上海等八家企业进行扩权改革试点。1979 年 7 月，国务院颁布《关于扩大国营工业企业经营管理自主权的若干规定》等五个文件，对企业所拥有的自主权进行明确规定。1981 年，所有国有企业全面实施扩大企业自主权改革。受到农业领域推行生产责任制的启发，在 1981 年 4 月召开的全国公交会议上提出在公交企业推行经济责任制，随后推广到其他工业生产领域，从而进一步调动广大国有企业的积极性。1983 年，中央决定推进"利改税"来取代"工业经济责任制"。1983 年的第一次利改税按照盈利程度采取不同的政策。1984 年 10 月开始的第二次利改税则按照国家规定的 11 个税种缴纳税收，逐步实现利税并存向单一缴税转变，税后利润则由企业自主支配。从 1986 年开始，国有大中型企业先后实行两轮承包制。在国有企业的管理上，党委领导下的厂长负责制转变为厂长负责制。1992 年 7 月，国务院颁布的《全民所有制工业企业转换经营机制条例》提出"使企业适应市场的要求，成为依法自主经营、自负盈亏、自我发展、自我约束的商品生产和经营单位，成为独立享有民事权利和承担民事义务的企业法人"。虽然这一阶段的国有企业是通过持续扩大企业自主权来推进改革的，但由于改革的总体目标和方向不明确，这个阶段的改革也只是一种局部性探索，无法从根本上对政府和国有企业的关系进行调整，这就使得改革依然停留在原有的政企框架内，无法实现改革的根本性变化。

（三）整体性改革创新阶段

1993 年 11 月，党的十四大第一次明确提出建立社会主义市场经济体制，为国有企业改革指明方向，即国有企业必须要转变为市场经济的微观主体，并实现与市场经济的融合发展，这就要求国有企业必须进行整体性改革，才能够实现与市场经济的融合发展。在建立社会主义市场经济体制这一目标明确的根本前提下，就需要对国有企业经营机制进行一个大的转变，以更好地将其融入社会主义市场经济发展中。1995 年 9

月，党的十四届五中全会明确提出："要着眼于搞好整个国有经济，通过存量资产的流动和重组，对国有企业实施战略性改组。这种改组要以市场和产业政策为导向，搞好大的，放活小的，把优化国有资产分布结构、企业组织结构同优化投资结构有机地结合起来，择优扶强、优胜劣汰，形成兼并破产、减员增效机制，防止国有资产流失。"随后在 1997 年 9 月召开的党的十五大上再一次明确国有企业改革的方向是建立现代企业制度，并且强调"抓大放小"的改革思路。由于对国资监管机构地位和作用存在模糊的认识，因此在 1998 年国务院机构改革的时候，国有资产管理局被并入财政部，导致监管效率低下。2003 年 10 月，党的十六届三中全会提出"产权是所有制的核心和主要内容"，首次明确提出要建立归属清晰、权责明确、保护严格、流转顺畅的现代产权制度。在推动国有企业改革的过程中，国家先后实施组织结构的布局调整、主辅分离、辅业改制、企业破产、债务重组、分离企业办社会职能、成立资产经营公司、大企业股权多元化改制、企业上市等措施；基本上实现国有企业与市场经济的融合发展。

（四）新时代系统性分类改革阶段

在党的十八届三中全会提出的"准确界定不同国有企业功能"的基础上，国务院印发了《中共中央国务院关于深化国有企业改革的指导意见》，该文件就新时代国有企业改革进行顶层设计、框架构建和路线图描述，并首次提出将国有企业分为商业类和公益类的重要观点。随后在《关于国有企业功能界定与分类的指导意见》中全面阐述两类国有企业改革的思路，并进行系统性安排。从宏观层面来看，中央层面出台"1+N"系列文件，而后各省市纷纷出台相关的配套政策，从而使此轮改革一开始就有明确的"施工图"。从中观层面来看，政策明确提出要实现从管资产到管资本的转变，并为此逐步开展国有资本投资、运营公司试点改革。从微观层面来看，国有企业改革以分类改革为主线，对商业类和公益类国有企业进行分类监管、分类考核等。

国有企业改革经历了体制转轨、经济社会全面转型的历史性跨越，并且国有企业逐步从计划经济条件下的政府附属物转变为市场经济的微观主体。作为中国特色社会主义的重要物质基础和政治基础，国有企业在推动经济社会发展、保障和改善民生、保护生态环境等方面发挥着日益重要作用。

第四节 中国产业全球化政策的演变

全球金融危机后，世界经济的发展正面临一系列深刻变化，以制造业的数字化、可再生能源为代表的新一轮科技革命与产业变革正在兴起，发达国家纷纷提出重振制造业的战略并促进制造业回流；与此同时广大发展中国家则致力于推进基础设施建设、完善产业配套条件、吸引外商直接投资，以此发挥比较优势、推动劳动密集型产业发展。以 TPP 和 TTIP 为代表的新型国际贸易体系加快推进，使当前国际产业分工格局呈现出服务贸易与商品贸易并重、产业内和产品内垂直分工快速发展和发达国家主导的特点。

中国经济在经历三十多年的高速增长后，进入中高速增长的新常态，中国已经是国际产业分工格局中的重要力量，但仍处于国际分工体系的低端。而未来短时间内，国际垂直产业分工的格局不会发生根本性改变，但服务贸易的重要性将日益突出，发展中国家特别是新兴经济体将会扮演日益重要的角色，中国在全球分工体系中的地位将会继续提升，有望从全球价值链的低端向中高端升级，并在全球价值链治理中发挥越来越积极的作用。

一、全球视野下国际产业分工的特点及影响

国际产业分工是指在全球范围内，各个国家和地区按照各自的优势和资源，通过跨国企业、外商投资及国际贸易等渠道，分工合作来完成整个产业链的生产流程。由于各个国家和地区在不同的产业环节拥有不同的优势，因此形成全球分工的产业链。一些发展中国家和地区的劳动力成本较低，因此可以接受一些劳动密集型产品的生产，从而获得更多的就业机会。国际产业分工可以促进技术的交流和转移，从而提升各国的技术水平，同时也可以让新技术迅速应用在市场上。从分工特点来看，主要有三个方面。

一是服务贸易快速发展与"服务—制造"新分工形态。世界服务贸易快速发展。按照经济发展的一般规律，三次产业结构会随着经济发展水平的提高由"二、三、一"向"三、二、一"转变。当发达国家进入后工业化社会后，其产业结构的重心也转向

服务业。服务业不但占世界经济总量的比例越来越高，也成为国际产业分工的重要内容，服务业在国际产业分工体系中的重要性将会继续强化。

二是产业内和产品内分工是制造业分工的主要形态。在传统的国际产业分工格局中，占主流地位的是产业部门之间的分工，即工业制成品生产国与初级产品生产国之间的分工及各国不同产业部门之间的分工。发达国家和发展中国家是一种垂直的分工格局，即发达国家进口原材料、出口工业制成品，发展中国家出口原材料、进口工业制成品。第二次世界大战以后，发达国家和发展中国家以零部件和中间投入品为中心展开的产业内或产品内分工模式蓬勃发展。工业产品从原材料到最终产品的形成需要经过若干可分解的过程，构成价值链的不同环节。垂直分工从制造业扩展到服务业，伴随服务业在国际产业分工中地位上升的是服务业内垂直分工的蓬勃发展。

三是发达国家主导的分工格局向多极化方向发展。发达国家长期主导国际产业分工。国际产业分工格局根本上是由一个国家的企业核心能力或竞争力所决定的。企业可以通过两种方式参与从而影响国际分工格局。一是通过国际直接投资的方式，利用所有权关系下的科层体系构建其全球的生产网络；二是通过市场采购关系参与全球价值链分工。新兴经济体在国际产业分工中的地位呈现不断上升的趋势。全球化红利推动了以中国为代表的新兴经济体的高速增长。

从影响来看，国际产业分工加速了全球化进程。各个国家和地区在经济上的相互依赖和分工合作加速了全球化的进程，同时还能让各国的经济在全球范围内实现协同发展；但也会使不同国家和地区的发展不平衡。一些发达国家和地区持有高附加值的技术和核心产业，而一些发展中国家则主要从事原材料加工、劳动密集型产品生产等低附加值的环节，还可能引发就业和社会问题。国际产业分工的实现不平衡，可能会导致一些国家和地区的劳动力失业，以及国家收入和社会财富分配不均等问题。

二、全球化视角下中国产业政策的调整与重构

随着全球化的发展，中国的产业政策也在不断调整和重构。在这个过程中，中国政府一方面需要考虑国内的经济发展和产业升级，另一方面也需要适应全球的经济和政治环境。

首先，中国政府需要调整产业政策以适应全球化的趋势。中国政府需要实施开放型产业政策，促进国内企业与全球企业之间的合作与交流，提高中国企业在全球市场中的竞争力。中国通过降低企业税费负担、扩大开放等举措，吸引海外投资和技术，从而促进中国企业的国际化和全球化。同时，中国也在加强知识产权保护、完善法制和加强监管，以提升投资环境和营商环境，帮助中国企业在全球市场中更好地站稳脚跟。

其次，中国政府需要重构产业政策以适应经济结构的变化。随着中国经济的发展，从以低成本、高利润为主的制造业向高科技、高附加值的产业升级，需要政府重新调整产业结构和布局。中国也在加强技术和创新能力，推动产业升级和转型。例如，在智能制造、新材料、新能源等领域加大投入，推动科技创新和产业融合，提高中国的制造业竞争力，以培育更多高科技、高附加值的产业，提高中国制造业的国际竞争力。

最后，中国政府需要重构产业政策以适应环境保护和可持续发展的要求。在全球化背景下，环境保护和可持续发展已经成为全球关注的热点问题。中国政府需要更加注重环境保护和可持续发展政策，加强环境保护监管，鼓励企业研发环境保护技术，改进生产方式和生产工艺，促进经济的可持续发展。

总之，全球化已经深刻地改变中国和全球经济的结构和形态。在全球化背景下，中国政府需要不断地调整和重构产业政策，以适应全球化趋势和国家经济发展的需要。

第八章　中国产业政策的经验总结与新时代战略取向

新中国成立以来，中国出于发展经济和优化产业的目的，出台和推行了一系列产业政策。这些产业政策在助力相关产业发展、实现产业赶超上取得了较好的效果，但产业政策在执行过程中也出现了一定的扭曲市场的行为。而且，近年来全球产业竞争叠加了安全导向，同时全球公共卫生危机和地缘政治冲突的加剧都导致产业政策出现新的变化，其目标需要兼顾安全与发展，需要中国的产业政策进行转型来加以应对。

第一节　中国产业政策的经验总结

一、产业政策的动态调整与全生命周期管理

实践证明，产业政策的实施效果与政策制定执行的机制、举措密切相关。产业的发展具有不确定性，技术标准、市场需求的变化可能使得早期政策的实施效果因不适应新形势而大打折扣。因此，政策支持的重点领域及工具需要根据产业发展的现实情况进行动态调整。从产业政策的前期研究、制定、实施、督察、评估、反馈再到完善和退出，都需要全流程一体化治理。中国产业政策在部分领域得以成功的重要经验之一是强化政策的动态调整机制，对政策进行全生命周期管理。

首先，不同产业在不同时间点面临的约束性条件不尽相同，需要政府予以支持的方面也有所差异。成功的产业政策往往是针对产业的具体发展阶段和现实需求的，并非放之四海皆准的铁律。例如，根据产业发展的时间节点，产业政策的目标和工具应当有所差异。产业发展的早期政策应当更加注重对基础设施、人才及技术研发的支持，为产业的成长提供空间。随着产业的逐渐成熟，政策应当注重营商环境的优化，提供有效的知识产权保护，并且提高相应的政策支持门槛，避免企业形成对优惠政策的依赖。在产业具备一定竞争力后，政府需要强化市场竞争的激励作用，防止单个企业一

家独大，降低市场活力。而从不同产业的特点来看，新兴产业、传统产业、服务业等不同行业的要素禀赋有较大差异，政策提供的要素支持需要根据产业特点进行调整。以新能源汽车为例，早期主要通过国家科技专项和公用车补贴支持汽车企业研发生产，后期从消费者购车补贴、税收优惠角度进行需求侧激励。在技术方面，电动汽车补贴的技术标准不断提升，补贴最低续航公里数最初设定为80—150公里，2018年设定为150公里，2019年设定为250公里，2020年又提高为300公里。通过提高补贴的技术标尺，对新能源汽车企业产生了较好的激励效果。

其次，在政策执行过程中需要及时根据政策落实情况调整支持方式以减少企业的机会主义行为。通过政策工具的调整，降低部分市场主体的政策套利动机。例如，针对新能源汽车补贴中出现的骗补现象，中国政府一方面通过补贴退坡措施减少对新能源车企的直接补贴，另一方面出台双积分制度引导企业不断升级技术，提高市场竞争力，避免产品固化。特别是从补贴车企转向补贴消费者的政策调整，有效减少了事前补贴带来的逆向选择问题。因此，中国产业政策既需要注重政策的制定，也要在实行过程中加强动态管理，根据产业发展情况、技术变化及时进行调整。特别是当产业具备自生能力时，产业政策应当适时退出。

二、注重产业政策中的政企互动

产业政策作为一种集中化的决策模式，需要决策者对未来的主导技术和发展路径有着准确的预测。传统的产业政策能否成功，在很大程度上取决于制定者的认识。产业政策的制定和实施需要充分吸纳各利益相关方的建议，提高社会参与度，充分反映不同主体的利益诉求。特别是如果能够在决策和执行过程中充分发挥企业的积极性，将有助于减少信息不对称带来的政策偏差。

第一，企业参与和推动政策的出台有利于提高政策实施效率。相比于政府决策部门，企业经营者直接面临市场竞争，对产业发展当前面临的问题和政策需求更为了解。通过与相关企业的座谈和沟通，政府可以出台更加符合产业发展实际的政策举措。特别是在人工智能、大数据、区块链和智能网联汽车等技术进步飞速且颠覆性产品不断涌现的行业，政府很难深入了解产业发展的最新问题，相关企业的建议显得更为重要。

一方面，成功的产业政策往往在政企沟通协作上较为畅通，企业参与感强。通过建言献策的官方渠道，企业可以直接反映现实需求，这在很大程度上降低了政策偏差。例如，部分新兴产业在政府扶持前已经有一定的发展，但在经营中面临新的瓶颈。在这种情况下，企业通过行业团体或者参与官方座谈会的方式呼吁和建议相关部门出台相关政策。由于该产业前期已经具有相关基础，因此在较大程度上避免了自生能力不足的问题（王勇，2011）；同时，根据企业的现实问题，出台的政策举措也更具针对性。例如，在出台液晶显示产业的政策过程中，国内龙头企业京东方发挥了重要的助推作用；而新能源汽车政策的出台也与汽车行业专家提交的一份以比亚迪汽车为对象的《一个解放思想走在时代前列的自主创新典型》调研报告息息相关（赛迪智库，2022）。2014 年，第三方智库"中国电动汽车百人会"吸纳了政府、科研院所、企业，对于新能源汽车实现跨领域、跨部门及政企互动发挥重要作用。

第二，政策调整充分吸纳企业的建议以促进政策的落地。在政策执行过程中，政府与代表性企业或者行业协会直接沟通，并积极互动，使得产业政策的支持工具和目标更加契合产业发展实际。例如，为了支持造车新势力进入市场，政府通过与产业界的沟通，调整了新能源汽车的目录管理办法，激发了市场活力（范保群等，2022）。当然，除了企业的重要参与作用外，与产业政策执行密切相关的地方政府、行业协会、学术机构及公众都可以纳入产业政策审议当中。对于涉及各方利益的重大经济决策，应当通过座谈会、实地调研、问卷调查等方式邀请各方参与政策的起草过程，广泛听取相关主体的建议。此外，需要加强涉及企业的产业政策的公开力度及意见征求。

三、产业政策与竞争政策并重

中国产业政策的一个重要特征是对微观经济进行直接干预。在政策实施的早期阶段，政府倾向于采用补贴等方式支持个别企业（特别是龙头企业）发展，以期发挥示范引领作用。但这种方式的缺陷在于可能会增加部分企业的竞争优势，甚至形成垄断进而不利于产业的长期发展。特别是由于政府掌握了政策资源，许多企业倾向于通过寻租的方式获得政府补贴，这加剧了腐败的滋生。企业经营者将精力投入政治关系的建立和寻租上，而相应地减少了产品研发、成本缩减的动力。在位的大企业获得了大量补贴支持，但缺乏技术升级的动机；而中小企业及新进入企业难以扩大市场份额，市场中低效率企业无法及时被淘汰。更为重要的是，由于产业政策主要由中央政府和部委出台、地方政府负责落实，地方政府出于发展本地产业的目的，更多倾向于补贴本地企业而对外地企业有政策歧视。通过各类"隐形门""旋转门"和"玻璃门"限制外地企业的自由进入，并减少政策支持。由于补贴资源的配置效率不高，因此有失偏颇的支持造成市场效率低下。例如，在各地政府出台的配套政策中，更多支持本地企业布局相关的产业，容易产生行政垄断问题。Aghion 等（2015）的研究也强调了具有竞争性特点的补贴政策对于产业的积极影响。他们发现更具竞争性或者能够激励企业间竞争的补贴政策，能够有效地刺激企业提高生产经营效率。

纵观中国产业政策的成功案例，产业政策能否使得目标产业具备市场竞争活力，在很大程度上取决于是否在支持特定产业的同时充分尊重市场竞争的作用。为此，需要强化市场在资源配置中的基础性地位，发挥竞争性政策对产业政策的促进作用；在产业政策制定和实施过程中，更加注重引入竞争机制，做好产业政策和竞争政策的协调。以新能源汽车产业政策为例，在政策实施初期，地方政府通过各种隐形障碍和明文规定要求受补贴企业必须采购本地零部件或在本地设厂。《福建省新能源汽车推广应用本省配套补助资金管理办法》提出，企业申请省内的补贴支持，必须证明车辆安装有本省企业生产的电池等关键零部件。厦门市则规定，向厦门市申请新能源汽车产业政策支持的企业必须在当地设立独立法人的汽车销售机构。可见，地方政府在经济锦标赛的体制下容易将产业政策视为保护地方产业的工具，这一做法由此降低了政策的整体效率。针对这一情况，2013 年的《关于继续开展新能源汽车推广应用工作的通知》中明确提出"推广应用的车辆中外地品牌数量不低于 30%，不得设置或变相设置障碍限制采购外地品牌车辆"。此外，通过引入特斯拉及补贴合资企业开发新能源汽车，使得新能源汽车的市场活力更足。特斯拉这一外资新能源汽车企业的进入发挥了"鲶鱼效应"，避免国内企业一家独大，或进行低质量竞争。2018 年，工业和信息化部印发的《道路机动车辆生产企业及产品准入管理办法》中允许企业间开展研发生产合作，委托加工生产。这一政策对于蔚来、小鹏和理想等新能源汽车企业的出现产生了积极作用，同时也减少了产业政策的偏向性特征容易导致的垄断问题（中金公司研究部，2023）。

因此，对于产业政策制定和实施过程中竞争不足的问题，可以从以下两个方面进行调整：一是要强化反垄断政策及国有企业的改革。在能源、交通和电信等自然垄断领域，实施产权结构的多元化及混合所有制改革，引入非国有资本发挥混合所有制企业的竞争优势。坚持竞争中性原则，在产业政策实行过程中进一步放开民间投资的市场准入，消除各类隐形壁垒。二是要完善市场竞争的优胜劣汰机制。对于破产企业的信贷和资产处置及人员安排制定相关法规，加快僵尸企业的清理，为正常企业的发展创造条件。

四、供给侧与需求侧协同发力

作为后发国家，中国在支持产业发展中常常对相关企业进行补贴扶持。在这一政策支持下，中国在较短时间内建立起较为完整的工业体系，特别是在战略性新兴产业上有了长足进步。但企业依赖补贴也造成产能过剩、价值链低端化锁定等问题，产业核心竞争力仍然不强。并且这种支持方式也引致了国际上大量的反补贴调查，对中国产业政策的实施产生了较大影响。因此，在注重供给侧支持研发生产的同时，应当加强市场需求培育，发挥市场竞争的作用，刺激企业打造自身竞争力。通过调整优化、创造社会需求来引导和促进产业发展。相较于供给侧政策，需求侧激励对企业创新的促进效果更为明显，事后的支持也减少了骗补的发生。

欧美等经济体在发展自己产业的过程中也大量采用需求侧政策。例如，美国政府通过国防采购及航空航天任务分包的形式支持高科技初创企业，对于激发民间企业参与航空航天产业具有重要的激励作用。而在中国，供给侧与需求侧并重的产业政策同样发挥了较好的政策效果，光伏产业是供给侧与需求侧的产业政策共同发挥作用的典型案例。2011 年之前，中国主要采取供给侧的补贴方式，通过"金太阳示范工程"等一系列项目对光伏工程的建设给予 50%—70% 的补贴。在补贴政策的激励下，大量企业投身于光伏产业建设。尽管这在短期内增加了光伏产能，但同时也造成了产能过剩的问题。特别是在 2011 年，中国的光伏产业还因补贴政策遭受外国的反倾销调查，导致产业发展受阻。2011 年之后，中国主动调整政策工具，国家发展和改革委员会印发《关于完善太阳能光伏发电上网电价政策的通知》，将以往的事前补贴调整为事后补贴，即对用电环节予以支持。光伏产业由此走出产能过剩、低端发展的困境。在新能源汽车产业的布局中，中国同样重视市场需求的培育和激励。2009 年，财政部和科技部联合发布《关于开展节能与新能源汽车示范推广工作试点工作的通知》，在全国 13 个城市开展节能与新能源汽车示范推广试点工作，鼓励在公共服务领域率先推广新能源汽车。2010 年，由财政部、科技部、工业和信息化部及国家发展和改革委员会联合印发《关于开展私人购买新能源汽车补贴试点的通知》，支持私人用户购买新能源汽车，最高补贴标准达到 6 万元。随后，中国通过车船税和汽车购置税免征，以及新能源汽车充电设施补贴，为培育市场需求提供良好的支持。

在政策支持下，中国新能源汽车产业蓬勃发展，涌现了一大批造车新力量。尤其是对于战略性新兴产业而言，需求侧激励政策具有如下优点。第一，需求侧激励可以引导社会需求，促使企业更加注重市场化开发。中国采取的首台套优先采购、产品购置税减免就是典型代表。第二，需求侧激励有助于发挥竞争对产业发展的积极作用，培育产业自生能力。相对于供给侧政策，需求侧政策支持有利于营造充分竞争的市场环境。需求侧政策不是通过直接给予某个企业资金和场地支持，而是将技术标准和产品质量作为评判企业是否获得政策优惠的标准。由于需求侧激励属于事后政策，因此能够有效地减少企业主动调整生产以换取政策优惠的机会主义行为。第三，需求侧激励更加符合国际贸易规则，许多国家都采用类似的手段支持产业发展。总体来看，以扩大内需作为抓手，通过市场竞争提高企业竞争力是未来产业政策调整的重要方向。

第二节　新时代中国产业政策面临的主要问题与挑战

一、新形势下产业政策更加重视产业安全

当前，产业发展受国家竞争的影响较大，产业也呈现发展与安全并重的趋势。因此，产业政策的目标应该统筹考虑产业发展和产业安全问题，当前阶段，中国产业安全面临来自国内国际的双重威胁。一方面，产业链自主可控程度不高，安全性稳定性不强，这使得中国产业发展容易受到国内外经济发展环境的冲击，抗风险能力有待提升。另一方面，大国博弈进入新阶段，以美国为首的西方国家贸易保护主义思潮抬头，使得中国在一些关键技术领域面临严峻的"卡脖子"局面。同时，全球地缘政治风险

加剧，中国产业链供应链安全受到较大冲击。中央反复强调"产业政策要准"，就是要避免出现"选择性偏差"，强调产业政策要做到发展和安全并举，这也是与国家发展阶段变化、产业技术水平提升、对外经贸格局演变相适应的。产业安全导向很重要的一点就是产业政策需要实现传统单点政策向产业链政策的转型，产业链政策能够整合上下游，重点在于提升产业链整体的稳定与安全。

当前，世界主要发达经济体均加强了对本国产业的保护，尤其是在受全球新冠肺炎疫情冲击、经济遭受下行压力的背景下，美国等发达国家开始重视以国家利益导向的产业政策，主要包括直接补贴企业、贸易保护主义和恢复购买国货条款，此外还进一步加强了对华出口管制和实施制造业回流战略。在大国博弈背景下，与传统替代战略相比，中国需要通过"筑长板"构建非对称竞争优势，开辟新的技术路线，在产业政策上也需要形成对等的反制措施。在产业政策博弈中，美国更多采取一种零和博弈思维。美国政府对中国的高技术行业实施了范围日益扩大的技术封锁和关键零部件、设备封锁，从过去传统的与军事用途相关的领域扩大到民用领域。之后，更是在集成电路、人工智能、生物医药等领域与中国开展竞争，并且采取补贴等方式促使全球主要半导体企业在美国建厂、扩大产能，这进一步放大了中国产业链供应链的风险。上述变化都要求中国的产业政策需立足产业安全，有针对性地进行调整与应对。

二、立法与政策不协调，企业主体参与有限，标准不高

一是前瞻性不足和后续政策多变，产业政策缺乏稳定性与持续性。与欧美等国不同，中国的产业政策很多以政策条例和行政命令的方式发布，而欧美产业政策多以法案形式颁发，尤其在创新性较强的领域和涉及国际经济竞争的产业范围中，这一做法有利于保持产业政策的持续性和稳定性，以及规范产业政策的执行。中国产业政策中央层面的制定机关是国务院，并且政策多以条例形式发布。现阶段中央政策和地方政府的产业政策，仍然大量以行政命令的方式制定和实施，这增加了产业政策的不确定性，使政策效果大打折扣，甚至可能因为政策的随意性过大，导致寻租等现象的产生。例如，很多产业扶持政策效果不佳，问题主要不在于扶持政策本身，而在于政策执行环节。扶持的产业选择和资金投向不科学、不透明且随意性较大，会让企业的获得感

不强。

二是产业政策由政府部门主导出台，企业等市场主体有限参与。当前产业政策缺乏企业等市场主体的有效参与，这一现象在中国产业政策的制定中尤为突出。尽管政府在制定产业政策时可能考虑到一些企业的需求和意见，但整体上企业在制定政策过程中的参与度还是不够的，导致政策的针对性和可行性存在一定的局限性。首先，缺乏企业等市场主体的参与可能导致产业政策脱离实际需求。由于信息不对称、信息不充分等，政府难以准确把握产业的发展方向，使得产业政策目标、范围、着力点存在一定的偏差，这一点在通过产业政策选择主导产业、未来产业和对弱小产业进行扶持方面表现得尤甚。如果政府无法有效地获取和倾听企业的声音，就难以准确把握产业发展的实际需求和问题，这可能会导致政策与实际情况不相符的情况。其次，缺乏企业等市场主体的参与可能导致政策的可行性不足。产业政策的制定需要充分考虑市场的反应和实施的可行性。如果企业等市场主体没有参与其中，政府制定的政策可能缺乏实际操作的可行性，无法顺利落地。企业在实践中能够提供宝贵的经验和见解，帮助政府评估政策的可行性、风险和影响，以及相关政策对企业的具体要求和配套措施。最后，缺乏企业等市场主体的参与也可能削弱产业政策的灵活性和适应性。如果政府独自主导产业政策的制定，可能无法及时捕捉到市场变化和企业创新的需求，导致政策的滞后性和僵化性。相反，如果产业政策的制订过程能够引入企业等市场主体的参与，就能够更好地借助市场的力量进行信息共享、资源整合和创新推动，从而增强产业政策的灵活性和适应性，以便政策能更好地应对市场的变化。

三是产业政策的制定和实施过程未能充分对标国际高标准规则。在产业政策的制订和实施过程中，与国际规则的对接程度直接影响着中国经济发展和全球产业合作水平。首先，不充分对接国际规则会导致中国在国际贸易中面临各种挑战和阻碍。国际贸易体系日趋复杂，各国纷纷采取保护主义措施，贸易争端和反倾销调查频繁发生。由于中国的产业政策未能充分与国际贸易规则对接，因此极容易引发贸易争端和反倾销调查，进而限制中国产品的出口。此外，国际规则对于知识产权保护、市场准入、投资自由等方面也有相应要求，如果中国产业政策与国际规则不协调，就会严重影响中国企业在全球市场的竞争力。其次，不充分对接国际规则还会阻碍中国与其他国家的产业合作和合作伙伴关系的建立。在当前全球化背景下，各国通过产业政策的协调与合作，共同开发新技术、共同推动产业升级、共同参与全球价值链，能够实现互利共赢的局面。然而，如果与国际规则相脱节，将难以与其他国家建立良好的合作关系，错失与其他国家共同发展的机会。最后，不充分对接国际规则还会影响中国产业的创新能力和竞争力的提升。国际产业政策规则通常要求各国加强知识产权保护、提高产品质量和安全标准，推动产业升级和创新发展。与国际规则不匹配意味着产品质量和产品标准不一致，产品认可度下降，将难以打开国际市场，无法获得消费者的青睐。中国传统的产业政策以出口补贴、出口退税为主，比较容易导致中国出口遭遇反补贴、反倾销调查等。国际规则的对接机制和国际协调型产业政策的不足使中国在海外贸易中处于被动地位，不利于国际产能合作和经济新发展格局的形成。另外，中国行业标准的制订与国际上通行标准和先进标准存在较大差距，要提高产品的国际竞争力，必须推行更高的质量标准，要推动国内国际的标准接轨，更要鼓励支持企业制定高于国内国际标准的企业标准。

三、产业政策以差异化、选择性为主

依据政策实施手段的特点，产业政策可以区分为选择性产业政策和功能性产业政策。选择性产业政策由政府主导，通常的做法是由政府确定主导产业、支柱产业、战略性新兴产业等，综合运用贷款担保、优惠利率、税收返还、低价出让土地等手段，对特定产业、企业、技术、工艺、产品采取倾斜性和差异化支持。1986年，"七五"计划第一次在国家层面提到"产业政策"，提出产业结构调整的方向和原则。旨在继续保持农业全面增长、促进轻工业和重工业稳定发展的前提下，着重改善它们各自的内部结构。四十多年来，中国政府出台的产业政策"点多、面广、影响强、成就大"，但是同样遗留下产业政策的选择性特征。

中国当前主要产业政策仍然执行的是日本早期"纵向的""选择性的"产业政策，因政府职能转型不到位，计划痕迹还比较明显，以产业政策之名，用行政手段干预企业经营的行为时有发生。过度行政化和直接干预，对市场机制造成伤害。虽然这种行政命令式的产业政策可以快速机动，收到立竿见影的政策效果，但是也产生了资源配

置的扭曲和浪费。例如，在煤炭钢铁等"去产能"的过程中，运用市场化手段"去产能"可能是更优先的手段，但是为了完成相关的目标要求，在实际操作过程中仍然是政府行政性方式占据主要地位。

长期以来，中国的产业政策直接干预微观主体，将大中企业、国有企业作为产业政策支持的重点，而忽视大中小企业、民营企业等在科技创新和市场开拓方面各自的优势和效率差异。当前的产业政策包括各类政府规划、产业发展目录等，具体实施方式则主要依靠财政支持相关产业发展，主要包括政府产业基金、财政补贴和税收优惠，分别有一定的产业倾向性：政府产业基金通常投向数字新媒体（TMT）、人工智能、医疗健康和新材料产业；财政补贴主要扶持新兴产业发展，如新能源汽车、云计算、光学光电子、半导体设备等；税收优惠的重点向科技创新领域倾斜。长期以来，中国与欧美等发达经济体在产业补贴模式上存在较大分歧，这些传统产业政策的扶持手段往往因其干预市场公平竞争遭到欧美等发达经济体的反补贴调查或反补贴诉讼，因此，中国迫切需要对大规模政府补贴来支持相关产业发展的传统产业政策手段进行调整。不可否认的是，在中国产业基础不强、产业体系不完备、创新水平较低的大背景下，集中力量办大事的确取得了一些成就，但同时也造成了不公平竞争，甚至滋生了寻租等现象。直接深入企业，对特定地区、所有制下的企业进行支持和帮扶已不符合产业发展的需要，功能性、普惠性产业政策更能充分发挥大中小企业、国有企业和民营企业的创新发展活力。

四、产业政策与竞争政策之间协调性有待提高

产业政策反对者通常认为产业政策与竞争政策是针锋相对的，传统的产业政策以政府干预市场机制进行资源配置，而竞争政策则更多强调通过保护自由竞争来发挥市场机制配置资源。从日本和韩国的产业政策发展经验来看，经济基础发展到一定阶段后，需要由传统产业政策向现代产业政策过渡，由选择性产业政策向功能性产业政策转型，使竞争政策处于优先地位，重视发挥市场机制的重要作用。

但目前中国的产业政策中，竞争政策仍然未能处于优先地位。2015年《中共中央国务院关于推进价格机制改革的若干意见》提出"逐步确立竞争政策的基础性地位"。

2016 年 6 月，国务院发布的《关于在市场体系建设中建立公平竞争审查制度的意见》首次要求建立公平竞争审查制度，规范政府行为。习近平总书记在党的二十大报告中指出，"完善产权保护、市场准入、公平竞争、社会信用等市场经济基础制度"。产权保护、市场准入、公平竞争、社会信用等是社会主义市场经济的基础制度，是社会主义市场经济体制有效运行的基本保障。只有建立并完善市场经济基础制度，才能确保充分发挥市场在资源配置中的决定性作用，才能更好发挥政府作用。

五、"央地非一致性"和"区域竞争性"特征明显

一是中央政府与地方政府在部分产业政策的目标上存在不一致的情形，直接导致产业政策实施效果难以充分发挥。例如，在环保政策的执行过程中，从中央政府来看，加强环境保护监督，增强环境保护执行力度是合意的，但是地方政府却要为环境保护付出巨大的经济和社会代价。出于自利动机，地方政府可能会降低环境保护政策的执行力度。

二是产业政策中也会出现"合成谬误"问题，尤其是在一些鼓励支持的产业中广泛存在，地方政府为了促进本地区相关产业的发展，往往会层层加码。从单一的地方政策来看，这一政策是值得肯定的，但是从国家层面来看，就会出现"合成谬误"问题。早期中国针对钢铁、汽车、机械等本地主导的产业政策中，以及近年来的新能源产业、光伏产业政策中就出现了类似的问题，带来较为严重的重复建设、产业同质化、产能过剩和效率低下问题。当前中国产业政策仍然未能有效协调地方分工，未能充分发挥市场机制的作用，地方行政干预仍然过多等。

三是中央政府与地方政府在财权、事权上的划分不尽合理，部分高层级的产业政策在地方政府会出现"水土不服"的情况。很多产业政策由国务院制订或者发改部门牵头，辅以财政、税收等多部门协调，在财政支出上由中央与地方进行分比例支持。但是部分地方政府既无支持能力，也无产业土壤，导致产业政策难以推行。例如，近来年大量地方政府专项债券计划，在管理体制改革后，必须专款专用，但是很多地方政府根本没有相应的产业，且招商困难，因此专项债券使用困难甚至无法使用。

六、政策绩效评估机制尚不健全

在产业政策实施效果的评估阶段，目前对产业政策的评估主要是定性评估和比较评估法，缺乏对产业政策的系统性评估方法。评估产业政策与对企业的经济评估存在区别，国家制定产业政策的终极目的是提高国家的综合竞争能力，发挥本国资源要素禀赋优势，鼓励或者抑制某些活动，通过制定政策措施，推动特定产业发展。

评价一个产业政策的标准，并不应该简单关注这单一产业的利润水平，还要重点考虑产业的外溢性。如果以利润为评估标准，那么中国的高铁、核电、航空航天、海洋工程等的产业政策将没有一个是成功的。因此，不能简单地对产业政策实施效果进行评价，一个产业具有很强的外溢性，即便没有投资收益，国家也应该投资。在产业政策的评估过程中，尤其要注意到产业政策的战略性溢出效应。例如，涉及国家和产业安全的空间利用技术，长期以来美国的 GPS 垄断着全球卫星导航市场，但经过十多年的持续扶持，中国的北斗卫星导航系统（BDS）已经在全球空间开发阵营占据一席之地，若没有北斗卫星导航系统这样的产品，GPS 的盈利性将成百倍地放大，可能导致我们每个人手机里的 GPS 芯片授权价格大大提高。北斗卫星导航系统的兴起，带动了产业链的上游天线、芯片、软件等行业，而其下游的应用也越来越广泛——从国防扩张到航空航天、农业、地质等众多领域。这种基础应用规模的投入，只有依靠国家产业政策才能投资和扶持。

第三节　中国产业政策调整的方向与思路分析

一、转变产业政策目标，发展与安全并举

发展是安全的基础，安全是发展的前提，产业政策是统筹发展和安全的重要结合点。2022 年中央经济工作会议提出，"产业政策要发展和安全并举"。这是有效应对复杂多变的国内国际环境、实现产业良性发展的现实要求。因此，产业政策目标应当及时调整。从传统上注重发展与效率的原则，向统筹发展、效率与安全转变，高度重视产业政策对保障国家产业安全的重要作用（任继球，2022）。未来应重视以下方面的工作。

一是统筹好短期与长期、全局与重点的关系。产业政策通过将资源向"卡脖子"领域和安全风险大的环节倾斜，虽然可能会影响短期的经济增速，但是有利于长期的经济增长。不容忽视的是，如果在保障安全领域短期投入的资源过多，可能会造成其他领域的资源投入不足，从而影响长期的经济增长；产业政策的实施受到财政资金等资源有限性的约束，采取面面俱到"撒胡椒面"的方式很难达到补链强链的效果，因此需要优先支持重点产业链及其关键环节。重点领域和环节实现补链强链又会通过产业关联、辐射带动等机制起到撬动全局的作用，促进其他产业链和其他环节发展。

二是要加强传统产业改造升级，积极培育关键核心技术和战略性新兴产业。一方面，传统产业仍是中国产业体系的主体，也是卡点和断点比较集中的领域，因此需要狠抓传统产业的改造升级，特别是推进传统制造业的高端化、数字化和绿色化转型。另一方面，关键核心技术领域和战略性新兴产业具有巨大的增长潜力，是国家竞争的重要领域，代表未来的发展方向，有望成为经济增长新动能和今后一个时期的支柱产业。在关键核心技术领域和战略性新兴产业领域形成全球领先优势，有助于加强中国在全球产业分工中的话语权，提升中国产业链供应链的安全稳定，保障产业发展的安全。

三是成立国家层面的供应链安全委员会，统筹产业链供应链的安全。在美国等西方国家将重点产业链供应链的安全上升为国家利益和安全，并通过一系列的立法和产业政策来提高重点产业竞争力的条件下，中国也应该采取对等的竞争战略。通过成立国家层面的供应链安全委员会，对重点产业政策进行顶层的设计、评估、政策推进与监督。

二、完善产业链政策，促进重点产业链优化升级

一是强化产业"节点"政策，加强产业链补短板与锻长板的"齐头并进"。首先，在重点前沿产业领域中，针对不同的发展壁垒给予企业靶向性政策支持。在突破规模经济壁垒方面，重点在政府采购、产业链协作、混合所有制改革上给予支持；在突破绝对成本壁垒方面，通过创新补贴、降低要素获取成本、便利融资等给予支持；在突破技术壁垒方面，通过技术专项补贴、支持研发外包与技术合作、国产替代政策等给

予支持；在突破政策壁垒方面，通过降低市场准入、提高准营、建立相应督查机制等充分保障企业全生命周期的创新发展。其次，创新体制机制，促进未来产业发展，掌握产业链未来发展主动权。借鉴美国国防部高级研究计划局的管理机制创新，采用项目制推进技术研发，引入来自学术界或产业界的项目人员，避免一般政府机构内的等级森严决策体制，提高执行效率。同时，在创新基础设施建设、人才培养、监管机制建设等多个方面对标国际一流水准，探索建立符合国情的创新发展体制机制。最后，以备份机制增强产业链韧性。按照习近平总书记的要求，打造自主可控、安全可靠的产业链供应链，形成必要的产业备份系统。充分运用物联网、人工智能、云计算等技术，构建一个数字世界中的"完整分身"，通过模拟、预测供应链的全生命周期过程，实现对重点产业供应链生产、销售的分析和优化，保障应急状态下供应链的重塑。

二是强化产业"链接"政策，鼓励产业链上下游的合作与协同。首先，出台产业类的链接政策，发挥链主企业的引领带动作用，为引领企业和新兴技术应用提供场景支持。支持链主企业加强产业生态的主导能力，建立创新联合体、产业链共同体和产业研究院等公共服务平台，提高产业链的稳定性和韧性。政府可以在验证场景上支持大企业和大平台提供技术验证场景和融合试验场景。其次，围绕重点产业领域优化供需对接，促进产业链供应链平台成长壮大。建立重点产业领域供应链产业联盟，推动产业电商集群的新生态。加快产业链数据平台建设，促进供需双方有效对接，提高产业链供应链的匹配效率。再次，提升供应链金融的"共赢链"能级，形成供应链优化升级共同体。建立核心企业"白名单"制度，支持核心企业发展供应链金融，为中小微企业提供融资支持。鼓励金融机构与重点企业联合搭建平台，提供个性化供应链金融解决方案，提升供应链管理水平，形成产业链转型升级共同体。最后，积极改善中美关系，优化产业链升级。积极改善中美关系，在气候变化和能源转型、大宗商品供应链、数字跨境贸易、全球债务问题等领域寻求合作机会。吸引美资企业的供应商和客户来华投资，完善供应链布局，延长产业链长度，稳定并扩大美资企业的投资。

三、对接国际通行规则，优化调整产业政策工具体系

中央政府主导的统一性产业政策要改变传统的财政直接补贴方式，转为更间接、

更符合国际通行惯例和规则的支持手段（盛朝迅，2022）。一是适应欧美国家在 WTO 框架下推行的国际产业补贴新规，调整补贴模式。例如，新规要求扩大禁止性补贴范围，强化补贴执行透明度，中国则建议弱化补贴企业的国有地位而重塑其商业形象，通过博弈建立产业补贴负面清单等，加强补贴的隐蔽性，改变补贴对象，由补贴企业转向补贴消费者。

二是加强与国际组织和国际合作伙伴的合作。积极参与国际组织（如 WTO、国际劳工组织等）的工作，并与国际合作伙伴加强交流与合作。通过参与国际规则的制定和改革，更好地了解和适应国际通行规则，并在国内政策制定过程中融入国际最佳实践（王雅，2020）。

三是充分利用资本市场来支持相关产业发展。例如，当前各地政府对科创板的上市企业都给予一定金额的补贴，并且补贴方式较为单一——直接给予资金，这会导致新一轮的地方政府"补贴之战"。建议将补贴行为市场化，如"补贴转股"，并考虑在科创板发行定价机制中确定企业收入政府补贴部分的折让规则等。

四、加强产业政策和竞争政策协同，强化竞争政策基础地位

一是需要推动产业政策适时转型。选择性产业政策在一定程度上会扭曲价格机制和破坏公平竞争，与竞争政策存在一定的冲突。与选择性产业政策不同，功能性产业政策面向的对象是普惠化的，对各类产业、各种所有制企业和各种规模的企业一视同仁，市场居于主导地位；政策着眼于弥补市场失灵，培育市场功能，优化产业发展的市场环境，促进技术创新，提升人力资本，以及降低社会交易成本，起到"查漏补缺"的作用。功能性产业政策以维护市场竞争机制为前提，与竞争政策基本上是协调的。而要加强产业政策与竞争政策的协同，就需要从整体上推动产业政策及时转型，从差异化、选择性产业政策转向普惠化、功能性产业政策。当然，选择性产业政策并非一无是处。中国区域发展差距大，不同产业发展水平不尽相同，选择性产业政策在一定条件下仍然有发挥作用的空间，关键是要明确政策的适用领域和边界，把对公平竞争的破坏降到最低。

二是产业政策需要进一步聚焦于适用领域。由于存在外部性、公共品、自然垄断、

信息不完全等因素，完全依靠市场机制无法实现资源的最优配置，这就需要政府恰当补位，更好地发挥作用。因此，从功能定位上产业政策要着重于弥补市场失灵。从政策手段上要从直接干预转向间接引导，主要采用行政立法、信息发布、制定标准等政策措施，通过市场机制发挥作用。从应用范围上产业政策覆盖的范围要缩小，坚持有所为有所不为，聚焦适用领域。当前，中国经济增长模式由要素驱动、投资驱动转向创新驱动，需要充分发挥市场机制激励创新的作用。但科技创新具有正外部性，需要产业政策对技术创新给予充分的支持，尤其是对基础科学、通用技术、前沿技术研发的支持，并且加大重大科技基础设施建设的支持力度，推动大型科研设施共享共用，提高设施利用效率，搭建科技成果转化平台，推动科技成果的顺利转化与产业化。同时，需要改进政策支持方式，从事后奖励转向事前引导，发挥好政府基金"四两拨千斤"的撬动作用，提高政策透明度和资金使用效率。注重政策支持的普惠化和包容性，激发各种所有制企业、各种规模企业的创新动力，发挥中小企业在创新生态中的重要作用，包容不同的技术路线。

三是需要进一步强化竞争政策的基础地位。竞争是市场经济的灵魂和精髓，是市场主体创造力和活力之源，是资源优化配置的核心机制。让市场在资源配置中起决定性作用，更好地发挥政府作用，要求强化竞争政策的基础地位，把维护公平竞争作为加强产业政策与竞争政策协同的首要原则（于良春，2018）。产业政策主要体现为政府部门制定的各种政策措施，因此，对行政机关及法律法规授权且具有管理公共事务职能的组织制定的各种政策措施进行公平竞争审查，能够从源头上避免产业政策排除、限制市场竞争，是强化竞争政策基础地位的关键切入点和重要举措。国家发展和改革委员会等部门在2021年公布《公平竞争审查制度实施细则》。为更好地落实这一制度，要进一步强化公平竞争审查的刚性约束，对涉多部门事权、存在较大争议的政策，要充分发挥公平竞争审查联席会议或相应的工作协调机制的作用，健全政策制定机关与反垄断执法机构的沟通联络机制。新出台的政策措施要严格执行公平竞争审查，以及要逐步清理并废除妨碍公平竞争的存量政策措施。

四是需要全方位完善和落实竞争政策。中国的竞争政策不断丰富，维护公平竞争的效果逐渐显现，但现实中地方保护、行政壁垒、不正当竞争等现象仍然存在，政府干预过多、监管不到位等问题也较为突出，这不利于形成统一开放、竞争有序的市场体系，并且阻碍中国超大市场规模优势的发挥。因此，要规范政府行政行为，推进机构、职能、权限、程序、责任法定化，实行政府权责清单制度，并在实践中不断优化权责清单，提高政策透明度，减少政府自由裁量权。进一步精简行政许可事项，大力推进"证照分离"和"照后减证"。全面推行市场准入负面清单制度，逐步缩减清单扩大开放领域，尤其是加大服务业的开放力度，清理和废除不合理的隐性限制。修订完善《中华人民共和国反垄断法》，可以考虑结合特定行业中的疑难问题，制定实施细则，并且根据需要动态调整适用的例外条款。加强和改进反垄断执法，加大违法惩处力度，提高违法成本。打破行政垄断，加快开放电力、石油、铁路等自然垄断行业的竞争性业务。加大知识产权的保护力度，同时防止企业滥用市场支配地位进行市场垄断。加强、优化市场监管，推进市场监管的制度化、规范化和法治化，在环保、安全、劳动者保护等方面严格执法、公正执法，倒逼企业公平竞争。加强反不正当竞争执法，切实保护消费者权益。完善社会信用体系建设，坚持正向激励与失信惩戒联合并用，提高信用约束的威慑力，增强市场主体守信自觉性。

五、明晰中央地方责权边界，加强政策协调

一是在具体的产业划分上，由中央政府选择基础性产业和战略性产业予以政策性扶持。历年来中央支持发展的相关产业，多是根据当时经济社会的发展需要而挑选的重点产业，在一定程度上要达到产业发展以外的政策目标。例如，2009 年的《十大产业振兴规划》指出，将钢铁、汽车、船舶工业、石化、纺织、轻工业、有色金属、装备制造、电子信息及物流业作为十大重点产业，将其作为应对国际金融危机、保增长、扩内需和调结构的重要措施。当前中央政府主导的产业政策，在产业选择方面，则更应该集中力量支持基础性产业和战略性产业，包括节能环保、信息、生物、高端装备制造、新材料、新能源汽车等。这些产业建立在重大前沿技术突破的基础上，代表着未来产业发展的新方向，并且对国家产业安全和产业发展有着重要作用。

二是地方政府应该着力破除市场分割政策，以不阻碍全国统一大市场建设为基本行为准则。中央政府主导的产业政策的最终目标是支持相关产业发展，但其基本行为

准则应该看其是否阻碍全国统一大市场建设，凡是阻碍统一大市场建设的政策，都应该予以废除。中央政府主导的产业政策应该要让地方政府站在统一市场建设的高度，真正强化竞争政策对各类市场参与主体的作用，使其在市场经济中适当地行使两类与区域协调、一体化发展有关的合法权力：一是跨区域公共产品和服务的提供问题，如规划、交通、环保、科技创新联合等，加强地方政府间的政策协同和配合；二是贯彻执行国家统一的竞争政策，扫除地区行政和政策壁垒。着力破除地方政策的三种行为：第一，各地各自为政、竞相比拼政策优惠，制定一些违反国家法律法规的区域性土地、税收等优惠政策，形成地方性市场壁垒；第二，依据所获得的税收、产值等本地利益，实行地方保护的财政补贴政策和各类优惠政策，造成对外地企业的歧视和排斥；第三，在本地举行的各种招投标活动中，制定各种有利于本地企业中标的政策，限制、排斥外地企业参与等有违公平竞争的产业政策。这些过度竞争产业政策本身都是市场分割的重要表现，直接阻碍了全国统一大市场的形成。

三是成立产业政策协调委员会加强政策协调。产业政策的不协调主要表现为两个层面。第一，中央政府和地方的不协调。"纵向指令、横向竞争"的产业政策模式缺乏中央和地方的协调与合作，尤其是在现行财税制度下，中央政府统一制定的产业政策需要地方政府落实，即需要依靠地方政府的财政支持，这有可能出现地方政府对中央制定的产业政策消极配合，甚至不配合的情况。第二，中央政府各部门之间的不协调。一项产业政策的出台会有多个部门参与，各部门的政策目标可能存在差异，多重目标无疑又会给产业政策的实施带来困难。

因此可以考虑成立专门的产业政策协调委员会，提供中央各部委交流合作的平台，加强中央各部委之间、地方政府之间的合作，增强地方政府在产业链中资源协调的能力。在具体的政策措施和政策工具方面进行充分沟通，或者在国家各部委之间建立固定的联系与合作机制；例如，成立矩阵式工作组，在各项政策制定之初就启动多部委的协同，并且在政策事中与事后评估中，也需要建立相应的协同机制。

六、健全产业政策评价体系，建立长效的第三方评估机制

对于政策制定者而言，及时地监测和系统评估产业政策尤为重要，这能为及时地

调整和完善产业政策提供重要依据。既有文献对产业政策的系统评估普遍不足，各国政府很少对产业政策的成本和效益进行适当的监测和评估。特别是对于工业化战略或一揽子政策措施，需要更为详细和系统的评估，这时需要在一个一致的框架下全面评估政策，并且将定量研究与定性研究紧密结合起来。需要分类实施评估方案，一方面，对于战略性产业、未来产业、涉及国家关键核心技术的产业领域，应当更加重视产业政策的溢出效应和长期效应，不能着眼于当前的经济利益；另一方面，对于政策目的明确、数据充分的产业政策，可以引入更多的实证经济学方法，采用自然实验、反事实框架等进行多维度分析，同时分析特定的产业政策时，既要注重产业政策的时效性和特殊性，也要注重产业政策作用效果的系统性，对产业政策进行系统的综合评价。

在保障产业安全运行、数据风险可控的情形下，建立长效的第三方评估机制。由于评估主体既不能是产业政策制定者，也不能是执行者。因此追求客观中立是绩效评估的价值原点，也是保障科学性和可行性的基础条件。因此，未来重点是要建立中立的第三方评估机制，进一步完善产业政策评估机构的市场竞争环境，切实提升评估机构的独立性和公正性，并且充分利用评估来提高产业政策的科学性和实践性，切实优化产业政策实施效果。

参考文献

［1］阿伦·拉奥、皮埃罗·斯加鲁菲：《硅谷百年史：伟大的科技创新与创业历程》，闫景立、谈锋译，人民邮电出版社 2014 年版。

［2］艾伯特·赫希曼：《经济发展战略》，曹征海、潘照东译，经济科学出版社 1997 年版。

［3］奥古斯特·勒施：《经济空间秩序—经济财货与地理间的关系》（中译本），商务印书馆，1995 年。

［4］阿尔弗雷德·韦伯：《工业区位论》，商务印书馆 1997 年版。

［5］埃兹拉·沃格尔：《日本的成功与美国的复兴》，生活·读书·新知三联书店 1985 年版。

［6］巴苏、考希克：《新科技与规模报酬递增：反垄断世纪的终结》，《比较》2021 年第 5 辑。

［7］白玫：《欧盟产业链供应链韧性政策研究》，《价格理论与实践》2022 年第 9 期。

［8］白雪洁、孟辉：《新兴产业、政策支持与激励约束缺失——以新能源汽车产业为例》，《经济学家》2018 年第 1 期。

［9］白雪洁：《产业成长阶段的产业组织政策有效性分析——以日本代表性产业组织政策为例》，《社会科学辑刊》2008 年第 4 期。

［10］保尔·芒图：《十八世纪产业革命：英国近代工业初期的概况》，商务印书馆 1983 年版。

［11］并木信义：《瑕瑜互见——日美产业比较》，唱新、刁永祚译，中国财政经济出版社 1992 年版。

［12］曹润林：《论政府采购促进幼稚产业的发展》，《中南财经政法大学学报》

2012 年第 5 期。

［13］曹英、赵士国：《论德意志关税同盟在德国工业化中的作用》，《湖南师范大学学报》2001 年第 2 期。

［14］曾敏：《中国上市公司并购重组的现状、问题及前景》，《数量经济技术经济研究》2022 年第 5 期。

［15］曾帅、罗长远、司春晓：《产业政策是否有效——基于外商投资产业指导目录调整的研究》，《南开经济研究》2022 年第 9 期。

［16］查莫斯·约翰逊：《通产省与日本奇迹——产业政策的成长（1925—1975）》，吉林出版集团有限公司 2010 年版。

［17］陈红、张玉、刘东霞：《政府补助、税收优惠与企业创新绩效——不同生命周期阶段的实证研究》，《南开管理评论》2019 年第 3 期。

［18］陈佳贵、黄群慧：《工业发展、国情变化与经济现代化战略——中国成为工业大国的国情分析》，《中国社会科学》2005 年第 4 期。

［19］陈劲、阳镇、朱子钦：《"十四五"时期"卡脖子"技术的破解：识别框架、战略转向与突破路径》，《改革》2020 年第 12 期。

［20］陈劲、阳镇：《新发展格局下的产业技术政策：理论逻辑、突出问题与优化》，《经济学家》2021 年第 2 期。

［21］陈诗一、祁毓：《"双碳"目标约束下应对气候变化的中长期财政政策研究》，《中国工业经济》2022 年第 5 期。

［22］陈晓律：《世界工业化进程中民族产业何以屹立——来自英美德的启示》，《学术争鸣》2017 年第 1 期。

［23］陈晓怡、王建芳、刘㵆、贾晓琪、李宏：《全球未来产业最新发展举措、趋势及其启示》，《科技中国》2022 年第 4 期。

［24］陈艳莹、于千惠、刘经珂：《绿色产业政策能与资本市场有效"联动"吗——来自绿色工厂评定的证据》，《中国工业经济》2022 年第 12 期。

［25］陈映：《西部重点开发开放区承接产业转移的产业布局政策探析》，《西南民族大学学报》（人文社会科学版）2014 年第 6 期。

［26］陈云贤：《中国特色社会主义市场经济：有为政府＋有效市场》，《经济研究》2019 年第 1 期。

［27］陈长宁：《美国对华认知中根深蒂固的冷战思维》，《光明日报》2022 年 8 月 17 日。

［28］陈翔、肖序：《中国工业产业循环经济效率区域差异动态演化研究与影响因素分析——来自造纸及纸制品业的实证研究》，《中国软科学》2015 年第 1 期。

［29］陈曦、席强敏、李国平：《城镇化水平与制造业空间分布——基于中国省级面板数据的实证研究》，《地理科学》2015 年第 3 期，第 259—267 页。

［30］陈钊、熊瑞祥：《比较优势与产业政策效果——来自出口加工区准实验的证据》，《管理世界》（月刊）2015 年第 8 期。

［31］陈钊：《大国治理中的产业政策》，《学术月刊》2022 年第 1 期。

［32］陈振明：《非市场缺陷的政治经济学分析——公共选择和政策分析学者的政府失败论》，《中国社会科学》1998 年第 6 期。

［33］程如烟：《从联邦政府研发资金投入看美国政府科技布局》，《世界科技研究与发展》2022 年第 6 期。

［34］储德银、杨姗、宋根苗：《财政补贴、税收优惠与战略性新兴产业创新投入》，《财贸研究》2016 年第 5 期。

［35］崔庆波：《新一轮贸易保护主义与中国区域贸易自由化策略》，《上海对外经贸大学学报》2021 年第 4 期。

［36］大野健一：《学会工业化：从给予式增长到价值创造》，中信出版社 2015 年版。

［37］丁纯、罗天宇：《欧盟垂直产业政策：历史演变、定位原因及前景展望》，《同济大学学报》（社会科学版）2021 年第 4 期。

［38］窦超、袁满、陈晓：《政府背景大客户与审计费用——基于供应链风险传递视角》，《会计研究》2020 年第 3 期。

［39］杜传忠、宁朝山：《网络经济条件下产业组织变革探析》，《河北学刊》2016 年第 4 期。

［40］樊春良：《美国是怎样成为世界科技强国的》,《人民论坛·学术前沿》2016年第 16 期。

［41］范保群、陈小洪、刘超：《战略性新兴产业政策成功的条件与机制——三个典型产业案例的初步研究》,《中国经济学》2022 年第 1 期。

［42］范子英、王倩：《财政补贴的低效率之谜：税收超收的视角》,《中国工业经济》2019 年第 12 期。

［43］范子英：《土地财政的根源：财政压力还是投资冲动》,《中国工业经济》2015 年第 6 期。

［44］方荣贵、银路、王敏：《新兴技术向战略性新兴产业演化中政府政策分析》,《技术经济》2010 年第 12 期。

［45］付宗宝：《"十四五"时期我国产业发展呈现五大趋势》,《经济纵横》2020 年第 5 期。

［46］干春晖、王强：《改革开放以来中国产业结构变迁：回顾与展望》,《经济与管理研究》2018 年第 12 期。

［47］干春晖、郑若谷、余典范：《中国产业结构变迁对经济增长和波动的影响》,《经济研究》2011 年第 5 期。

［48］干春晖、郑若谷：《改革开放以来产业结构演进与生产率增长研究——对中国 1978—2007 年"结构红利假说"的检验》,《中国工业经济》2009 年第 2 期。

［49］干春晖：《产业经济学教程与案例》,机械工业出版社 2015 年版。

［50］干春晖：《产业经济学教程与案例》(第 2 版),机械工业出版社 2015 年版。

［51］管汉晖、刘冲、辛星：《中国的工业化：过去与现在（1887—2017）》,《经济学报》2020 年第 3 期。

［52］冈崎哲二：《经济史上的教训：克服危机的钥匙存在于历史之中》,新华出版社 2004 年版。

［53］高柏：《经济意识形态与日本产业政策》,安佳译,剑桥大学出版社 1997 年版。

［54］高福顺：《汉代丝绸之路的兴衰变迁与历史意义》,《人民论坛》2017 年第 14 期。

［55］耿明阳、谢雁翔、金振：《市场准入负面清单与企业信息披露质量——理论逻辑和经验证据》，《山西财经大学学报》2022 年第 11 期。

［56］耿强、江飞涛、傅坦：《政策性补贴、产能过剩与中国的经济波动——引入产能利用率 RBC 模型的实证检验》，《中国工业经济》2011 年第 5 期。

［57］顾强、王瑞妍、董瑞青、师帅：《美国到底有没有产业政策？——从"美国先进制造业领导战略"说起》，《产业经济评论》2019 年第 3 期。

［58］顾昕、张建君：《挑选赢家还是提供服务？——产业政策的制度基础与施政选择》，《经济社会体制比较》2014 年第 1 期。

［59］郭家堂、骆品亮：《互联网对中国全要素生产率有促进作用吗？》，《管理世界》2016 年第 10 期。

［60］郭克莎：《中国：改革中的经济增长与结构变动》，三联书店、上海人民出版社 1993 年版。

［61］郭克莎：《中国产业结构调整升级趋势与"十四五"时期政策思路》，《中国工业经济》2019 年第 7 期。

［62］郭娜娜、程松涛：《欧洲国家创新政策的实践与启示》，《科学管理研究》2022 年第 3 期。

［63］郭玥：《政府创新补助的信号传递机制与企业创新》，《中国工业经济》2018 年第 9 期。

［64］国家发改委宏观经济研究院课题组、杨合湘：《我国的工业结构演变与工业政策调整》，《经济学动态》2008 年第 5 期。

［65］国家信息中心信息化和产业研究部：《战略性新兴产业形势判断及"十四五"发展建议》，2020 年 12 月 31 日。

［66］国务院发展研究中心专题研究组：《我国产业政策的初步研究》，《计划经济研究》1987 年第 5 期。

［67］哈耶克：《个人主义与经济秩序》，邓正来译，生活·读书·新知三联书店 2003 年版。

［68］韩超：《基于政策传导机制的战略新兴产业"政策扶持悖论"研究》，《产业

组织评论》2013 年第 3 期。

［69］韩东：《幼稚产业扶持与保护：理论、经验和政策机制》，《经济问题》1996年第 11 期。

［70］韩乾、洪永淼：《国家产业政策、资产价格与投资者行为》，《经济研究》2014 年第 12 期。

［71］韩鑫：《2022 年我国大数据产业规模达 1.57 万亿元》，载人民网，2023 年 2月 22 日。

［72］韩毅：《美国工业现代化的历史进程》，经济科学出版社 2007 年版。

［73］韩永辉、黄亮雄、王贤彬：《产业政策推动地方产业结构升级了吗？——基于发展型地方政府的理论解释与实证检验》，《经济研究》2017 年第 8 期。

［74］何一民：《开埠通商与中国近代城市发展及早期现代化的启动》，《四川大学学报》（哲学社会科学版）2006 年第 5 期。

［75］贺俊：《新兴技术产业赶超中的政府作用：产业政策研究的新视角》，《中国社会科学》2022 年第 11 期。

［76］洪俊杰、张宸妍：《产业政策影响对外直接投资的微观机制和福利效应》，《世界经济》2020 年第 11 期。

［77］侯方宇、杨瑞龙：《新型政商关系、产业政策与投资"潮涌现象"治理》，《中国工业经济》2018 年第 5 期。

［78］胡安俊：《中国的产业布局：演变逻辑、成就经验与未来方向》，《中国软科学》2020 年第 12 期。

［79］胡凯、刘昕瑞：《政府产业投资基金的技术创新效应》，《经济科学》2022 年第 1 期。

［80］胡伟：《高质量发展阶段我国产业组织政策的四个前沿问题》，《经济纵横》2019 年第 1 期。

［81］黄海杰、吕长江、Edward Lee：《"四万亿投资"政策对企业投资效率的影响》，《会计研究》2016 年第 2 期。

［82］黄汉权等著：《新时期中国产业政策转型：理论与实践》，中国社会科学出版

社 2017 年版。

［83］黄群慧、余泳泽、张松林:《互联网发展与制造业生产率提升:内在机制与中国经验》,《中国工业经济》2019 年第 8 期。

［84］黄群慧:《改革开放 40 年中国的产业发展与工业化进程》,《中国工业经济》2018 年第 9 期。

［85］黄群慧:《加快构建现代化产业体系 推进实体经济高质量发展》,《21 世纪经济报道》2023 年 3 月。

［86］黄群慧:《新发展格局的理论逻辑、战略内涵与政策体系——基于经济现代化的视角》,《经济研究》2021 年第 4 期。

［87］黄群慧:《以高质量发展推进中国式现代化》,《上海质量》2022 年第 12 期。

［88］黄先海、陈勇:《论功能性产业政策——从 WTO "绿箱" 政策看我国的产业政策取向》,《浙江社会科学》2023 年第 2 期。

［89］黄先海、宋学印、诸竹君:《中国产业政策的最优实施空间界定——补贴效应、竞争兼容与过剩破解》,《中国工业经济》2015 年第 4 期。

［90］金明善、车维汉:《赶超经济理论》,人民出版社 2001 年版。

［91］纪玉俊、张莉健:《全球价值链、行政垄断与产业升级》,《产经评论》2018 年第 6 期。

［92］江飞涛、耿强、吕大国、李晓萍:《地区竞争、体制扭曲与产能过剩的形成机理》,《中国工业经济》2012 年第 6 期。

［93］江飞涛、李晓萍:《产业政策中的市场与政府——从林毅夫与张维迎产业政策之争说起》,《财经问题研究》2018 年第 1 期。

［94］江飞涛、李晓萍:《当前中国产业政策转型的基本逻辑》,《南京大学学报》(哲学・人文科学・社会科学) 2015 年第 3 期。

［95］江飞涛、李晓萍:《改革开放四十年中国产业政策演进与发展——兼论中国产业政策体系的转型》,《管理世界》2018 年第 10 期。

［96］江飞涛、李晓萍:《应加快选择性产业政策向功能性产业政策转型》,《产业政策》2016 年第 12 期。

［97］江飞涛、李晓萍：《直接干预市场与限制竞争：中国产业政策的取向与根本缺陷》，《中国工业经济》2010 年第 9 期。

［98］江飞涛、沈梓鑫：《全球产业政策实践与研究的新进展——一个基于演化经济学视角的评述》，《财经问题研究》2019 年第 10 期。

［99］江飞涛、张永伟、李晓萍、宋磊、张钟文、简泽、沈梓鑫：《理解中国产业政策》，中信出版社 2021 年版。

［100］江飞涛：《理解中国产业政策》，中信出版集团 2021 年版。

［101］江飞涛：《中国产业组织政策的缺陷与调整》，《学习与探索》2017 年第 8 期。

［102］江鸿、吕铁：《政企能力共演化与复杂产品系统集成能力提升——中国高速列车产业技术追赶的纵向案例研究》，《管理世界》2019 年第 5 期。

［103］江静、张冰瑶：《结构与转型：中国产业政策的政治经济学分析》，《学术月刊》2022 年第 12 期。

［104］江小涓、杜玲：《国外跨国投资理论研究的最新进展》，《世界经济》2001 年第 6 期。

［105］江小涓、罗立彬：《网络时代的服务全球化——新引擎、加速度和大国竞争力》，《中国社会科学》2019 年第 2 期。

［106］江小涓：《服务全球化的发展趋势和理论分析》，《经济研究》2008 年第 2 期。

［107］江小涓：《经济转轨时期的产业政策：对中国经验的实证分析与前景展望》，上海三联书店 1996 年版。

［108］江小涓：《中国进入服务经济时代》，《北京日报》2018 年。

［109］江小涓：《中国推行产业政策中的公共选择问题》，《经济研究》1993 年第 6 期。

［110］姜琰、王述英：《论产业全球化和我国产业走向全球化的政策选择》，《世界经济与政治》2001 年第 10 期。

［111］蒋冠宏：《中国产业政策的均衡效应分析——基于政府补贴的视角》，《中国

工业经济》2022 年第 6 期。

［112］解维敏、唐清泉、陆姗姗：《政府 R&D 资助，企业 R&D 支出与自主创新——来自中国上市公司的经验证据》，《金融研究》2009 年第 6 期。

［113］金碚：《全球竞争新格局与中国产业发展趋势》，《中国工业经济》2012 年。

［114］金碚：《中国的新世纪战略：从工业大国走向工业强国》，《中国工业经济》2000 年。

［115］金宇超、施文、唐松、靳庆鲁：《产业政策中的资金配置：市场力量与政府扶持》，《财经研究》2018 年第 4 期。

［116］卡尔·马克思、弗里德里希·恩格斯《马克思恩格斯全集》，中共中央编译局译，第 46 卷（下册），人民出版社 1980 年版。

［117］卡尔·马克思、弗里德里希·恩格斯《马克思恩格斯全集》，中共中央编译局译，第 4 卷，人民出版社 1975 年版。

［118］柯士涛、夏玉华：《经济全球化条件下中国产业组织政策的调整和重构》，《经济问题探索》2009 年第 321 期。

［119］况腊生：《浅析宋代茶马贸易制度》，《兰州学刊》2008 年。

［120］雷少华：《超越地缘政治——产业政策与大国竞争》，《世界经济与政治》2019 年第 5 期。

［121］黎文靖、郑曼妮：《实质性创新还是策略性创新？——宏观产业政策对微观企业创新的影响》，《经济研究》2016 年第 4 期。

［122］李钢：《苏联改革与经互会成员国的合作体制》，《国际经济合作》1987 年第 11 期。

［123］李兰冰、刘秉镰：《"十四五"时期中国区域经济发展的重大问题展望》，《管理世界》2020 年第 5 期。

［124］李书娟、王贤彬、陈邱惠：《中央资源配置如何影响地方增长目标设置？——基于 2004 年土地供应政策调整的解释》，《数量经济技术经济研究》2023 年第 2 期。

［125］李万福、杜静、张怀：《创新补助究竟有没有激励企业创新自主投资——来

自中国上市公司的新证据》,《金融研究》2017 年第 10 期。

［126］李巍、赵莉:《产业地理与贸易决策——理解中美贸易战的微观逻辑》,《世界经济与政治》2020 年。

［127］李巍、邹玥、竺彩华:《电动汽车革命:大国产业竞争"新赛道"》,《国际经济评论》2023 年第 3 期。

［128］李伟主编:《新时期中国产业政策研究》,中国发展出版社 2016 年版。

［129］李文锋:《贸易政策形成研究》,中国社会科学院研究生院博士学位论文,2001 年。

［130］李文溥、陈永杰:《经济全球化下的产业结构演进趋势与政策》,《经济学家》2003 年第 1 期。

［131］李雯轩:《新中国成立 70 年产业政策的研究综述》,《产业经济评论》2021 年第 2 期。

［132］李晓华、吕铁:《战略性新兴产业的特征与政策导向研究》,《宏观经济研究》2010 年第 9 期。

［133］李晓华:《国际产业分工格局与中国分工地位发展趋势》,《国际经贸探索》2015 年第 6 期。

［134］李晓萍、江飞涛:《干预市场抑或增进与扩展市场——产业政策研究述评及理论重构的初步尝试》,载《2011 年产业组织前沿问题国际研讨会会议文集》,第506—524 页。

［135］李晓萍、张亿军、江飞涛:《绿色产业政策:理论演进与中国实践》,《财经研究》2019 年第 8 期。

［136］李新宽:《国家与市场:英国重商主义时代的历史解读》,中央编译出版社2013 年版。

［137］李秀香:《开放式保护幼稚产业的理论探讨》,《江西社会科学》2003 年第5 期。

［138］李娅、官令今:《规模、效率还是创新:产业政策工具对战略性新兴产业作用效果的研究》,《经济评论》2022 年第 4 期。

［139］李宇辰：《我国政府产业基金的引导及投资效果研究》，《科学学研究》2021第 3 期。

［140］李雨浓、赵维、周茂、朱连明：《外资管制放松如何影响企业非产成品存货调整》，《中国工业经济》2020 年第 9 期。

［141］李志明：《中国就业结构演变的动力因素、作用机理与政策进路》，《学术研究》2022 年第 11 期。

［142］李智娜：《韩国产业政策的演变及其启示》，《商业时代》2007 年第 6 期。

［143］梁正、李代天：《科技创新政策与中国产业发展 40 年——基于演化创新系统分析框架的若干典型产业研究》，《科学学与科学技术管理》2018 年第 9 期。

［144］李晓华、刘峰：《产业生态系统与战略性新兴产业发展》，《中国工业经济》2013 年第 3 期。

［145］厉无畏、王慧敏：《产业发展的趋势研判与理性思考》，《中国工业经济》2002 年第 4 期。

［146］林毅夫：《产业政策与我国经济的发展：新结构经济学的视角》，《复旦学报：社会科学版》2017 年第 2 期，第 148—153 页。

［147］林毅夫：《发展经济学的反思与重构》，《南京大学学报（社会科学版）》2018 年第 1 期，第 5—7 页，第 2 页。

［148］林晨、陈荣杰、徐向宇：《渐进式市场化改革、产业政策与经济增长——基于产业链的视角》，《中国工业经济》2023 年第 4 期。

［149］林毅夫、张军、王勇、寇宗来主编：《产业政策：总结，反思与展望》，北京大学出版社 2018 年版。

［150］林毅夫、蔡昉、李周：《比较优势与发展战略——对"东亚奇迹"的再解释》，《中国社会科学》1999 年第 5 期。

［151］林毅夫、孙希芳：《经济发展的比较优势战略理论——兼评〈对中国外贸战略与贸易政策的评论〉》，《国际经济评论》2003 年第 6 期。

［152］林毅夫、巫和懋、邢亦青：《"潮涌现象"与产能过剩的形成机制》，《经济研究》2010 年第 10 期。

［153］林毅夫、向为、余淼杰：《区域型产业政策与企业生产率》,《经济学》(季刊）2018 年第 2 期。

［154］林毅夫、张军、王勇、寇宗来：《产业政策总结、反思与展望》, 北京大学出版社 2018 年版。

［155］林毅夫、张鹏飞：《后发优势、技术引进和落后国家的经济增长》,《经济学》(季刊）2005 年第 4 期。

［156］林毅夫：《产业政策与国家发展：新结构经济学视角》,《比较》2016 年第 6 期。

［157］林毅夫：《产业政策与我国经济的发展：新结构经济学的视角》,《复旦学报》2017 年第 2 期。

［158］林毅夫：《对张维迎教授的若干回应》,《比较》2016 年第 6 期。

［159］林毅夫：《新结构经济学：反思经济发展与政策的理论框架》, 北京大学出版社 2012 年版。

［160］林志帆、黄新飞、李灏桢：《选择性还是功能性？——基于中国制造业上市公司专利数据的经验研究》,《财政研究》2022 年第 1 期。

［161］刘澄、顾强、董瑞青：《产业政策在战略性新兴产业发展中的作用》,《经济社会体制比较》2011 年第 1 期。

［162］刘闯：《基于比较优势和幼稚产业保护理论的区域视角：浅析中部地区城镇工业化的新发展及启示》,《现代管理科学》2019 年第 5 期。

［163］刘光明：《政府产业投资基金：组织形式、作用机制与发展绩效》,《财政研究》2019 年第 7 期。

［164］刘鹤、杨伟民：《中国产业政策——理念与实践》, 中国经济出版社 1999 年版。

［165］刘鹤：《国外产业技术政策比较研究》, 中国计划出版社 1999 年版。

［166］刘辉：《市场失灵理论及其发展》,《当代经济研究》1999 年第 8 期。

［167］刘慧、綦建红：《"竞争友好型"产业政策更有利于企业投资效率提升吗——基于公平竞争审查制度的准自然实验》,《财贸经济》2022 年第 9 期。

［168］刘吉发：《产业政策学》，经济管理出版社 2004 年版。

［169］刘戒骄、张小筠、王文娜：《新中国 70 年产业组织政策变革及展望》，《经济体制改革》2019 年第 3 期。

［170］刘戒骄、张小筠：《改革开放 40 年我国产业技术政策回顾与创新》，《经济问题》2018 年第 12 期。

［171］刘瑞明：《晋升激励、产业同构与地方保护：一个基于政治控制权收益的解释》，《南方经济》2007 年第 6 期。

［172］刘诗源、林志帆、冷志鹏：《税收激励提高企业创新水平了吗？——基于企业生命周期理论的检验》，《经济研究》2020 年第 6 期。

［173］刘细良：《跨国公司在华并购与政府规制研究》，湖南大学博士学位论文，2010 年。

［174］刘雄：《大国崛起的产业政策及其特征——以工业化时期的英国、德国、美国为例》，《湘潭大学学报（哲学社会科学版）》2017 年第 5 期。

［175］刘怡飞：《为何欧洲走向富强，亚洲却没有：1600—1850 年全球经济的岔路口》，《国外社会科学》2012 年第 6 期。

［176］刘元春：《寻找推进现代化产业体系的有效路径》，《北京日报》2023 年 5 月 25 日。

［177］刘振中：《"十四五"时期我国产业发展环境的五大趋势性变化》，《经济纵横》2020 年第 8 期。

［178］刘振中：《如何认识现代化产业体系》，《经济日报》2023 年 2 月 14 日。

［179］刘志彪、孔令池：《从分割走向整合：推进国内统一大市场建设的阻力与对策》，《中国工业经济》2021 年第 8 期。

［180］刘志彪：《产业链现代化的产业经济学分析》，《经济学家》2019 年第 12 期。

［181］柳光强：《税收优惠、财政补贴政策的激励效应分析——基于信息不对称理论视角的实证研究》，《管理世界》2016 年第 10 期。

［182］刘鹤：《国外产业技术政策比较研究》，中国计划出版社 1999 年版。

［183］龙少波、张梦雪、田浩：《产业与消费"双升级"畅通经济双循环的影响机

制研究》,《改革》2021 年第 2 期。

［184］隆国强：《经济全球化的新特点新趋势》,《人民日报》2019 年第 9 期。

［185］陆大道：《2000 年我国工业生产力布局总图的科学基础》,《地理科学》1986 年第 2 期。

［186］陆大道：《我国区域开发的宏观战略》,《地理学报》1987 年第 2 期。

［187］陆国庆、王舟、张春宇：《中国战略性新兴产业政府创新补贴的绩效研究》,《经济研究》2014 年第 7 期。

［188］陆善勇、云倩：《综合优势、发展战略与金融危机——对"东亚奇迹"及金融危机的再解释》,《国际贸易问题》2011 年第 2 期。

［189］陆玉麒：《中国区域空间结构研究的回顾与展望》,《地理科学进展》2002 年第 5 期。

［190］陆正飞、韩非池：《宏观经济政策如何影响公司现金持有的经济效应？——基于产品市场和资本市场两重角度的研究》,《管理世界》2013 年第 6 期。

［191］马草原、朱玉飞、李廷瑞：《地方政府竞争下的区域产业布局》,《经济研究》2021 年第 2 期。

［192］马珺：《推动有效市场和有为政府更好结合：中国的探索与理论创新》,《学术研究》2022 年第 11 期。

［193］马科斯·科尔代罗·皮雷斯：《动用"产业政策"，美国再次准备"踢开梯子"》,载《中国日报》网，2022 年 10 月 21 日。

［194］马思：《最新报告显示：中国 AI 专利申请和授权量快速增长》,载中国日报网，2021 年 11 月 15 日。

［195］毛其淋、许家云：《政府补贴对企业新产品创新的影响——基于补贴强度"适度区间"的视角》,《中国工业经济》2015 年第 6 期。

［196］毛熙彦、刘颖、贺灿飞：《中国资源性产业空间演变特征》,《自然资源学报》2015 年第 8 期，第 1332—1342 页。

［197］迈克尔·波特：《国家竞争优势》,李明轩、邱如美译，华夏出版社 2002 年版。

［198］南亮进：《日本的经济发展》，经济管理出版社 1992 年版。

［199］聂辉华、张雨潇：《分权、集权与政企合谋》，《世界经济》2015 年第 6 期。

［200］聂辉华：《从政企合谋到政企合作——一个初步的动态政企关系分析框架》，《学术月刊》2020 年第 6 期。

［201］聂文慧：《丝绸之路在世界体系演进中的作用研究》，《国际经济合作》2016 年第 6 期。

［202］彭晓宇、安德烈·卡尔涅耶夫：《东亚模式与中国模式》，《国外理论动态》2013 年第 5 期。

［203］彭熠、胡剑锋：《财税补贴优惠政策与农业上市公司经营绩效——实施方式分析与政策启示》，《四川大学学报》（哲学社会科学版）2009 年第 3 期。

［204］朴昌根：《韩国产业政策》，上海人民出版社 1998 年版。

［205］朴英爱、周鑫红、于鸿：《战略性新兴产业政策、研发支出与企业全要素生产率——基于新一代信息技术产业的实证分析》，《经济问题》2023 年第 1 期。

［206］朴永焕：《汉藏茶马贸易对明清时代汉藏关系发展的影响》，四川大学博士学位论文，2003 年。

［207］戚聿东、李颖：《新经济与规制改革》，《中国工业经济》2018 年第 3 期。

［208］钱穆：《中国经济史》，北京联合出版公司 2014 年版。

［209］钱学锋、张洁、毛海涛：《垂直结构、资源误置与产业政策》，《经济研究》2019 年第 2 期。

［210］钱雪松、康瑾、唐英伦、曹夏平：《产业政策、资本配置效率与企业全要素生产率——基于中国 2009 年十大产业振兴规划自然实验的经验研究》，《中国工业经济》2018 年第 8 期。

［211］青木昌彦、金滢基、奥野-藤原正宽主编：《政府在东亚经济发展中的作用——比较制度分析》，张春霖等译，中国经济出版社 1998 年版。

［212］瞿宛文：《多层级模式：中国特色的产业政策》，《文化纵横》2018 年第 2 期。

［213］任保平：《"十四五"时期转向高质量发展加快落实阶段的重大理论问题》，

《学术月刊》2021 年第 2 期。

［214］任继球：《从外循环到双循环：我国产业政策转型的基本逻辑与方向》，《经济学家》2022 年第 1 期。

［215］任云：《日本产业政策再评价及其对我国的启示》，《现代日本经济》2006 年第 4 期。

［216］芮明杰：《产业经济学》，上海财经大学出版社 2012 年版。

［217］赛迪工业和信息化研究院：《我国产业政策实践及"十四五"产业政策预研——回顾篇：改革开放以来我国产业政策实践》，《产业政策与法规研究》2020 年第 1 期。

［218］赛迪智库：《中国新能源汽车科技创新和产业发展路径及思考》，载工信智库网，2022 年 11 月 30 日。

［219］桑玉成、夏蒙：《何为有为政府、政府何以有为？》，《广西师范大学学报》（哲学社会科学版）2022 年第 2 期。

［220］沙伊贝等：《近百年美国经济史》，中国社会科学出版社 1983 年版，第 246 页。

［221］邵敏、包群：《政府补贴与企业生产率——基于我国工业企业的经验分析》，《中国工业经济》2012 年第 7 期。

［222］沈梓鑫、贾根良：《美国小企业创新风险投资系列计划及其产业政策——兼论军民融合对我国的启示》，《学习与探索》2018 年第 1 期。

［223］沈梓鑫、江飞涛：《美国产业政策的真相：历史透视、理论探讨和现实追踪》，《经济社会体制比较》2019 年第 11 期。

［224］盛斌、陈帅：《全球价值链如何改变了贸易政策：对产业升级的影响和启示》，《国际经济评论》2015 年第 1 期。

［225］盛朝迅：《新发展格局下产业政策创新转型的基本逻辑与方向》，《中国发展观察》2022 年第 4 期。

［226］盛朝迅：《从产业政策到产业链政策："链时代"产业发展的战略选择》，《改革》2022 年第 2 期，第 22—35 页。

［227］石奇：《产业政策：理念、比较与中国的实践》，中国财政经济出版社 2022

年版。

［228］石涛：《中国国有企业改革 70 年的历史回眸和启示》，《湖湘论坛》2019 年第 5 期，第 15—26 页。

［229］斯蒂芬・S・罗奇：《中美贸易战争：相互依存所产生的典型冲突》，《中央社会主义学院学报》2020 年第 1 期。

［230］宋凌云、王贤彬：《重点产业政策、资源重置与产业生产率》，《管理世界》2013 年第 12 期。

［231］宋文月、任保平：《改革开放 40 年我国产业政策的历史回顾与优化调整》，《改革》2018 年第 12 期。

［232］宋芸芸、吴昊旻：《产业政策与企业薪酬安排》，《财经研究》2022 年第 11 期。

［233］孙瑾、刘文革：《国家竞争优势产业甄别与升级——基于新结构主义经济学方法》，《国际贸易》2014 年第 4 期，第 11—17 页。

［234］孙圣民、陈家炜：《晚清开埠通商对城乡收入差距的长期影响》，《求索》2023 年第 1 期。

［235］孙薇、叶初升：《政府采购何以牵动企业创新——兼论需求侧政策"拉力"与供给侧政策"推力"的协同》，《中国工业经济》2023 年第 1 期。

［236］孙伟增、吴建峰、郑思齐：《区位导向性产业政策的消费带动效应——以开发区政策为例的实证研究》，《中国社会科学》2018 年第 12 期。

［237］孙晓华、王昀：《企业规模对生产率及其差异的影响——来自工业企业微观数据的实证研究》，《中国工业经济》2014 年第 5 期。

［238］孙彦红、吕成达：《欧盟离"再工业化"还有多远？——欧盟"再工业化"战略进展与成效评估》，《经济社会体制比较》2020 年第 4 期。

［239］孙阳阳、丁玉莲：《产业政策、融资约束与企业全要素生产率——基于战略性新兴产业政策的实证研究》，《工业技术经济》2021 年第 1 期。

［240］孙早、席建成，《中国式产业政策的实施效果：产业升级还是短期经济增长》，《中国工业经济》2015 年第 7 期。

［241］孙振远：《苏联新产业政策与产业结构调整》，《世界经济》1989 年第 8 期。

［242］覃成林、李超：《幼稚产业保护与"李斯特陷阱——一个文献评述"》，《国外社会科学》2013 年第 1 期。

［243］苏东水：《产业经济学（第三版）》，高等教育出版社 2010 年版。

［244］田野：《国际经贸规则与中国国有企业改革》，《人民论坛·学术前沿》，2018 年第 23 期。

［245］田鑫：《论功能性产业政策的目标和政策工具——基于日本新能源汽车产业的案例分析》，《科学学与科学技术管理》2020 年第 3 期。

［246］田正、江飞涛：《日本产业活性化政策分析——日本结构性改革政策的变化及其对中国的启示》，《经济社会体制比较》2021 年第 3 期。

［247］田正、杨功金：《大变局下日本产业政策的新动向》，《日本学刊》2022 年第 6 期。

［248］迈克尔·P. 托达罗、斯蒂芬·C. 史密斯：《发展经济学》(第九版)，余向华、陈雪娟译，机械工业出版社 2008 年版。

［249］托马斯·孟：《英国得自对外贸易的财富》，商务印书馆 1968 年版。

［250］汪斌：《国际产业政策：产业政策研究的新领域》，《财贸经济》2005 年第 7 期。

［251］汪斌：《经济全球化与当代产业政策的转型——兼论中国产业政策的转型取向》，《学术月刊》2003 年第 3 期。

［252］汪琦、钟昌标：《美国中小制造业创新政策体系构建、运作机制及其启示》，《经济社会体制比较》2018 年第 1 期。

［253］汪涛、颜建国、王魁：《政企关系与产能过剩：基于中国制造企业微观视角》，《科研管理》2021 年第 3 期。

［254］王冰：《市场失灵理论的新发展与类型划分》，《学术研究》2000 年第 9 期。

［255］王红建、李青原、邢斐：《金融危机、政府补贴与盈余操纵——来自中国上市公司的经验证据》，《管理世界》2014 年第 7 期。

［256］王红建、熊鑫、吴鼎纹：《政府引导与实体投资稳定：基于产业政策视角》，《财政研究》2022 年第 7 期。

［257］王慧炯、李泊溪、李善同：《产业政策的总体构想》，《管理世界》1990 年第 6 期。

［258］王俊豪：《产业经济学》，高等教育出版社 2016 年版。

［259］王克敏、刘静、李晓溪：《产业政策、政府支持与公司投资效率研究》，《管理世界》2017 年第 3 期。

［260］王仁和、任柳青：《地方太阳能光伏政策出台的逻辑——兼论产业发展阶段与产业政策的关联》，《科学学研究》2021 年第 10 期。

［261］王廷惠：《微观规制理论研究——基于对正统理论的批判和将市场作为一个过程的理解》，中国社会科学出版社 2005 年版。

［262］王玮：《产业结构与对外政策选择：英国、美国和德国的历史经验》，《当代美国评论》2020 年第 2 期。

［263］王雅：《国际产业补贴规则新动向及中国应对策略》，《对外经贸实务》2020 年第 6 期。

［264］王艳龙：《我国产业政策对企业非效率投资的影响》，《经济问题》2022 年第 7 期。

［265］王燕梅、周丹：《中速增长时期的产业政策转型——以中国装备制造业为例》，《当代经济科学》2014 年第 1 期。

［266］王伊攀、朱晓满：《政府采购对企业"脱实向虚"的治理效应研究》，《财政研究》2022 年第 1 期。

［267］王永钦：《产业政策如何发挥作用——来自中国自然实验的证据》，《学术月刊》2023 年第 2 期。

［268］王勇：《产业政策 30 年成功经验》，《党政论坛（干部文摘）》2011 年第 1 期。

［269］王政：《中国累计培育专精特新中小企业超 6 万家》，载人民日报海外版，2022 年 11 月 11 日。

［270］王志刚、于滨铜：《农业产业化联合体概念内涵、组织边界与增效机制：安徽案例举证》，《中国农村经济》2019 年第 2 期。

［271］王俊豪、周晟佳：《中国数字产业发展的现状、特征及其溢出效应》，《数量

经济技术经济研究》2021 年第 3 期。

［272］魏加宁、杨光普：《新时代产业政策必须服从竞争政策》，载黄少卿等著：《重塑中国的产业政策：理论、比较与实践》，上海人民出版社 2020 年版。

［273］吴贵生、李纪珍：《产业共性技术供给体系研究》，《科学技术与工程》2003 年第 4 期。

［274］吴康：《京津冀城市群职能分工演进与产业网络的互补性分析》，《经济与管理研究》2015 年第 3 期，第 63—72 页。

［275］吴敬琏：《我国的产业政策：不是存废，而是转型》，《中国流通经济》2017 年第 11 期。

［276］吴军：《智能时代：大数据与智能革命重新定义未来》，《金融电子化》2016 年第 11 期。

［277］吴世农、尤博、王建勇、陈韫妍：《产业政策工具、企业投资效率与股价崩盘风险》，《管理评论》2023 年第 1 期。

［278］吴意云、朱希伟：《中国为何过早进入再分散：产业政策与经济地理》，《世界经济》2015 年第 2 期。

［279］武力、温锐：《1949 年以来中国工业化的"轻、重"之辨》，《经济研究》2006 年第 9 期。

［280］武威、刘国平、张琦：《授之以渔：政府采购与中国特色精准扶贫》，《世界经济》2022 年第 8 期。

［281］武威、刘国平：《政府采购与经济发展：转型效应与协同效应——基于产业结构升级视角》，《财政研究》2021 年第 8 期。

［282］席建成、韩雍：《中国式分权与产业政策实施效果：理论及经验证据》，《财经研究》2019 年第 10 期。

［283］下河边淳、管家茂：《现代日本经济事典》，中国社会科学出版社 1982 年版。

［284］夏清华、胡姝川：《欧洲三国创新政策的实践及对中国的启示》，《经济体制改革》2021 年第 3 期。

［285］小宫隆太郎、余晁鹏：《日本产业政策争论的回顾和展望》，《现代日本经济》1988 年第 3 期。

［286］小宫隆太郎等：《日本的产业政策》，黄晓勇等译，国际文化出版公司 1988 年版。

［287］筱原三代平：《产业结构与投资分配》，《一桥大学经济研究》1957 年第 4 期。

［288］肖红军、阳镇、王欣：《央地产业政策协同、企业社会责任与企业绿色技术创新》，《中山大学学报（社会科学版）》2023 年第 1 期。

［289］肖旭、戚聿东：《产业数字化转型的价值维度与理论逻辑》，《改革》2019 年第 8 期。

［290］项浙学、陈玉瑞：《论共性技术》，《浙江工业大学学报（社会科学版）》2003 年第 1 期。

［291］谢伏瞻、高尚全、张卓元、马建堂、蔡昉、林毅夫、黄群慧、田国强：《中国经济学 70 年：回顾与展望——庆祝新中国成立 70 周年笔谈（上）》，《经济研究》2019 年第 9 期。

［292］熊勇清、徐文：《新能源汽车产业培育："选择性"抑或"功能性"政策？》，《科研管理》2021 年第 42 期。

［293］许宪春、张美慧：《中国数字经济规模测算研究——基于国际比较的视角》，《中国工业经济》2020 年第 5 期。

［294］徐继连：《科学技术与近代德国的经济繁荣》，《陕西师大学报（哲学社会科学版）》1988 年第 1 期。

［295］徐维祥、张筱娟、刘程军：《长三角制造业企业空间分布特征及其影响机制研究：尺度效应与动态演进》，《地理研究》2019 年第 5 期。

［296］徐炎泽、尹成凤：《禁止投资产业政策：基于"市场准入负面清单"与"产业结构调整指导目录"的比较》，《税务与经济》2021 年第 3 期。

［297］薛东前、石宁、段志勇、郭晶、李玲：《文化交流、传播与扩散的通道——以中国丝绸之路为例》，《西北大学学报（自然科学版）》2013 年第 5 期。

［298］薛亮：《产业政策和产业结构调整》，《管理世界》1992 年第 3 期。

［299］薛荣久：《经济全球化的影响与挑战》，《世界经济》1998 年第 4 期。

［300］阎世平、陆善勇、李欣广、谢品：《宏观经济、区域经济一体化与区域发展——国际区域经济合作与产业发展论坛综述》，《经济研究》2010 年第 7 期。

［301］阳镇、陈劲、凌鸿程：《相信协同的力量：央—地产业政策协同性与企业创新》，《经济评论》2021 年第 2 期。

［302］杨东进：《从政策扶持到政府蔽荫：过程、原因及其危害》，《产业经济研究》2013 年第 5 期。

［303］杨刚强、张建清、江洪：《差别化土地政策促进区域协调发展的机制与对策研究》，《中国软科学》2012 年第 10 期。

［304］杨国超、刘静、廉鹏、芮萌：《减税激励、研发操纵与研发绩效》，《经济研究》2017 年第 8 期。

［305］杨蕙馨、吴炜峰：《经济全球化条件下的产业结构转型及对策》，《经济学动态》2010 年第 6 期。

［306］杨继东、刘诚：《产业政策经验研究的新进展——个文献综述》，《现代产业经济》2021 年第 6 期。

［307］杨兰品、郑飞：《经济全球化背景下现代产业政策的新特征》，《湖北社会科学》2012 年第 4 期。

［308］杨濛、吴昊旻：《产业政策缓解了企业的投融资期限错配吗？》，《经济与管理研究》2022 年第 8 期。

［309］杨瑞龙、侯方宇：《产业政策的有效性边界——基于不完全契约的视角》，《管理世界》2019 年第 10 期。

［310］杨伟民：《建立以产业政策为中心的经济政策体系》，《计划经济研究》1993 年第 2 期。

［311］杨洋、魏江、罗来军：《谁在利用政府补贴进行创新——所有制和要素市场扭曲的联合调节效应》，《管理世界》2015 年第 1 期。

［312］杨志勇、杨之刚：《中国财政制度改革 30 年》，格致出版社 2008 年版。

［313］杨志远、谢谦、李宇迪：《负面清单、嵌入深度与制造业服务化》，《经济学

动态》2022 年第 5 期。

［314］叶光亮、程龙、张晖:《竞争政策强化及产业政策转型影响市场效率的机理研究——兼论有效市场与有为政府》,《中国工业经济》2022 年第 1 期。

［315］于良春:《中国的竞争政策与产业政策:作用、关系与协调机制》,《经济与管理研究》2018 年第 10 期。

［316］余东华、吕逸楠:《政府不当干预与战略性新兴产业产能过剩——以中国光伏产业为例》,《中国工业经济》2015 年第 10 期。

［317］余明桂、范蕊、钟慧洁:《中国产业政策与企业技术创新》,《中国工业经济》2016 年第 12 期。

［318］余长林、杨国歌、杜明月:《产业政策与中国数字经济行业技术创新》,《统计研究》2021 年第 1 期。

［319］余菁:《改革开放四十年:中国企业组织的繁荣与探索》,《China Economist》2018 年第 4 期。

［320］余壮雄、丁文静、董洁妙:《重点产业政策对出口再分配的影响——来自我国对外贸易统计数据的证据》,《统计研究》2021 年第 1 期。

［321］郁建兴、高翔:《地方发展型政府的行为逻辑及制度基础》,《中国社会科学》2012 年第 5 期。

［322］袁海、李航、武增海:《产业异质性视角下政策工具对战略性新兴产业的激励效应研究》,《产业经济评论》2020 年第 7 期。

［323］约翰·哈罗德·克拉潘:《1815—1914 年法国和德国的经济发展》,傅梦弼译,商务印书馆 1965 年版。

［324］张川川、张文杰、李楠、杨汝岱:《清末开埠通商的长期影响:外商投资与进出口贸易》,《世界经济》2021 年第 11 期。

［325］张健、张威、赵宇虹:《战略性新兴产业共性技术创新中的市场失灵与政府作用研究》,《科技管理研究》2017 年第 10 期。

［326］张杰:《中美战略格局下全球供应链演变的新趋势与新对策》,《探索与争鸣》2020 年第 12 期,第 37—52 页,第 198 页。

［327］张杰:《中国全面转向全产业链政策的重大价值、关键内涵与实施途径研究》,《学海》2023 年第 1 期,第 82—93 页。

［328］张杰:《中美科技创新战略竞争的博弈策略与共生逻辑》,《亚太经济》2019 年第 4 期,第 13—20 页。

［329］张莉、高元骅、徐现祥:《政企合谋下的土地出让》,《管理世界》2013 年第 12 期。

［330］张莉、朱光顺、李世刚、李夏洋:《市场环境、重点产业政策与企业生产率差异》,《管理世界》2019 年第 3 期。

［331］张鹏飞、徐朝阳:《干预抑或不干预? ——围绕政府产业政策有效性的争论》,《经济社会体制比较》2007 年第 4 期。

［332］张娆、路继业、姬东骅:《产业政策能否促进企业风险承担?》,《会计研究》2019 年第 7 期。

［333］张维迎:《市场经济中的政府行为:日本的经验》,载《价格、市场与企业家》,北京大学出版社 2006 年版。

［334］张维迎:《市场与政府》,西北大学出版社 2014 年版。

［335］张维迎:《我为什么反对产业政策? ——与林毅夫辩》,《比较》2016 年第 6 期。

［336］张伟广、冯师钰:《产业政策对企业僵尸化影响的机理与效应研究》,《财经问题研究》2023 年第 3 期。

［337］张文魁:《数字经济的内生特性与产业组织》,《管理世界》2022 年第 7 期。

［338］张夏准:《撤掉经济发展的梯子:知识产权保护的历史教训》,《国际经济评论》2022 年第 6 期。

［339］张小筠、刘戒骄:《改革开放 40 年产业结构政策回顾与展望》,《改革》2018 年第 9 期。

［340］张新民、张婷婷、陈德球:《产业政策、融资约束与企业投资效率》,《会计研究》2017 年第 4 期。

［341］张昱:《现阶段产业政策的实际情景与模式》,《改革》2012 年第 7 期。

［342］张云伟、张靓、徐珺、程进:《重点城市功能性产业政策比较研究》,《宏观

经济管理》2020 年第 3 期。

［343］张泽一：《产业政策的影响因素及其作用机制》，《生产力研究》2009 年第 10 期。

［344］赵昌文：《新时期中国产业政策研究》，中国发展出版社 2016 年版。

［345］赵嘉辉：《产业政策的理论分析和效应评价》，中国经济出版社 2013 年版。

［346］赵凌飞：《"一带一路"史研究综述》，《中国社会经济史研究》2018 年第 1 期。

［347］赵婷、陈钊：《比较优势与产业政策效果：区域差异及制度成因》，《经济学》（季刊）2020 年第 3 期。

［348］郑东雅：《重工业优先发展战略、基础工业和脱离贫困陷阱》，《世界经济文汇》2022 年第 5 期。

［349］郑思齐、孙伟增、吴璟、武赟：《"以地生财，以财养地"——中国特色城市建设投融资模式研究》，《经济研究》2014 年第 8 期。

［350］中国信通院：《中国数字经济发展白皮书（2022）》。

［351］中金公司研究部、中金研究院：《大国产业链》，中信出版社 2023 年版，第 178 页。

［352］周建军：《美国产业政策的政治经济学：从产业技术政策到产业组织政策》，《经济社会体制比较》2017 年第 1 期。

［353］周剑明、王鹏：《新发展格局下我国产业结构升级面临的压力与对策》，《经济纵横》2021 年第 6 期。

［354］周黎安：《"官场＋市场"与中国增长故事》，《社会》2018 年第 2 期。

［355］周黎安：《行政发包制》，《社会》2014 年第 6 期。

［356］周黎安：《中国地方官员的晋升锦标赛模式研究》，《经济研究》2007 年第 7 期。

［357］周黎安：《转型中的地方政府：官员激励与治理》，格致出版社 2008 年版。

［358］周林、杨云龙、刘伟：《用产业政策推进发展与改革——关于设计现阶段我国产业政策的研究报告》，《经济研究》1987 年第 3 期。

［359］周绍东：《财政补贴还是技术参与：新兴产业技术路线选择中的政府作用》，《财政研究》2014 年第 7 期。

［360］周叔莲、裴叔平、陈树勋：《中国产业政策研究》，经济管理出版社 1990 年版。

［361］周亚虹、蒲余路、陈诗一、方芳：《政府扶持与新型产业发展——以新能源为例》，《经济研究》2015 年第 6 期。

［362］周燕、潘遥：《财政补贴与税收减免——交易费用视角下的新能源汽车产业政策分析》，《管理世界》2019 年第 10 期。

［363］周也：《没有哪一个国家在赶超时期不依靠产业政策实现崛起》，载上观新闻，2017 年 1 月 3 日。

［364］周振华：《产业结构优化论》，上海人民出版社 1992 年版。

［365］周振华：《产业融合：产业发展及经济增长的新动力》，《中国工业经济》2003 年第 4 期。

［366］A, Yülek M., "British Colonial Empire and Industrial Policy: Protection, Monopolized Trade, and Industrialization," in *How Nations Succeed: Manufacturing, Trade, Industrial Policy, and Economic Development*, 2018.

［367］Abonyi, A. and Sylvain, I. J., "CMEA Integration and Policy Options for Eastern Europe: A Development Strategy of Dependent States," *Journal of Common Market Studies*, Vol.16, 1977.

［368］Abonyi, A. and Sylvain, I. J., "The Impact of CMEA Integration on Social Change in Eastern Europe: The Case of Hungary's New Economic Mechanism," in *Perspectives for Change in Communist Societies*, Routledge, 2019.

［369］Acemoglu, D., Garc'ia-Jimeno, C., and Robinson, J. A., "State Capacity and Economic Development: A Network Approach," *American Economic Review*, Vol.105, No.8, Aug. 2015.

［370］Ades, A. and Tella, R. D., "National Champions and Corruption: Some Unpleasant Interventionist Arithmetic," *The Economic Journal*, Vol.107, No.443, Jul. 1997.

［371］Aghion, Philippe, Cai, Jing, Dewatripont, Mathias, Du, Luosha, Harrison, Annand, and Legros, Patrick, "Industrial Policy and Competition," *American Economic*

Journal: Macroeconomics, Vol.7, No.4, Oct. 2015.

［372］Allen, R. C., *A History of the Global Economy*. Cambridge University Press, 2016.

［373］Allen, R. C., *Global Economic History: A Very Short Introduction*. Oxford University Press, 2011.

［374］Amsden, Alice H., *Asia's Next Giant: South Korea and Late Industrialization*. New York and Oxford: Oxford University Press, 1989.

［375］Andreoni, Antonio and Scazzieri, Roberto, "Triggers of Change: Structural Trajectories and Production Dynamics," *Cambridge Journal of Economics*, Vol.38, No.6, 2014.

［376］Arqué-Castells, P., "Persistence in R&D Performance and its Implications for the Granting of Subsidies," *Review of Industrial Organization*, Vol.43, No.3, Nov. 2013.

［377］Asakura, H., *World History of the Customs and Tariffs*. World Customs Organization, 2003.

［378］Bain, Joe S., *International Differences in Industrial Structure*. New York: John Wiley & Sons, 1966.

［379］Baldwin, R. E., "The Case against Infant-Industry Tariff Protection," *Journal of Political Economy*, Vol.77, No.3, 1969.

［380］Baldwin, R., "High Technology Exports and Strategic Trade Policy in Development Countries: The Case of Brazilian Aircraft," in *Trade Policy, Industrialization and Development*, Oxford University Press, 1992.

［381］Bank, World, *The East Asian Miracle: Economic Growth and Public Policy*. Oxford Press, 1993.

［382］Bank, World, *World Development Report 1991: The Challenge of Development*. Oxford Press, 1991.

［383］Beason, Richard and Weinstein, David, "Growth, Economies of Scale and Targeting in Japan," *Review of Economics and Statistics*, Vol.78, No.2, 1996.

［384］Becker, S. O., Egger, P. H., and von Ehrlich, M., "Absorptive Capacity and the Growth and Investment Effects of Regional Transfers: A Regression Discontinuity Design with Heterogeneous Treatment Effects," *American Economic Journal: Economic Policy*, Vol.5, No.4, Nov. 2013.

［385］Beverelli, Cosimo, Fiorini, Matteo, and Hoekman, Bernard, "Services Trade Policy and Manufacturing Productivity: The Role of Institutions," *Journal of International Economics*, Vol.104, Jan. 2017.

［386］Bianchi, P., *International Handbook on Industrial Policy*. Edward Elgar Publishing, 2008.

［387］Blonigen, Bruce A., "Industrial Policy and Downstream Export Performance," *The Economic Journal*, Vol.126, No.295, Sep. 2016.

［388］Boeing, Philipp, "The Allocation and Effectiveness of China's R&D Subsidies: Evidence from Listed Firms," *Research Policy*, Vol.45, No.9, Jun. 2016.

［389］Bora, B., Lloyd, P. J., and Pangestu, M., *Industrial Policy and the WTO*. UN, 2000.

［390］Boschma, R. and Frenken K., "The emerging empirics of evolutionary economic geography", *Journal of Economic Geography*, 2011, 11(2): 295—307.

［391］Brander, James A. and Spencer, Babara J., "Strategic Commitment with R&D: The Symmetric Case," *The Bell Journal of Economics*, Vol.14, No.1, Mar. 1983.

［392］Chang, H. J., Andreoni, A., and Kuan, M. L., *International Industrial Policy Experiences and the Lessons for the UK*. 2013.

［393］Chen, Ling and Naughton, Barry, "An Institutionalized Policy-Making Mechanism: China's Return to Techno-Industrial Policy," *Research Policy*, Vol.45, No.10, Dec. 2016.

［394］Chu, Wan-wen, "Industry Policy with Chinese Characteristics: A Multi-Layered Model," *China Economic Journal*, Vol.10, No.3, Sep. 2017.

［395］Ciccone, A., "Agglomeration Effects in Europe", *European Economic Review*, 2002, 46(2): 213—227.

［396］Cimoli, M., Dosi, G., and Stiglitz, J. E., "The Rationale for Industrial and Innovation Policy," *Intereconomics*, Vol.50, No.3, Mar. 2015.

［397］Clausen, Tommy H., "Do Subsidies Have Positive Impacts on R&D and Innovation Activities at the Firm Level?," *Structural Change & Economic Dynamics*, Vol.20, No.4, Dec. 2009.

［398］Clemens, M. A. and Williamson, J. G., "A Tariff-Growth Paradox? Protection's Impact the World Around 1875—1997," 2001.

［399］Coe, N. M. and Kelly P. F., *Yeung H. W. Economic geography: a contemporary introduction*, Marshall A. Principles of economics. London: Macmillan, 1890.

［400］Corden, W. M., "Normative Theory of International Trade," in *Handbook of International Economics*, Jones, R. N. and Kenen, P. B., Eds. 1984.

［401］Crafts, Nicholas, "British Relative Economic Decline Revisited: The Role of Competition," *Explorations in Economic History*, Vol.49, No.1, Jan. 2012.

［402］Cumming, Douglas, "Public Economics Gone Wild: Lessons from Venture Capital," *International Review of Financial Analysis*, Vol.36, Dec. 2014.

［403］D. Rodrik, "Industrial Policy for the Twenty-First Century," CEPR Discussion Paper, 2004.

［404］D. Rodrik, "What's so Special about China's Exports?," *China & World Economy*, Vol.14, No.5, 2006.

［405］Davies, A., "The Life Cycle of a Complex Product System," *International Journal of Innovation Management*, Vol.01, No.1—2, 1997.

［406］Dowrick, Steve and Nguyen, Duc-Tho, "OECD Comparative Economic Growth 1950—1985: Catch-up and Convergence," *American Economic Review*, Vol.79, No.5, Dec. 1989.

［407］Dosi, G., Stiglitz JE (eds) Industrial Policy and Development. Oxford University Press, New York, pp.447—469.

［408］Duchin, R., Ozbas, R., and Sensoy, A., "Costly External Finance, Corporate Investment, and the Subprime Mortgage Credit Crisis," *Journal of Financial Economics*, Vol.97, No.3, Sep. 2010.

［409］Eaton, J. and Grossman, Gene M., "Optimal Trade and Industrial Policy under

Oligopoly," *Quarterly Journal of Economics*, Vol.101, No.2, May 1986.

〔410〕Englander, O., "Theorie des Guterverkehrs und der Frachtsatre", *Fischer*, Jena, 1924.

〔411〕Gerschenkron, A., Economic Backwardness in Historical Perspec-tive, Harvard University Press, 1962.

〔412〕Freeman, C., Technology Policy and Economic Performance; Lessons from Japan, London: Frances Printer Publishers, 1987.

〔413〕Fong, G. R., "Follower at the Frontier: International Competition and Japanese Industrial Policy," *International Studies Quarterly*, Vol.42, No.2, 1998.

〔414〕Foreman-Peck, J. and Federico, G., *European Industrial Policy: The Twentieth-Century Experience*. Oxford University Press on Demand, 1999.

〔415〕Freeman, C., *Technology Policy and Economic Performance; Lessons from Japan*. Frances Printer Publishers, 1987.

〔416〕Freeman, Christopher, *Technology Policy and Economic Performance: Lessons from Japan*. Pinter Pub Ltd, 1987.

〔417〕Geddes, B., "A Game Theoretic Model of Reform in Latin American Democracies," *American Political Science Review*, Vol.85, No.2, 1991.

〔418〕Gennaioli, N. and Rainer, I., "The Modern Impact of Precolonial Centralization in Africa," *Journal of Economic Growth*, Vol.12, No.3, Sep. 2007.

〔419〕Georghiou, L., "Global Cooperation in Research," *Research Policy*, Vol.27, No.6, 1998.

〔420〕Gerschenkron, Alexander, *Economic Backwardness in Historical Perspective*. Harvard University Press, 1962.

〔421〕Gill, Indermit and Kharas, Homi, *An East Asian Renaissance: Ideas for Economic Growth*. Washington, DC: The World Bank, 2007.

〔422〕Gomulka, Stanislaw, *The Theory of Technological Change and Economic Growth*. London: Routledge, 1990.

［423］Gort, Michael and Klepper, Steven, "Time Paths in the Diffusion of Product Innovations," *Economic Journal*, Vol.92, 1982.

［424］Goto, Akira and Odagiri, Hiroyuki, *Innovation in Japan*. New York and Oxford: Oxford University Press, 1997.

［425］Harrison, Ann E., "An Empirical Test of the Infant Industry Argument: Comment," *American Economic Review*, Vol.84, No.4, Sep. 1994.

［426］Hausmann, R. and Rodrik, D., "Economic Development as Self-discovery," *Journal of Development Economics*, Vol.72, No.2, Dec. 2003.

［427］Hennart, J. F. and Larimo, J., "The Impact of Culture on the Strategy of Multinational Enterprises: Does National Origin Affect Ownership Decisions?," *Journal of international business studies*, Vol.29, 1998.

［428］Herrigel, G., "Industrial Constructions: the Sources of German Industrial Power Contemporary Sociology", 1997, 26(3): 1227—1228.

［429］Hoover, E. M., *Location theory and the shoe and leather industries*, Cambridge: Harvard University Press, 1937.

［430］Hobbs, C., Lee, L., and Driedger, L., "Implementing Multicultural Policy: An Analysis of the Heritage Language Program, 1971—1981," *Canadian Public Administration*, Vol.34, No.4, 1991.

［431］Holz, Carsten A., "The Changing Patterns of Investment in the PRC Economy," Working Paper, 2017.

［432］Hovenkamp, Herbert and Morton, Fiona M. Scott, "Framing the Chicago School of Antitrust Analysis," *SSRN Electronic Journal*, Jan. 2019.

［433］Howell, S. T., "Financing innovation: Evidence from R&D grants," *American Economic Review*, Vol.107, No.4, Apr. 2017.

［434］Hufbauer, G. C. and Jung, E., "Scoring 50 Years of US Industrial Policy, 1970—2020", Nov. 2021.

［435］Husted, B. W. and Allen, D. B., "Corporate Social Responsibility in the

Multinational Enterprise: Strategic and Institutional Approaches," *Journal of international business studies*, Vol.37, 2006.

〔436〕 Irwin, Douglas A., "Did Late-Nineteenth-Century U.S. Tariffs Promote Infant Industries? Evidence from the Tinplate Industry," *Journal of Economic History*, Vol.60, No.2, Jan. 2000.

〔437〕 Isard, W., *Location and space-economy*, Cambridge: The MIT Press, 1956.

〔438〕 Ito, Takatoshi, "The East Asian Miracle: Four Lessons for Development Policy: Comment," in *NBER Macroeconomics Annual*, Vol.9, 1994.

〔439〕 Jaffe, A. B. and Le, T., "The Impact of R&D Subsidy on Innovation: A Study of New Zealand Firms," NBER Working Paper, 2015.

〔440〕 Jin, H., Qian, Y., and Weingast, B. R., "Regional Decentralization and Fiscal Incentives: Federalism, Chinese Style," *Journal of Public Economics*, Vol.89, Sep. 2005.

〔441〕 Johnson, Chalmers, *MITI and the Japanese Miracle: The Growth of Industrial Policy, 1925—1927*. Stanford University Press, 1982.

〔442〕 Jones Jr, J. M., *Tariff Retaliation: Repercussions of the Hawley-Smoot Bill*. University of Pennsylvania Press, 2016.

〔443〕 Warwick,K., "Beyond Industrial Policy: Emerging Issues and New Trends," 2013.

〔444〕 Katzenstein, P. J., *Small States in World Markets: Industrial Policy in Europe*. Cornell University Press, 1985.

〔445〕 Ketels, H. M., "Industrial Policy in the United States," *Journal of Industry Competition and Trade*, Vol.7, No.3, Dec. 2007.

〔446〕 Khan, M. and Blankenburg, S., *The Political Economy of Industrial Policy in Asia and Latin America*, 2009.

〔447〕 Kilcrease, E. and Jin, E., "Rebuild: Toolkit for a New American Industrial Policy," CNAS Reports, 2022.

〔448〕 Krueger, A. O. and Tuncer, B., "Estimating Total Factor Productivity Growth in a Developing Country," World Bank Staff Working Paper, 422, 1980.

［449］Krueger A. O. and Tuncer B., "An Empirical Test of the Infant Industry Argument", *American Economic Review*, 1982, 72(5): 1142—1152.

［450］Krueger, A. O., *Economic Policy Reform in Developing Countries*. Oxford: Basil Blackwell, 1992.

［451］Krueger, A. O., "The political economy of the rent-seeking society", *American Economic Review*, 1974, 64(3): 291—303.

［452］Krueger, Anne O. and Tuncer, Baran, "An Empirical Test of the Infant Industry Argument," *American Economic Review*, Vol.72, No.5, Dec. 1982.

［453］Krugman, P. R., "Targeted Industrial Policies: Theory and Evidence," *Industrial Change and Public Policy*, Aug. 1983.

［454］Krugman, P., "First: What Ever Happened to the Asian Miracle?," *Fortune*, Vol.136, No.4, 1997.

［455］Krugman, P., "Increasing returns and economic geography", *Journal of political economy*, 1991, 99(3): 483—499.

［456］Lawrence, R. Z. and D. E. Weinstein, "Trade and growth: Import led or export led? Evidence from Japan and Korea" (No.w7264), *National Bureau of Economic Research*, 1999.

［457］Lauterbach, A., "Artificial Intelligence and Policy: Quo Vadis?," *Digital Policy, Regulation and Governance*, 2019.

［458］Lavoie, D., *Rivalry and Central Planning: The Socialist Calculation Debate Reconsidered*. New York: Cambridge University Press, 1985.

［459］Lawrence, Robert Z. and Weinstein, David E., "Trade and Growth: Import-Ledor Export-Led? Evidence From Japan and Korea," Working Paper, 1999.

［460］Lazzarini, S. G., "Strategizing by the Government: Can Industrial Policy Create Firm-Level Competitive Advantage?," *Strategic Management Journal*, Vol.36, No.1, Jan. 2015.

［461］Lee, Jongseok, Clacher, Iain, and Keasey, Kevin, "Industrial Policy as an Engine of Economic Growth: A Framework of Analysis and Evidence from South Korea (1960—1996)," *Business History*, Vol.54, No.5, Dec. 2012.

［462］Lee, J. W., "Reviewed Work: Government interventions and productivity growth", *Journal of Economic Growth*, 1996, 1(3): 391—414.

［463］Lin, J. Y. and Rosenblatt, D., "Shifting Patterns of Economic Growth and Rethinking Development," *Journal of Economic Policy Reform*, Vol.15, No.3, Sep. 2012.

［464］Luo, Guoliang, Liu, Yingxuan, Zhang, Liping, Xu, Xuan, and Guo, Yiwei, "Do Governmental Subsidies Improve the Financial Performance of China's New Energy Power Generation Enterprises?," *Energy*, Vol.227, Jul. 2021.

［465］May, R. S., "Reviewed Work: How Japan's Economy Grew So Fast. The Sources of Postwar Expansion by E. F. Denison, W. K. Chung," *The Economic Journal*, Vol.87, No.346, Jun. 1977.

［466］Mazzucato, Mariana, *The Entrepreneurial State: Debunking Public vs. Private Sector Myths*. London: Anthem Press, 2013.

［467］Mao, J., et al., "China As a 'Developmental State' Miracle: Industrial Policy, Technological Change, and Prooductivity Growth", Social Science Electronic Publishing, 2017.

［468］Milner, H. V., *Resisting Protectionism: Global Industries and the Politics of International Trade*. Princeton University Press, 2021.

［469］Yülek, Murat A., *How Nations Succeed: Manufacturing, Trade, Industrial Policy, and Economic Development*. Palgrave MacMillan, 2018.

［470］Nakayama, Wataru, Boulton, William, and Pecht, Michael, *The Japanese Electronics Industry*. Boca Raton: CRC Press, 1999.

［471］Noland, M. and Pack, H., *Industrial Policy in an Era of Globalization: Lessons from Asia*. Peterson Institute, 2003.

［472］Noland, Marcus and Pack, Howard, *Industrial Policy in an Era of Globalization: Lessons from Asia*. Washington: Institute for International Economics, 2003.

［473］Norton, R. D., "Industrial Policy and American Renewal," *Journal of Economic Literature*, Vol.24, No.1, Mar. 1986.

［474］Nunn, N. and Trefler D. "The Structure of Tariffs and Long-Term Growth",

American Economic Journal: Macrocononmics, 2010, 2(4): 158—194.

［475］Okuno-Fujiwara, Masahiro, "Interdependence of Industries, Coordination Failure and Strategic Promotion of an Industry," *Journal of International Economics*, Vol.25, No.1—2, Aug. 1988.

［476］Onis, Z., "The Logic of the Developmental State," *Comparative Politics*, Vol.24, No.1, 1991.

［477］Pack, Howard and Westphal, Larry E., "Industrial Strategy And Technological Change: Theory Versus Reality," *Journal of Development Economics*, Vol.22, No.1, Jun. 1986.

［478］Pack, H. and K. Sagi, "Is There a Case for Industrial Policy? A Critical Survey", *The World Bank Research Observer*, 2006, 21(2): 267—297.

［479］Painter, M. and Pierre, J., *Challenges to State Policy Capacity: Global Trends and Comparative Perspectives*. Palgrave Macmillan, 2004.

［480］Perez, C., "Structural Change and Assimilation of New Technologies in the Economic and Social Systems," *Futures*, Vol.15, No.5, 1983.

［481］Peter, Petri, *The Lessons of East Asia: Common Foundations of East Asian Success*. Washington, DC: The World Bank, 1993.

［482］Predöhl, A., "Das Standortsproblem in der Wirtschaftstheorie", Weltwirtschaftliches Archiv, 1925: 294—321.

［483］Porter, M. E., "The Economic Performance of Regions", *Regional Studies*, 2003, 37(6): 549—578.

［484］Possa, M. L. and H. L. Borges, Competition Policy and Industrial Development. In: Cimoli M, 2009.

［485］Porter, M. E., *Competition in Global Industries*. Harvard Business Press, 1986.

［486］Porter, Michael, Takeuchi, Hirotaka, and Sakakibara, Mariko, *Can Japan Compete?* Basic Books, 2002.

［487］Rasser, M., Lamberth, M., Kelley, H., and Johnson, R., "Reboot: Framework For a New American Industrial Policy," CNAS Reports, 2022.

［488］Reich, Robert B., "Why the U.S. Needs an Industrial Policy," *Harvard Business Review*, Jan. 1982.

［489］Rodrik, Dani, "Coordination Failures and Government Policy: A Model with Applications to East Asia and Eastern Europe," *Journal of International Economics*, Vol.40, No.1, 1996.

［490］Rostow, Walt Whitman, *Politics and the Stages of Growth*. Cambridge: Cambridge University Press, 1971.

［491］Rostow, Walt Whitman, *The Stages of Economic Growth*. Cambridge: Cambridge University Press, 1961.

［492］Rugman, A. M. and Verbeke, A., "A Perspective on Regional and Global Strategies of Multinational Enterprises," *Journal of International Business Studies*, Vol.35, 2004.

［493］Saxenian, A., *Regional Advantage: Cultture and Competition in Silicon Valley and Route 128*, Cambridge: Harvard University Press, 1996.

［494］Soete, L., "From Industrial to Innovation Policy," *Journal of Industry Competition & Trade*, Vol.19, No.7, Jul. 2007.

［495］Steinbock, D., "US-China Trade War and Its Global Impacts," *China Quarterly of International Strategic Studies*, Vol.4, No.4, 2018.

［496］Stigler, George Joseph, "The Division of Labor is Limited by the Extent of the Market," *Journal of Political Economy*, Vol.59, No.3, 1951.

［497］Stiglitz, J. E. and Greenwald, B. C., *Creating a Learning Society: A New Approach to Growth Development and Social Progress*. Columbia University Press, 2014.

［498］Stiglitz, J. E., "The Role of the State in Financial Markets," *World Bank Economic Review*, Vol.7, No.1, Dec. 1993.

［499］Stiglitz, Joseph E. and Yusuf, Shahid, *Rethinking the East Asian Miracle*. Washington, DC: World Bank and Oxford University Press, 2001.

［500］Stiglitz, Joseph E., "Industrial Policy, Learning, and Development," Working Paper, 2015.

［501］Stiglitz, Joseph E., Yifu, Lin Justin, and Célestin, Monga, "The Rejuvenation of Industrial Policy," Working Paper, 2013.

［502］Swann, Gavin Peter, "The economic rationale for a national design policy," BIS Occasional Paper No.2, Department for Business, Innovation & Skills, 2010.

［503］Tassey, G., The Economics of R&D Policy, Bloomsbury Publishing USA, 1997.

［504］Terk, E. Practicing, "catching-up: A com nparison of development models of East Asian and Central-Eastern European countries", *Discourses in Social Market Economy*, 2014.

［505］Trezise, Philip H., "Industrial Policy is Not the Major Reason for Japan's Success," *The Bookings Review*, Vol.1, No.3, 1983.

［506］Union, International Telecommunication, *Yearbook of Statistics 1991—2000*. 2001.

［507］Wade, Robert, *Governing the Market: Economic Theory and the Role of Government in East Asian Industrialization*. Princeton University Press, 2004.

［508］Warwick, Ken, "Beyond Industrial Policy: Emerging Issues and New Trends," *OECD Science, Technology and Industry Policy Papers*, No.2, 2013.

［509］Womack, James P., Jones, Daniel T., and Roos, Daniel, *The Machine that Changed the World: How Japan's Secret Weapon in the Global Auto Wars Will Revolutionize Western Industry*. Harper Perennial Press, 1991.

［510］Wu, Yiyun, Zhu, Xiwei, and Groenewold, Nicholas, "The Determinants and Effectiveness of Industrial Policy in China: A Study Based on Five-Year- Plans," *China Economic Review*, Vol.53, Feb. 2019.

［511］Xu, E. and Xu, K., "A Multilevel Analysis of the Effect of Taxation Incentives on Innovation Performance," *IEEE Transactions on Engineering Management*, Vol.60, No.1, May 2013.

［512］Zhi, Qiang and Richard Pete Suttmeier, "China's National S&T Programs and Industrial Innovation: The Role of the 863 Program in the Telecom and Power Sectors," paper presented in the Cornference on "Policy, Regulation and Innovation in Chinese Industry", Pittsburgh, Pennsylvania, 2014.

后 记

为贯彻落实习近平总书记关于加快构建中国特色哲学社会科学重要讲话精神和上海市委关于推动上海哲学社会科学大发展大繁荣的战略部署，我院党委提出以学科体系建设为抓手，发挥高端智库优势，加快推进中国特色哲学社会科学"三大体系"建设。

我们的基本设想是，坚持以习近平新时代中国特色社会主义思想为指导，按照习近平总书记在哲学社会科学工作座谈会上的重要讲话精神和上海市推动上海哲学社会科学大发展大繁荣建设目标要求，以我国经济与社会发展的实践经验和现实需求为起点，结合我院各研究所专业学科特色和重点研究方向，组织开展学科体系建设，注重从我国改革发展的实践工作中挖掘新材料、发现新问题、提出新观点、构建新理论，注重深化对党的创新理论研究阐释，注重总结实践中的新规律，提炼新理论，提出具有主体性、原创性的新观点，彰显我国哲学社会科学的特色和优势，为构建中国特色哲学社会科学学科体系、学术体系、话语体系作出上海社会科学院的贡献。

2023 年，我院结合主题教育，围绕科研工作、人才队伍建设、智库建设等开展大调研活动，在我院建院 65 周年院庆之际，组织全院 17 个研究所，开展集体研究和联合攻关，推出我院"中国特色哲学社会科学'三大体系'研究丛书"学术成果，本书为丛书系列成果之一。

本书是应用经济研究所集体科研成果。在两年多时间的多次研讨、写作、论证及修改过程中，大家付出心血智慧和艰辛工作，最终形成本书。其中，干春晖同志作为负责人，全面指导、重点把握，从本书开始申请到分组讨论、论证、确认，从本书撰写结构的编排到书稿内容的谋篇布局都严格把关，并负责本书最终统稿和定稿工作。刘亮同志负责本书研究过程的组织、协调和沟通工作。本书编写分工如下：导论由干春晖、刘亮撰写，第一章由干春晖、王佳希、刘亮撰写，第二章由潘见独、康江江、任宛竹撰写，第三章由郭家堂、杨博、赵晓涛撰写，第四章由贾婷月撰写，第五章由郭晓欣撰写，第六章由蒋媛媛撰写，第七章由张广财撰写，第八章由余典范、张家才、王超撰写。

他们根据撰写工作任务安排，加班加点及时完成工作任务，为本书的最终成稿付出了智慧和心血。

在本书研究和写作过程中，院主要领导全程予以关心和指导，先后组织多轮专题会和座谈会，听取应用经济研究所汇报并提出宝贵建议，在此谨表敬意和感谢！

最后，对格致出版社、上海人民出版社高效细致的出版工作一并致以谢意！

上海社会科学院应用经济研究所

2023 年 8 月

图书在版编目(CIP)数据

中国特色产业政策研究 / 干春晖等著. — 上海：
格致出版社：上海人民出版社，2023.11
(中国特色哲学社会科学"三大体系"研究丛书)
ISBN 978 - 7 - 5432 - 3522 - 9

Ⅰ. ①中⋯ Ⅱ. ①干⋯ Ⅲ. ①特色产业-产业政策-
研究-中国   Ⅳ. ①F269.22

中国国家版本馆 CIP 数据核字(2023)第 213418 号

责任编辑   代小童
装帧设计   零创意文化

中国特色哲学社会科学"三大体系"研究丛书

中国特色产业政策研究

干春晖   刘亮   等著

出　　版   格致出版社
　　　　　上海人民出版社
　　　　　(201101   上海市闵行区号景路 159 弄 C 座)
发　　行   上海人民出版社发行中心
印　　刷   上海新华印刷有限公司
开　　本   787×1092   1/16
印　　张   16.5
插　　页   2
字　　数   260,000
版　　次   2023 年 11 月第 1 版
印　　次   2023 年 11 月第 1 次印刷
ISBN 978 - 7 - 5432 - 3522 - 9/F · 1549
定　　价   78.00 元